TOTAAL HEDENLANDS

Van dezelfde auteur verschenen eerder:

Turbotaal
Percies!
Lijfstijl
Neoturbo
Hedenlands
Heb ik iets verkeerds gezegd?
Oubotaal

Jan Kuitenbrouwer

Totaal Hedenlands

Twintig jaar taaltrends

Uitgeverij L.J. Veen Amsterdam/Antwerpen

Omslagontwerp Brigitte Slangen en Trudy Willems
Auteursfoto Frank Schallmaier
D/2002/0108/712
ISBN 90 204 0084 3
NUR 616 /370

www.boekenwereld.com

Voor Hetty

Inhoud

Inleiding 11

Binnenland
Gejat 17
Wow! Blauw! 21
Vellen en leren jassen 24
Hè gezellig, zo'n mainport 26
Rood voor Groen 29
Rood voor Groen (2) 31

Politiek
Oeps foei sorry 35
Wroeging en berouw 38
Tonggymnastiek 41
Royal noise 44
Beataal 48
Politainment 51
Pimlands 54
Vrantwoordekeit 57
Eén koekje 59

Samenleving
Enige wenken voor (in)correct doen en denken 63
Obees 71
Het is de allochtoon die de muziek maakt 74
Intussen bij de stichting Stimucusa 80
Zin in geweld 85

Langs de meetlat 87
Enige wenken voor de niet-seksistische conversatie 98
Tambour-maîtresse 101
Een bekoorlijke spetter 105

Buitenland
Wichtigmacherei 111
Entre de kip en de poule 114
Stand your little man in English 117
Nederdutch 121
Scoren! 123
Pies of keek 126

Kunst & Cultuur
Accident Art 131
Vies 135
Yo! 138
De droomclip 143
Licht! Rook! 146

Stijl
De snelle sector 151
Furineus 161
Introducing: de afko! 163
Lullo 170
Archaïseer! 172
Oubollica voor beginners 175
De per ongeluk expresse verbastering 180
De per ongeluk expresse verhaspeling 182
Kwalitatief 185
De gabbercorrectie 188
Petsjwurk 191
©Een™stukje® 195

Onderwijs & wetenschap
Lege doosjes 201
Dhatsj 204

Een ander verhaal 207
Blindspraak 210
Dictee 213
Spelling 216
Adolf & Elvis 218

Technologie
Peeceetje 223
De cross-over mens-machine 227
Dag zeik niet 229
Pech in de mond 233
Hub 235
Jargonhang 238
Rolbok met steeklip 241
Sup 244
πpπ Langkous = 1 @R 247
Korthand 249
3sZT 252

Economie
Work 257
Bisnis-babbel 260
Zou jij daar eens naar willen kijken? 263
Vergadertaal 267
Pas op, overstekend woord! 271
De insteek 274
Reclame-turbo 276
Bar-, loket- en toonbank-oubo 283
Makelspraak 289

Sport
Vlees én vis 297
Kaas versus kabel 300
De taal van Van Gaal 303
Mini-playback WK 306

Media
Oprah op klompen 311
Journaalspraak 316
Judy en Bernie 320
Irriteron 323
Soapumentainment 327
Graag gedaan 330
Graag gedaan (2) 332
Eerst terugfloepen, dan poepen 334
Een dode taal 337
Treffers en winners 340
Rampvluchtstewardess 343
Sluipend verleden 345
Quasi-quotes 348

Verantwoording 351

Inleiding

Aan de muur van mijn werkkamer hangt een foto van een tafereel dat zich bij ons thuis geregeld voordeed. Mijn moeder zit aan tafel en kijkt op naar mijn vader, die naast de tafel staat, in hemdsmouwen, bladerend in een dik boek dat hij ter hoogte van zijn borst voor zich houdt. Van Dale.

Mijn ouders waren altijd met elkaar in gesprek, continu, letterlijk, en met ons, en wij met hen, en met elkaar. Iedereen in ons gezin was continu in gesprek met iedereen, daar kwam het op neer. Ik groeide op met het idee dat dit normaal was. Een vriendinnetje maakte mij later duidelijk dat het in de meeste gezinnen anders ging. Toen zij voor het eerst bij ons op bezoek was sloeg zij na een uur of drie de handen voor haar oren, gaf een gil die door merg en been ging, rende het huis uit en kwam nooit meer terug.

In een gesprek ontstaat weleens onenigheid over de betekenis van een woord. De meeste mensen stappen daar overheen, nemen de onduidelijkheid voor lief. Mijn ouders niet. Die haalden dan het woordenboek te voorschijn. Niet dat zij woordenboeken als het hoogste gezag beschouwden. Zodra je dat doet is verdere discussie zinloos, en als mijn ouders ergens in geloofden dan was het dat verdere discussie *nooit* zinloos is. Wat het woordenboek te zeggen had beschouwden zij als ... inbreng. Waren zij van mening dat de gegeven definitie niet deugde, dan stelden zij er zelf een op. Het woordenboek op die foto, Van Dales 10de druk (1976), is tegenwoordig van mij. Her en der staan aantekeningen, meestal van mijn vader. Bij het woord 'neger', bijvoorbeeld. Van Dale omschrijft dat als 'persoon behorend tot één der zwarte rassen van Afrika, gekenmerkt door donkere huidskleur, kroeshaar, platte neus enz.', maar ook als 'afstammeling van de in vroeger tijd in Amerika ingevoerde negerslaven'. Dat laatste is met potlood onderstreept. 'Overbodig,' staat erbij geschreven, 'zelfde neger als onder 1.'

Ook dit, de prominente rol van het woordenboek in ons gezinsleven, heb ik lange tijd als normaal beschouwd. Het eerste wat ik deed als ik bij vriendjes thuiskwam was kijken waar het woordenboek stond. Meestal trof ik het niet aan. Dan was het vriendje goedgekeurd, want ik hield wel van excentrieke mensen.

Om te leren dat er in een mensenleven ook ruimte moet zijn voor stilte ging ik op cursus bij een goeroe, gespecialiseerd in Alpha-meditatie. We zaten in een kring op de grond, moesten onze ogen dichtdoen en ons voorstellen dat we een trap in de aarde afdaalden, steeds dieper en dieper. Intussen moesten we proberen onze gedachten los te laten. 'Niet meer denken,' zei de goeroe, 'alleen nog *zijn*.'

Het lukte vrij aardig. Ik zat onder aan een trap in het middelpunt der aarde en dacht nergens aan. 'Laat... maar... los,' zei de goeroe. 'Laat los... laat los... Laat... alle... gedachtes... los.'

Het werd doodstil in het zaaltje.

Ik schraapte mijn keel.

'Laat... alle... gedachtes... los.'

'Sorry eh, goeroe, maar moet het niet gedachte*nnn* zijn, met een n?'

De goeroe gaf me mijn geld terug en vroeg me nooit meer te komen.

De volgende wijze man die ik leerde kennen was hoofdredacteur van een tijdschrift. Hij gaf me een column over taal. Dat was een betere oplossing.

Het gevolg heeft u in uw hand.

Wat is er in die twintig jaar met de taal gebeurd? Al die trendjes die hier bijeenstaan, worden die verbonden door één grote trend? De noemer die ik zie is: minder regels, beter opletten.

Regels zijn efficiencymaatregelen: in plaats van elk geval apart te beoordelen stel je een regel op, dat spaart tijd en moeite. Aan welke kant van de weg je moet rijden hoef je niet verplicht te stellen, je kunt verkeersdeelnemers dat ook per geval zelf laten bepalen. Dat hoeft geen chaos te worden, als iedereen maar héél goed oplet.

Veel veiligheidsmaatregelen in het verkeer leiden niet tot minder ongelukken, maar tot gevaarlijker gedrag en een ongeveer gelijk blijvend aantal slachtoffers. Haal rond een onoverzichtelijke spoorwegovergang de struiken en bomen weg en het verkeer op die weg gaat harder rijden. De beschikbare reactietijd (= de kans op een ongeluk) blijft gelijk.

In de taal zie je hetzelfde.

Nederland ontzuilde, democratiseerde en individualiseerde, en de taal ontkwam er niet aan. Hemelbestormers voerden de aksiegroepspelling in en toen ze na hun studie als leraar Nederlands voor de klas stonden, in spijkerpak, doopten ze het Nederlands-lokaal om in 'taaltuin', schoven de banken aan de kant, lieten de leerlingen in een grote kring op de grond zitten en zeiden: 'Vergeet de regels, zég het gewoon.'

Deze episode in het Nederlandse taalonderwijs is bekend komen te staan als de Muiterij op het Kofschip. Die kinderen daar, op de grond, in de taaltuin, groeiden op met een ander idee over taal dan hun ouders, namelijk dat de taal van iedereen is. Dat het om expressie gaat, en niet om regels. Ziedaar de generatie die midden jaren tachtig voor de opmerkelijke aanwas van modieus taalgebruik zorgde, die zijn neerslag vond in *Turbotaal*.

De behoefte aan nieuwe taal was groot, de jeugdcultuur bracht de ene nieuwe stijlstam na de andere voort, elk met een eigen identiteit, eigen muziek, eigen drugs, eigen kleding en een eigen taal. Waarbij taal als enige in dat rijtje het voordeel heeft dat het gratis is, wie geen geld had voor zo'n broek of die cd, kon via de taal toch meedoen.

In de media kwamen intussen steeds vaker 'gewone' mensen aan het woord, met hun eigen, alledaagse spraakgebruik, een ontwikkeling waarvan we met de docu-soap, de phone-in en *Big Brother*-achtige programma's het voorlopige hoogtepunt beleven. Ook hier: vergeet de regels, zég het maar.

De paradox van de individualisering is dat we ons losmaken uit grote groepsverbanden en hun dwang, maar dat we vervolgens terechtkomen in kleine groepsverbanden met evenveel, zo niet meer dwang. Het punt is niet zozeer dat we geen normen en regels willen, we willen onze éígen normen regels.

Maar waar haal je ze vandaan? Je stemt ze af, op andere leden van de groep, en, als groep, op het gedrag van weer andere groepen. En hoe doe je dat? Door goed op te letten. Er zijn geen regels meer, dus we moeten goed opletten. Nog nooit werd er zoveel geschreven over taal als de afgelopen twee decennia. Over de taal in al zijn bonte, anarchistische veelvormigheid. Over de bevrijding van Hoe Het Hoort, de ontdekking van Hoe Het Gaat en de bepaling van Hoe Het Dan Wel Moet. Iedereen is zijn eigen Hedenlandse Taal Unie geworden.

Hilversum, augustus 2002

Binnenland

Gejat

de Volkskrant, 29 april 2001

'Oké, iedereen sjutdefukkup, deze meeting is begonnen godverdekut dus iedereen ZITTEEEEN!!! ALLEMAAL!!! Brigadier Bos, nu onmiddellijk chillen of ik blaas je kop eraf. En graag vandaag nog oftewel NU!'

'Zeg chef u moet es wat vaker neuken.'

'Hèhèhèhè...'

(*bonk*)

'JEZUS! Me neus! Me neus!'

'Wotdefuk?'

'Hij geeft hem zo een kopstoot!'

'Nog iemand anders die de komende zes weken met z'n neus in het gips wil beffen? Dan moet hij nu z'n mond opendoen.'

'...'

'Goed zo. Wij worden hedenmiddag vereerd met het gezelschap van commissaris Jansen, die een paar mededelingen heeft inzake Project Avalanche. Commissaris.'

'Dank u, inspecteur De Wit. U bent ongetwijfeld benieuwd hoe het met Project Avalanche staat. Welnu, ik kan u mededelen dat wij per heden officieel over de technologie beschikken om gsm-dieven en eigenaren van gestolen toestellen het leven behoorlijk zuur te maken. De technische details krijgt u van inspecteur De Wit. Inspecteur?'

'Dank u commissaris. Wat we doen is, we *tracen* het zogenaamde *imei*-nummer van zo'n toestel en vervolgens gooien we er automatisch elke vijf minuten een sms-bericht tegenaan, zodat de steler of heler binnen de kortste keren totaal over de zeik gaat van het gepiep.'

'Yes!'

'Heavy.'

'Wicked!'

'Juist. Wat we nu dus nog moeten doen, is het opstellen van een tekst voor die sms-boodschap, en dat is de reden dat de commissaris vanmiddag hier is, want jullie lopen dagelijks op straat, jullie weten wat voor lieden dat zijn, die gsm's stelen, en hoe je die het beste aanspreekt. Commissaris?'

'Dank je, De Wit. Juridische Zaken heeft alvast een voorzetje gemaakt. Dat gaat als volgt. *LS. Deze mobiele telefoon is wederrechtelijk ontvreemd. Dit is een misdrijf dat krachtens artikel 4921 sub A Wetboek van Strafrecht bestraft kan worden met maximaal 14 maanden detentie. Wij adviseren u hem zo snel mogelijk in te leveren bij het politiebureau in uw woon- of verblijfplaats. De Politie.*'

'Da's dus kut.'

'Ont-wat?'

'KOPPEN DICHT! Of zijn er nog andere liefhebbers voor een botbreuk?'

'Als ik nog even mag, inspecteur. De afdeling pr had nog een voorstel voor een PS'je. *PS: wees zo vriendelijk voortaan op het rechte pad te blijven. Bel voor tips met de Rechte Pad-Lijn, nul-negenhonderd* enzovoorts.'

'Juist. Iemand commentaar.'

'Klote!'

'Wat een bagger.'

'Hoofdagent Hendriks van Jeugdzaken, wat denkt u?'

'Die tekst zuigt. Communiceert voor geen meter.'

'Ah, en waarom niet?'

'Niet *street* genoeg.'

'Striet?'

'Straat! Dit is veel te Postbus 51! Ik bedoel, tegen wie hebben we het? Junks, naffertjes, zakkenrollers, gespuis! Van de straat! Het moet strater!'

'Suggesties?'

'Ik zou iets zeggen in de trant van eh... *Hé dude, deze phone is genikt dus asap terug met dat ding you nasty motherfucker anders ga je naar jail.* Zoiets. En dan *was getekend De Kit.*'

'Juist. En eh, wat betekent dat dan?'

'In grote lijnen hetzelfde, commissaris.'

'Juist. Nog opmerkingen?'

'Je moet niet *phone* zetten. *Mobieltje.*'

'*Mobile!*'

'Zo'n ding heet toch een "nokkia"?'

'*Geklauwd?*'

'Lekker belangrijk. Dat boeit toch niet?'

'*Geschoept?*'

'En niet *motherfucker*, dat is uit. *Scumbag, sleezebag, you badass nasty piece of motherfucking scumshitkutfuck*, dat kan wel.'

'Zip de lip Jacobs, of ik ram dit bureau in je reet.'

'Jij en welk leger, homo?'

(*bonk*)

'FUCK! M'n tanden!'

'Sorry, ik mikte op je neus.'

'KOP-PEN DICHT!!!'

'"Gesnaaid"?'

(*knal*)

'Wotdefuk!?'

'*Holy cunt*, hij schiet godverdomme in het plafond! Hé modderfokker, d'r werken hierboven wel mensen, hoor.'

'Commissáris Modderfokker voor jou, ja? En nu allemaal KOPPEN DICHT! Wat is dit hier verdomme, een hangplek voor kansarme jongeren?'

'De politie hoort een afspiegeling van de samenleving te zijn, dat heeft u laatst zelf nog gezegd op televisie chef, dus we doen ons best.'

'Krijgen we nou nog een tekst voor die sms-lawine of kan ik even op de gang gaan rukken?'

'*Gerausd?*'

'Commissaris, wat dacht u van eh... "Deze telefoon is gestolen. Koop of verkoop is strafbaar. De Politie." Meer is toch eigenlijk niet nodig?'

'Juist, heren, wat denkt u?'

'Hmm ja, heel *basic.* Is op zich wel cool, ja.'

'Ik heb alleen één vraagje.'
'Nou?'
'Gestolen, wat is dat?'
'Gejat man!'
'Geját, natuurlijk. Ik denk hoe héét dat ook alweer in ABN?'

Wow! Blauw!

de Volkskrant, 20 maart 2002

'En jij, wat doe jij?'
'Ik zit bij de politie.'
'O, en wat doe je daar?'
'Ik doe de casting.'
'Goh, interessant. En jij?'
'Ik zit ook bij de politie.'
'Ook casting?'
'Nee, ik doe het geluid.'
'En jij, ook bij de politie?'
'Inderdaad.'
'Laat me raden. Licht, editing?'
'Haha nee. Ik doe de special effects.'

De Nederlandse politie is overgeschakeld op een nieuw systeem van functiebenamingen, gebaseerd op de filmindustrie. De politie heeft namelijk te weinig 'glamour', heeft men ontdekt, en dit is een van de manieren om daar iets aan te doen, om de politie als werkkring aantrekkelijker te maken voor jonge mensen. U ziet misschien die spotjes weleens op televisie, van jonge mensen die een hekel aan laksheid en egoïsme hebben, die iets voor de gemeenschap willen 'betekenen' en daarom bij de politie gaan. Ze staan op een busstation of in een winkelcentrum, omringd door voorbijgangers, en kijken je zwijgend en doordringend aan. De modellen die daarvoor gebruikt worden kunnen met een sessie voor Revlon of L'Oréal evenveel verdienen als een straatagent in een heel jaar, die zouden echt wel gek zijn om bij de politie te gaan, maar goed, die spots zijn dus ook onderdeel van operatie Wow! Blauw!, door sceptici in de landelijke korpsleiding ook wel aangeduid als Mission Impossible.

U wist het misschien toch wel, dat van die namen, want het geldt ook voor de politieman of -vrouw waar iedereen weleens mee te maken heeft, de wijkagent. Die heet sinds enige tijd namelijk 'buurtregisseur'.

Het begon met een nota van de politiescholen. Het kost deze opleidingen, zo blijkt, steeds meer moeite aankomende studenten duidelijk te maken dat politiewerk vooral bestaat uit het tegengaan van dingen die niet mogen. Veel jongeren begrijpen dit niet. Het hele idee – de een wil iets en de ander zegt ho, dat mag niet – is ze vreemd. Thuis hebben ze er ook geen enkele ervaring mee. Iemand iets verbieden vinden ze, ik citeer, 'erg negatief allemaal' en het bestraffen van mensen die de regels overtreden, vinden ze 'vreselijk gênant', dan wel 'gewoon écht te ver gaan'. Of zoals een van de aspiranten het uitdrukte: 'Wie ben ik weetjewel. Iedereen heeft recht op z'n eigen mening, toch?'

Wat jonge mensen tegenwoordig ambiëren, zo blijkt uit het onderzoek, is een baan waar ze 'hun ei in kwijt kunnen', 'zelf iets creëren' of anders 'een stukje leiding geven' aan zo'n creatief proces. Vandaar dus dit nieuwe systeem van aan Hollywood ontleende functienamen, dat beter op deze behoefte zou aansluiten. De invoering was overigens niet zonder problemen. De eerste afgestudeerde van de politieacademie die werd aangesteld als buurtregisseur verscheen de eerste dag gekleed in rijbroek en rijlaarzen, dienstpistool op de heup, kop kaalgeschoren en een monocle in het linkeroog. Met een metalen toeter voor zijn mond liep hij door de wijk, regieaanwijzingen gevend. Een acteur die zich versliep werd ontslagen, een figurant die te vroeg de vuilcontainer naar buiten rolde schoot hij neer.

Anderzijds, sinds de speciale arrestatie-eenheden van de politie zijn omgedoopt tot 'stunt-units', is de belangstelling voor deze functies enorm toegenomen.

De benadering slaat aan, ook andere sectoren van de overheid experimenteren ermee. Zo berichtte *de Volkskrant* vorige week dat de gemeente Haarlem een speciale functionaris heeft aangesteld die een einde moet maken aan de gemeentelijke gedoogcultuur, een ‘handhavingsregisseur’.

‘En jij?’

‘Ik doe de props.’

‘Ah juist.’

‘Linten, kegels, dranghekken, je kent dat wel.’

Vellen en leren jassen

NRC Handelsblad, 16 maart 1992

De siësta bracht een diepere stilte over het Captains Quarterhotel dan gewoonlijk. In verband met een sterfgeval in de familie (de eerste aids-dode op Saba), waren de bar en het restaurant vandaag niet open en iedereen deed zijn best zo stil mogelijk te zijn. Tot er plotseling een luid gezang door het gebouw galmde, type Albert Cuyp-tenor. Het was duidelijk wie dit was. Al drie ochtenden zat hij, samen met een andere man en een vrouw, drie tafels van ons vandaan in de ontbijtzaal, waarbij hij soms – iets zachter gelukkig – soortgelijke stemdemonstraties ten beste gaf, telkens onmiddellijk onderbroken door de vrouw, die zich zichtbaar geneerde voor zijn optreden.

Ik lag te lezen bij het zwembad. Toen hij kort na zijn buldersolo naar buiten kwam en even verderop in een deckchair ging zitten, liep ik naar hem toe en vroeg om een vuurtje. 'Een vuurtje heb ik niet,' zei hij, knijpend in zijn geoliede buik. 'Maar wel een vetrol. Even een windje. 't Is een gok, maar we proberen het.' Hij tilde zijn zitvlak van de stoel, op zijn gezicht verscheen de grimas die bij darmbewegingen hoort. 'Hm, valt mee. Ik loop verdomme al drie dagen met een landkaart in m'n broek.'

Hij heette Gerry en zat in 'de buitenlandse rookwaar' ('laten we het daar maar op houden') die hij afzette via drie coffeeshops. Daar verdiende hij veel geld mee, 'puur zwart natuurlijk', geld dat hij besteedde aan een gouden Rolex, een BMW, couture uit de PC Hooftstraat en een mooie zwarte vriendin, die hem 'bulten geld' kostte. 'Ik moet maar eens met Nederland gaan bellen,' zei hij, 'de dollari vliegen m'n zak uit.'

Hij kon leuk vertellen, beeldend, komisch en met een curieus, trefzeker taalgebruik. Hij imiteerde stemmen en accenten en verzorgde zo nodig effectgeluiden. Als er bijvoorbeeld gerend werd in het verhaal roffelde hij al pratend met zijn voeten op de grond. Nee, ik moest echt geloven dat hij alléén buitenlandse rookwaar deed, 'poeiers' en 'pillen' daar hield hij niet van, ook niet als gebruiker. 'Als je coke snuift en je zuipt erbij ben je de volgende dag gegarandeerd een paar stukken film kwijt, en daar hou ik niet van.'

Saba was hem alleszins meegevallen, dat het zo weelderig begroeid was, had hij niet verwacht. 'Ik ben op Aruba geweest. Daar groeit geen ene moer. Jonge-jonge, wat een planeet. En overal van die vellen. Vellen, van die ouwe Amerikaanse wijven. D'r loopt me daar toch een pakket ouwe troep rond, niet te kort. En leren jassen, hè? Die blanke Antillianen. Heb je weleens naar die huid gekeken? Helemaal droog en geribbeld, gelóóid, lijkt het wel. Net of ze 'n leren jas aanhebben.'

Ik informeerde naar de man met wie hij was. 'Da's m'n maat, Johan. Dat is zo'n slaapmuts, die ligt nog bomen te zagen. Die gozer slaapt wel twaalf uur per dag, ik begrijp niet hoe-ie het voor mekaar krijgt. Ik hou ook van een dutje, maar vergeleken met hem ben ik een wakkerlap.'

Eigenlijk waren ze alleen naar Saba gekomen om hun rijbewijs te halen, legde hij uit. 'Ik rij voortdurend in de rondte, weet je, en dan is het gewoon vervelend om telkens aangehouden te worden, zeker met wat rookwaar in de kofferbak. Of om een aanrijding te krijgen, zoals laatst.'

Met vrij hoge snelheid over de Hobbemakade rijdend was hij iemand gaan opbellen met de autotelefoon, om bij het kruispunt met de Roelof Hartstraat vol op een Mercedes te klappen, waarvan hij verwachtte dat hij nog wel door het oranje licht zou rijden. 'Nou jongen, hij was kort, die Mercedes. Héél kort.'

'Maar,' ging hij verder, 'volgende week zeg ik: agentjes, bonnenboeken aan de kant...' Even viel hij stil. Je zag hem denken: hoe ronden we dit leuk af? Tijd voor wat rijm misschien?

'... want deze jongen rijdt legaal onderhand.'

Vergenoegd kneep hij nog eens in zijn buik.

'Mooie vetrol hè? Heeft me 'n hoop geld gekost.'

Hè gezellig, zo'n mainport

HP/De Tijd, 25 november 1995

Nu er zoveel protesten zijn tegen de uitbreiding van Schiphol kon een tegenoffensief van de luchthaven zelf natuurlijk niet uitblijven. De vraag was vooral welke vorm het zou aannemen. Zelf verwachtte ik een fijne glossy. Of een website natuurlijk. Of een gesponsord onderdeel in een populair tv-programma, de *5-Uur Show* bijvoorbeeld, waar je gewoon zendtijd kunt kopen. Iets met *human interest.* 'De Aankomst Van De Dag', ik noem maar iets. Een passagier die aankomt, een familielid dat staat te wachten, en die volg je dan tot ze elkaar snikkend in de armen vallen.

Als er echt budget beschikbaar is, zouden ze kunnen denken aan een dramaserie, want dat is natuurlijk hét propagandavehikel van dit moment. Zoiets als *Combat*, die serie van John de Mol voor de landmacht, maar dan over Schiphol. Drugssmokkel, wapenhandel, verstekelingen, ontroerende herenigingen met doodgewaande familieleden, terrorisme, een luchthaven biedt mogelijkheden genoeg. *Incheckbalie West.* Of *Kaagbaan Vijf.* Nee, ik heb het. Gewoon: *Mainport.* Met veel sexy KLM'ers ook graag, die bij een colaatje hun problemen uitpraten in het Runway Café. Waar dan net toevallig posters voor een Van den Ende-musical hangen.

Maar het is dus een krantje geworden.

Schipholland heet het, en de 500 000 huishoudens die binnen de 'geluidscontour' van Schiphol vallen, krijgen het in de bus. 'Geluidscontour', dat is Schiphols voor 'lawaaigebied'. Die geluidscontour zal binnenkort overigens worden 'geherprofileerd', en dat is Schiphols voor 'uitgebreid'.

Schipholland is bedoeld om in- en omwonenden van de geluidscontour te helpen begrip op te brengen voor die uitbreiding en om, in ruimere zin, het imago van de nationale luchthaven te verbeteren. De kunst van zo'n blad is natuurlijk om de boodschap (Schiphol = oké, meer Schiphol = meer oké) er niet al te letterlijk in te rammen, maar langs een omweg. Via een artikel over de Olympiade voor transplantatieorgaandragers bijvoorbeeld, de World Transplant Games (u denkt dat ik het verzin, maar mijn 499 999 contourgenoten weten wel beter). Die *Games* hadden natuurlijk nooit gehouden kunnen worden als er geen vliegtuigen en luchthavens waren om transplantatieorganen snel te vervoeren en in goede conditie op hun bestemming te krijgen.

En laten we vooral niet denken dat in zo'n krantje geen plaats is voor kritiek op onze Mainport. 'Wij zullen het Schiphol zo lastig mogelijk maken' luidt de kop boven een gesprekje met de burgemeester van Sassenheim, die zich vervolgens ontpopt als een hartstochtelijk voorstander van de nieuwe luchthaven-in-zee. Niet dat Schiphol nog echt steun voor dat plan nodig heeft. 'Strandgangers zullen nauwelijks hinder ondervinden van vliegtuiggeluid als rond 2012 de nieuwe luchthaven in de Noordzee – tien kilometer uit de kust tussen Noordwijk en Zandvoort – klaar is,' meldt het blad. Niks 'mogelijk', 'eventueel' of 'in het geval dat' – we zijn in Schipholland, waar die offshore dependance al helemaal rond is!

Het is de tactiek die de RIJP, de Rijksdienst voor de IJsselmeerpolders, ook graag hanteerde. Toen Zuidelijk Flevoland eind jaren zeventig klaar was en de dienst het einde van zijn bestaan in zicht zag komen, begon men drukwerk te verspreiden waarop een geheel nieuw polderproject was ingetekend, de Markerwaard, met als bijschrift: 'gereed in 2002'. Ik kwam in die jaren een aantal keren als verslaggever op het hoofdkantoor in Lelystad. Iedereen daar sprak over de Markerwaard alsof ze morgen konden beginnen. Alsof ze het op die manier, met de energie van hun gezamenlijke verbeeldingskracht, door een soort collectieve psychokinese, ook echt konden laten gebeuren. Terwijl er op dat moment geen begin van politieke overeenstemming over dat plan was (en nooit zou komen). Of zoals

Schiphol-directeur Smits het formuleert: het wordt 'even op de tanden bijten', maar dan hebben we ook wat. Een minpuntje is dat wij Nederlanders 'wel heel kritisch' zijn, vindt de orthodontist van onze infrastructuur. 'Sinds het maatschappelijk debat aan het eind van de jaren tachtig is het aantal klachten elk jaar toegenomen.'

Schipholland lijkt mij verplichte leesstof voor Smits opvolger. Ook die zal Schiphols moeten leren spreken, en Smits geeft hier een briljant staaltje weg. Je neemt de oorzaak (lawaai, overlast), je neemt het gevolg (klachten, maatschappelijk debat), en je draait ze gewoon om. Virtuoos!

Een andere regel van de Schipholse spraakkunst: mocht het onderwerp overlast onvermijdelijk zijn, kies er dan zo knus en huiselijk mogelijke termen voor. Aan het strand ter hoogte van het offshorefiliaal zal volgens *Schipholland* 'niet vaker dan één keer per uur lawaai van meer dan 65 decibel te horen zijn', waarbij we moeten denken aan 'het geluid van een lopende kraan' of aan 'het geroezemoes in een kantine'.

Hè, gezellig, zo'n Mainport om de hoek.

En dan straks borden langs het strand: 'Hier zet men thee en over.'

Rood voor Groen

de Volkskrant, 10 februari 2000

Buigen wij ons vandaag over de beleidsnota 'Een kapstok voor Rood en Groen' die ik kreeg opgestuurd uit Limburg. De nota, pardon 'sonderingsnotitie', wil een model schetsen 'voor een uitwerking van de Rood-voor-Groen-gedachte, gekoppeld aan het POL'. Wat Rood voor Groen precies is, kan ik niet zeggen. 'Rood voor Groen is een bekende term in de wereld van de ruimtelijk ordening,' begint de kapstoknotitie, 'maar de discussie erover heeft nog niet geleid tot een eenduidige definitie en beschrijving van de mogelijkheden. In de praktijk kan dit leiden tot uitstel van de afweging, of een voor meerdere partijen onbevredigende afweging.'

Op geen van de vijftien pagina's van 'Een kapstok voor Rood en Groen' heb ik kunnen vinden wat we nu eigenlijk onder 'Rood voor Groen' dienen te verstaan. Het is in elk geval 'geen doel op zich', het is 'een middel om beleid te realiseren'. Waarbij 'maatwerk' trouwens altijd 'een belangrijk uitgangspunt zal zijn'. Hmm.

'Waar het bij Rood voor Groen in essentie om gaat...' lezen we even verderop, hoopvol, want dat is precies de vraag die ons bezighoudt, 'is het omzetten van beleidsruimte in geld.' Juist. Bij Rood voor Groen wordt namelijk 'een koppeling gelegd tussen een economisch sterke beleidsmatige ontwikkeling op het ene terrein en een economisch zwakke beleidsmatige ontwikkeling op het andere'.

Oké, oké, oké, maar dat 'rood' en dat 'groen', waar stáán die voor!? Tomaten en courgettes? Links en ecologisch? Stoppen en doorrijden? Baksteen en gras? En dat 'voor', welk 'voor' is dat? Moet rood *wijken voor* groen, of *gaat* rood juist *voor* op groen?

Op pagina 2 staat gelukkig een voorbeeld. Een typische beleidsontwikkeling waarin je de Rood-voor-Groen-gedachte kunt terugvinden, stelt de kapstok, is 'De Blauwe Stad. Waarbij stedelijke ontwikkelingen geld genereren voor groen, en het blauw wordt uitgenodigd tot rode investeringen.'

Een probleem hierbij, zo stelt de sonderingsnotitie, is dat 'appels en peren met elkaar moeten worden vergeleken *zonder dat er voor een dergelijke afweging eenduidige uitgangspunten zijn vastgelegd*'.

'Schat, wat zie je bleek. Wat is er?'

'Het was verschrikkelijk.'

'Wat is er gebeurd?'

'We moesten appels met peren vergelijken zonder dat voor een dergelijke afweging eenduidige uitgangspunten waren vastgelegd.'

'Och poppie...'

'En toen hebben we een voor meerdere partijen onbevredigende afweging gemaakt.'

'Nou ja. Zeg het is mooi geweest hoor, met dat POL. Zijn ze nou een haartje betoeterd!'

Een andere mogelijkheid is natuurlijk dat deze beleidsnotitie nog vertrouwelijk is, en om te voorkomen dat ze uitlekt in een soort codetaal is geschreven. De sleutel op deze code werd helaas niet meegezonden.

Toch ontstaat na intensieve bestudering iets van een beeld. Waarschijnlijk gaat het hierom: er zijn te weinig stoplichten (rood en groen) en de politie (blauw) moet daar iets aan doen. Dat verklaart ook die kapstok.

Rood voor Groen (2)

de Volkskrant, 17 februari 2000

De sonderingsnotitie 'Rood voor Groen' is geen ambtelijk codebericht over het plaatsen van meer stoplichten, beweert lezer André Rodenburg, maar over het kappen van bomen (groen) om op de vrijkomende grond huizen te bouwen (rood) en met de opbrengsten elders nieuw bos aan te planten.

André is 'ruimtelijk ordenaar', maar waar dat 'blauw' dan voor staat, dat 'werd uitgenodigd tot rode investeringen', weet u nog, dat wist hij ook niet.

('De Visie Stadslandschappen heeft duidelijk als aanjager gefungeerd van de discussie naar een positieve insteek.')

Er is al veel geschreven over het leed dat ambtelijk taalgebruik heet, en er is veel zinnigs over te berde gebracht, en toch blijft bij mij na lezing van zo'n beschouwing altijd een vaag, onbevredigd gevoel achter. Alsof er iets gemist werd.

Ambtelijk taalgebruik roept bij mij een soort fysiek onbehagen op. Als bij een overtreding van de hygiëne. Een druppel zweet glijdt van het voorhoofd van de ober en valt in je soep. Iemand krabt aan zijn kont en geeft je met die hand een glas. Dankzij de sonderingsnotitie 'Rood voor Groen' ben ik er geloof ik achter hoe dit komt. De sonderingsnotitie 'Rood voor Groen' is een discussiestuk voor de bestuurders van de provincie Limburg. Het bestuur van een provincie bestaat, op de commissaris na, uit politici die eens in de vier jaar gekozen worden. Zij bepalen het beleid, ambtenaren voeren het uit. Onder elkaar mogen de ambtenaren zoveel geheimtaal spreken als zij willen, dat moeten ze zelf weten, als het werk maar gedaan wordt. Maar de bestuurder is geen ambtenaar, die is een volksvertegenwoordiger, tegen wie zij begrijpelijke mensentaal zullen moeten spreken. Dat is de opzet. Je kunt het vergelijken met de spijsvertering: eerst komt het kauwen, dan het maagzuur, alles op z'n tijd. Wat zie je bij zo'n tekst als de sonderingsnotitie 'Rood voor Groen'? Je ziet hoe het maagzuur omhoogkruipt en al tíjdens het kauwproces de materie doordrenkt. Een politicus die dit soort teksten spreekt, is als iemand zonder maagklep; zijn adem ruikt naar gistend voedsel. Dat is de smaak die je van dit soort proza in de mond krijgt.

('Daarbij rijst de vraag of je daarbij zou moeten kiezen voor een benadering waarin je kiest voor een beperkt aantal voorbeeldprojecten, gelieerd aan vooraf te benoemen gebiedskwaliteiten.')

Wég, wég met dat maagzuur, hadden de Staten van Limburg moeten zeggen toen deze nota op tafel kwam, terug, omlaag, de maag in. Maar in plaats daarvan hebben ze zich blijkbaar laten wijsmaken dat het zo hoort, dat ambtenaren geen ABN hoeven te spreken, maar dat zíj koeterwaals moeten leren. Dat is waar dit soort taal ten diepste het symptoom van is: een onjuiste verhouding tussen politiek en ambtenarij. Hier heeft de democratie het nakijken.

En daar komt dat fysieke onbehagen vandaan, vermoed ik. Het is een zwak maar onmiskenbaar teken dat er iets niet in de haak is.

('De experimenten hebben behoefte aan duidelijkheid').

Politiek

Oeps foei sorry

de Volkskrant, 3 februari 2000

Stel, je loopt op straat en iemand geeft je een klap. Een willekeurige voorbijganger ziet het en biedt je namens de dader zijn excuses aan. Werkt dat? Nee, omdat er geen relatie is tussen de dader en degene die zich excuseert.

Dat een koninklijke familie haar excuses aanbiedt voor de fouten van een voorvader of -moeder, dat kan. 'Trouwens, sorry nog dat mijn achteroudoom zich in 1868 zo met de verkiezingen bemoeide.' Het zou niet gek of ongepast zijn als Willem-Alexander in zijn rol van nieuwe Nederlandse monarch dat op een dag zou zeggen. 'Maar ja, Willem III... beetje gekke vent. Sorry, had niet mogen gebeuren.'

En een premier? Kan een premier zich verontschuldigen namens een volk? Wim Kok is minister-president op grond van verkiezingen waarbij één op de vier kiezers op hem stemde, dus een onomstreden vertegenwoordiger van het Nederlandse volk kun je hem moeilijk noemen. Kan hij spreken namens een deel van de Nederlandse bevolking? Het deel dat de joden na de oorlog zo slecht behandelde, bijvoorbeeld? Als hij zelf tot die groep behoorde, ja, of als die groep hem gemachtigd had, maar dat is niet zo. De enige rol waarin Kok zich geloofwaardig kan excuseren voor wat er toen is gebeurd, is als de huidige baas van de instantie die toen tekortschoot: de overheid, maar niet als spreekbuis van gans het Nederlandse volk. Koks aarzeling (zeg maar weigering) om de slachtoffers en hun nabestaanden excuses aan te bieden, was dus terecht.

Dat politiek-historische geëxcuseer van de laatste tijd, het is een soort Disneyficatie van de geschiedenis. Historische machten en partijen worden gereduceerd tot personages in een prentenboek, met goede en boze karakters en een moraal aan het eind. Naties, volken en bewegingen zijn geen mensen, en de conflicten waarin zij zich storten zijn geen caféruzies die je kunt gladstrijken met een excuus.

'O trouwens. Dat van die slavernij. Sorry.'

'Ja, 's oké joh.'

Ik denk dat de premier met zijn weigering een therapeutisch doel beoogde. Wat wil iemand die pijn heeft? Die wil verzachting. Dat kan op twee manieren: met een pil, en met aandacht. In de kwestie van de terugkerende joden na de Tweede Wereldoorlog is de schadevergoeding de pil en het excuus de aandacht. Bij hun roep om excuses gaat het vervolgde volken en minderheden niet zozeer om dat excuus zelf, maar om de aandacht die het genereert. De dader moet zich gaan bezighouden met zijn slachtoffer. Daar gaat het om. Het ergste dat een mogendheid die om excuses gevraagd wordt kan doen, is ze onmiddellijk aanbieden. Niet meteen toegeven, dacht onze door de wol geverfde premier waarschijnlijk, een beetje therapeutisch rekken.

Maar allemachtig, wat hij in plaats daarván zei!

'Bepaalde zaken hadden anders gekund,' zei Kok. 'Anders gekund.' Dat is wel ongeveer de slapste formulering waarmee je op zo'n moment kunt komen. 'Anders gekund.' Dat is Eric Nordholt die door de burgemeester met ontslag is gedreigd als hij niet toegeeft dat hij gefaald heeft. Nordholt, zijn hoofd zo diep mogelijk in de nek gedrukt, gelaat afgewend, hand voor de mond, mompelt een zin die – analyse van de geluidsband zal het later uitwijzen – eindigt met de woorden 'anders had gekund'.

Uiteindelijk maakte Kok tóch zijn excuses. Hoewel. Hij betuigde zijn spijt. Geen excuus dus? 'Spijtbetuiging zegt: het spijt ons,' zei Kok, 'en een spijtbetuiging is een excuus.' Dat eerste klopt, maar dat tweede niet. Het woord 'excuus' betekent verontschuldiging, en wie spijt betuigt vraagt nog niet om verontschuldiging. Het een volgt weliswaar vaak op het ander – 'het spijt me, mijn excuses' – maar dat betekent niet dat ze synoniem zijn. Het zou kunnen dat Kok het heeft opgezocht. 'Verontschuldiging, betuiging van spijt,' zegt Van Dale bij 'excuus'. Van Dale maakt dus dezelfde fout.

Vervolgens mengde D66-kamerlid Giskes zich in de discussie. Zij begreep Koks aarzeling wel, 'want,' zei zij, 'het woord "excuses" impliceert boze opzet'. Dit is helemáál onzin. Een excuus impliceert schuld, maar je kunt ook schuldig zijn aan iets wat je per ongeluk deed. Merkwaardig, het is een delicate diplomatieke kwestie, er wordt eindeloos gedelibereerd over welke woorden wel en niet gebruikt moeten worden, maar wat ze nu eigenlijk betékenen lijkt er nauwelijks toe te doen.

Wroeging en berouw

de Volkskrant, 13 september 2001

'Heerlijk!'

'Wat is er?'

'Die rondbel-rubriek in *de Volkskrant*, je weet wel, op de Voorkant?'

'Ja?'

'Die vragen mensen hun mening over Boonstra, naar aanleiding van die Ahold-transactie. Een van de mensen die ze bellen is die advocaat Bovens, die onlangs zijn praktijk neerlegde na een bomaanslag, weet je wel?'

'Wat heeft die ermee te maken?'

'Dat vraag je je af. Maar goed, hij zegt: "Hij heeft nu wel het boetekleed aangetrokken, maar of hij daarmee wegkomt... ik vrees dat Barbertje moet hangen."'

'Geweldig.'

'Drie clichés in één zin. Knáp hè?'

'Misschien is-ie daarom gestopt. Spreekt uitsluitend in clichés. Mensen worden gek van hem.'

'Uitsluitend in clichés spreken, zou dat kunnen?'

'Al sla je me dood. 't Lijkt me geen sinecure, maar mijn zegen heb je. Wie niet waagt, die niet wint.'

'So far so good, de tijd zal het leren, maar nu iets heel anders. Valt het jou ook op dat je soms tijdenlang geen interessante namen tegenkomt in de krant, en dan ineens een heleboel?'

'Heeft u misschien een concreet voorbeeld?'

'Dat is een pleonasme, of heeft u weleens een abstract voorbeeld gezien? Hoe dan ook, wekenlang gaat het alleen maar over Wim Kok en Paul Smits en Els Borst, dat soort namen, en dan ineens, in een en dezelfde krant, kom je namen tegen als Letty Cottin Pogrebin, Chantal baronesse d'Aulnis de Bourouill en Ottoline Antoinette Gaarlandt-van Voorst van Beest.'

'Wauw!'

'Alsof je op een grauwe dag door een saaie straat loopt en ineens komt er een Braziliaans carnavalsoptochtje om de hoek.'

'Wat u zegt.'

'Letty Cottin Pogrebin... de nerveuze oudtante van Harry Potter.'

'Chantal baronesse d'Aulnis de Bourouill...'

'Een hoed met zestien zijden linten.'

'Ottoline Antoinette Gaarlandt-van Voorst van Beest...'

'Ik zie een rek met antieke pannen van de muur komen.'

'Wie zijn dat allemaal?

'Letty Cottin Pogrebin is van het Amerikaanse Authors Guild, die zijn boos omdat Fay Weldon zich door Bulgari laat sponsoren, Chantal baronesse d'Aulnis de Bourouill is de ex-directeur van Meulenhoff, waar al die schrijvers zijn weggelopen, en Ottoline Antoinette, roepnaam Lieke, Gaarlandt-van Voorst van Beest is de nieuwe hofdame van Máxima.'

'Hm. Niet echt het harde nieuws hè? Literatuur, royalty, toch meer de wufte sector.'

'Wat wilt u suggereren? Dat we hier te maken hebben met een selectiemechanisme op naam? Saaie naam, saai beroep?'

'Zou kunnen. Geef toe, een hofdame genaamd Tineke Netelenbos, dat klinkt niet.'

'En andersom? Minister Ottoline Antoinette Gaarlandt-van Voorst van Beest van Volkshuisvesting, Ruimtelijke Ordening en Milieu?'

'Kan ook niet, lijkt me duidelijk.'

'Hoezo?'

'Ferry Mingelen heeft haar naam uitgesproken en *Den Haag Vandaag* is voorbij!'

'Niettemin, een weldaad, af en toe zo'n naam in de kolommen. Trouwens, deze Ottoline, lees ik hier, "beweegt zich even gemakkelijk aan het hof van Jordanië als op de afdeling demente bejaarden van Huize Avondrood".'

‘Mooie zin, al vraag ik me af waar de tegenstelling eigenlijk zit.’

‘Iets anders.’

‘Alweer?’

‘Roger van Boxtel, je weet wel, onze minister zonder zakgeld, heeft in Durban “diepe spijt” betuigd over ons aandeel in de slavernij.’

‘Dat las ik, ja. Hij wilde “een stap verder gaan” dan de EU had afgesproken. Die man is toch om je rot te lachen?’

‘Dat krijg je met zo’n pseudo-minister, die gaat zich zitten vervelen. Die denkt op een ochtend: *Tja, de agenda is leeg, wat zullen we eens gaan doen? Weet je wat, ik ga vandaag eens een stap verder dan de EU*. Heerlijk, zo’n man.’

‘Vroeger hadden we Frau Antje, nu hebben we Herr Boxtel. Zij trok de wereld rond met gratis Hollandse kaas, hij met gratis Hollandse excuses. *Hallo, mijn naam is Roger van Boxtel, heeft u behoefte aan excuses? Of heeft u liever een leuke sticker tegen zinloos geweld? Ah, u spreekt geen Nederlands. Eh… multi culti okidoki!*’

‘Ja nee, maar er klopt iets niet. Weet je nog Kok, die zei dat spijt betuigen hetzelfde is als excuus vragen?’

‘Toen in die zaak van de teruggekeerde joden.’

‘Precies. Nou, Van Boxtel doet net zoiets. Hij had het over *deep remorse*, en vertaalde dat als “een diepe spijtbetuiging, neigend naar berouw”. Maar remorse is geen spijt, remorse is berouw, wroeging, kijk maar in het woordenboek.’

‘Juist. Dus Nederland heeft wroeging.’

‘Diepe wroeging.’

‘Althans volgens Roger van Boxtel.’

‘Onze minister zonder woordenboek.’

Tonggymnastiek

de Volkskrant, 1 juli 1999

Een van de meest delicate onderdelen van ons taalgebruik is de menselijke typering. Omdat wij met zo'n kenschets het onderwerp kunnen raken, maar ook omdat wij er iets van onszelf mee kunnen onthullen dat wij misschien toch liever verborgen hadden gehouden.

'Ik ben een groot bewonderaar van Die-en-die,' hoorde ik laatst iemand zeggen, 'maar ik ben niet blind voor zijn feilen.'

Aan de andere kant van de tafel sproeide iemand een mond San Pellegrino uit. Iedereen keek de spreker streng aan, die schuldbewust zijn servet over het hoofd drapeerde, als een parkiet die zelf de doek over zijn kooi trekt.

Van nabij maakten wij mee hoe een collega de in het café voor hem verzonnen kwalificatie 'vale gier' nooit meer te boven kwam, en een veilig heenkomen zocht naar de regionale radio. Een van de meest vernietigende die ik ken, luidt: *Deep down, he's shallow.*

Onlangs gehoord: *Zij zou wel wat strenger mogen zijn voor anderen, evenals voor zichzelf.*

De eerste is scherp en voor de privékring, de andere meer afgekleed, voor in het openbaar. In dat geval wordt het een kwestie van 'tussen de regels lezen', zoals dat heet.

Neem een typering als 'het beste jongetje van de klas'.

Op het eerste gezicht een positieve kwalificatie, maar uit de mond van de schoolmeester betekent het meestal iets heel anders dan wanneer een klasgenootje zo wordt aangeduid. De meester zegt 'mijn kampioentje', de klasgenoot bedoelt: 'die onuitstaanbare betweter die wij eigenlijk eens een flink pak rammel zouden moeten geven. Nadat we dat bespottelijke brilletje van hem vertrapt hebben.'

Zo'n omklede formulering wordt wel de 'mantel der liefde' genoemd, maar vaak is het vooral de mantel der lieve vrede.

Zelden las ik zoveel briljant-omfloerste typeringen bij elkaar als in het 'profiel' dat *de Volkskrant* onlangs wijdde aan de secretaris-generaal van het ministerie van Landbouw, Tjibbe Joustra.

SG Joustra zou heersen over het Groene Fort als een Robespierre-achtige Raspoetin waar Machiavelli nog wat van kan leren, en schijnt er niet voor terug te deinzen zijn minister publiekelijk in z'n hemd, onderbroek, een raar hoedje of desnoods een te krap clownskostuum te zetten. Joustra schreef de nota waarin het D66-alternatief voor de varkenswet werd 'afgeschoten', en luidde daarmee het politieke echec van Landbouwminister Apotheker in. Dat zou je 'deloyaal' kunnen noemen, maar Joustra's 'intimi' houden het op: 'Hij is loyaal maar ook berekenend.' (Vertaling: hij is loyaal maar soms ook niet. Iets dat ook wel *deloyaal* wordt genoemd.)

Landbouwvoorman Doornbos doet het anders. Die kijkt niet naar het hoe, alleen naar het wat. Loyaal, deloyaal, betrouwbaar, onbetrouwbaar, dat doet er allemaal niet toe, vindt hij, Joustra is 'een survivor.'

Anoniem zijn er genoeg agrobestuurders die Joustra 'keihard' noemen, maar zodra er een naam bij staat (die van oud-minister Bukman bijvoorbeeld) heet diezelfde eigenschap ineens 'stevig'.

De voorzitter van het productschap voor Vee, Vlees en Eieren weet de vereiste dubbelzinnigheid knap nog enige zwier te geven. 'Tjibbe is een vriend,' zegt hij, 'maar ik hou er altijd rekening mee dat hij me op zeker moment belazert.' Als er nog operaschrijvers zijn die verlegen zitten om inspiratie: concentreer u op die ene zin. Wat zeg ik, er zit een vuistdikke familietrilogie opgevouwen in die achttien woorden.

'Geen briljant jurist, wel een heel begaafde,' noemt een andere collega hem. Opnieuw een magnifieke formulering. Het verschil tussen 'heel begaafd' en 'briljant' is hooguit in tienden van haardikten aan te geven, maar dat is ook precies de bedoeling.

Als je alleen zegt dat iemand niet briljant is, suggereer je dat hij er weinig van bakt, voeg je eraan toe dat hij wel heel begaafd is, dan relativeer je dat 'niet briljant', terwijl je het toch gezegd hebt. Eerst de steek, dan de pleister, dat is de techniek. En de pleister moet groot genoeg zijn voor de steek.

Ook 'het beste jongetje van de klas' komen we in dit artikel weer tegen. Hij is natuurlijk een beetje afgezaagd, dus oud-collega Van der Ven dóét er iets mee. 'Hij is het beste jongetje van de klas,' zegt hij over Joustra, 'maar met een onvoldoende voor gymnastiek.'

Meesterlijk.

Wat dát niet allemaal zou kunnen betekenen.

Royal noise

de Volkskrant, 21 september 2000

'Zeg eh, hoe heet je ook alweer?'

'Hans, premier.'

'Goed Harry, ga zitten.'

'Dank u premier.'

'Wim, alsjeblieft, ik heet Wim.'

'Ik zal 't proberen, premier Wim.'

'Ik heb je concept gelezen en politiek gezien zit het allemaal wel goed in elkaar, maar er zijn nog wel wat andere problemen. Bestuurskunde gestudeerd, neem ik aan?'

'Inderdaad.'

'Rotterdam?'

'Inderdaad.'

'Dacht ik al. Ik bespeur in deze tekst een iets te, hoe zal ik het zeggen, *instrumentele* benadering van het politieke proces.'

'Instrumenteel, premier Wim?'

'Een te gering oog voor de rituele kant van de zaak. Het theatrale aspect, zal ik maar zeggen. Dit is veel te kort. Ik heb hier hooguit twintig minuten tekst, terwijl het zeker het dubbele moet zijn.'

'Waarom eigenlijk?'

'Eh... dat is een eis van de NOS.'

'Waarom?'

'Anders kunnen de cameramensen niet fatsoenlijk lunchen.'

'Daar moet iets aan te doen zijn. Zal ik RTL4 eens bellen?'

'Nee, eh... het kán niet korter, neem dat nou maar van me aan.'

'Maar waaróm niet?'

'Eh… dan eh, dan komen we te vroeg in de foyer, dan is de koffie nog niet doorgelopen.'

'Lijkt me ook oplosbaar.'

'Ja, en toch kan het niet! Punt uit.'

'Met alle respect eh, Premwim, maar ik heb het idee dat ik niet het hele verhaal krijg, zou dat kunnen?'

'Eh…'

'Er is nog iets anders, hè?'

'Doe even de deur dicht, wil je?'

'Oké. Deur is dicht.'

'Het is de koningin.'

'Ah, in welke zin?'

'Voor speeches korter dan een halfuur ruk ik niet uit, zegt ze. Daar belt u Margriet maar voor.'

'Echt waar?'

'Zo'n hoed, zegt ze dan, heeft u enig idee wat dat kóst? En het poetsen van het hek van Huis ten Bosch, weet u wel hoeveel manuren daar in gaan zitten? Dat halen wij toch niet allemaal overhoop voor een *praatje*? Dus vandaar.'

'Ik begrijp het.'

'Oftewel: oplengen.'

'Ja maar alles staat erin!'

'Geen inhoud, vórm. Vulsel. Open deuren, gemeenplaatsen, omhaal. Ruis!'

'Ja maar…'

'Om te beginnen, de troonrede wordt uitgesproken door het staatshoofd, dus daar moet iets van *the mood of the country* in, iets algemeen humanitairs, iets bezorgds en tegelijk geruststellends, iets moederlijks. Iets van och-och, gut-gut, waar moet het heen met de wereld, als dat maar goed gaat, je houdt je hart vast. Begrijp je?'

'Ja ja. Oranje ruis, als het ware. Royal noise.'

'Zoiets. Dingen als eh… schrijf meteen maar mee, eh… in deze tijd van ongekende technologische ontwikkelingen…'

'Met alle respect, maar is een technologische ontwikkeling niet per definitie ongekend?'

'Dat zeg jij nu, maar als wij vandaag zouden besluiten de

stoomtrein terug in te voeren, zou dat een technologische ontwikkeling zijn, maar geen ongekende.'

'Eh...'

'Goed, dus eerst iets van ongekende ontwikkelingen, en dan leggen we hem meteen mooi breed met iets van eh... vervagende grenzen en landen en volken die van elkaar afhankelijk zijn. Landen, grenzen, volken, dat is typisch Oranje ruis. Behoedzaamheid, werk dat er ook in.'

'Heb ik.'

'Onze welvaart niet in de waagschaal stellen.'

'Heb ik.'

'De noodzaak tot samenwerking met onze Europese partners is groter dan ooit...'

'Heb ik.'

'Dagelijks worden wij geconfronteerd met conflicten, dichtbij maar ook verder weg. De trans-Atlantische banden zijn op tal van terreinen van grote waarde.'

'Oké. Nu en in de toekomst?'

'Zo is het. Eh... gezondheid is een groot goed.'

'Heb ik.'

'Enzovoorts, dat genre.'

'Ik begrijp het.'

'O ja. Nu staat hier: verschillen geven kleur aan de samenleving maar mogen niet tot onoverbrugbare tegenstellingen leiden.'

'De etnische minderheden moeten zich aanpassen, betekent dat. Daar hecht de VVD nogal aan.'

'Jawel, dat begrijp ik, maar het stáát er zo opzichtig. Kleed het een beetje in met iets van goede verhoudingen tussen burgers en overheid, en een evenwichtige en weerbare samenleving, of zo. Dan valt het minder op.'

'Hmm, subtiel.'

'En schuif de sociaal-economische paragraaf maar wat naar achteren, en haal veiligheid en criminaliteit naar voren.'

'Maar...'

'Ja, Joop den Uyl draait zich om in zijn urn, maar zo gaat het. Tijden veranderen.'

'En de mensen met hen.'

'Zo is het. Hier, hier ga je hop van de zorg naar de collectieve voorzieningen. Daar kan ook nog wel wat hooi tussen.'

'Zoals?'

'Jezus, moet ik jou alles voorkauwen? Eh, hier de veranderende samenstelling van onze bevolking blabla, individualisering, technologische en economische ontwikkelingen en internationalisering, blabla, zullen de komende decennia belangrijke invloed op Nederland hebben, zoiets.'

'Tja, dat kun je elk jaar wel zeggen.'

'Dat zeggen we ook elk jaar. Sterker, dit is uit de troonrede van 1988. Je denkt toch niet dat we dat steeds opnieuw verzinnen?'

'Als Nederland maar half zo snel veranderde als elk jaar in de troonrede gezegd wordt, dan zat er allang een avatar op die troon.'

'Een wat?'

'Laat maar, dan zou ik u eerst moeten uitleggen wat een computer is.'

'Zeg Hassan, niet te bijdehand hè, anders plaats ik je over naar Cultuur. Kun je Rick van der Ploeg gaan pesten.'

'Sorry eh, Prwim, zeg het maar.'

'Hier... daarbij gaat het om meer dan goede regels alleen. Regel*geving* moet dat zijn.'

'Met permissie Pwim, maar regels zijn iets anders dan regelgeving.'

'Hoor eens, zo wordt het nu eenmaal genoemd. Je kunt dat wel correct gaan formuleren, maar dan weten de mensen straks helemáál niet meer waar je het over hebt.'

'Zoals ju wilt. Anders nog iets?'

'Hier, "groot", dat kan ook echt niet. Beatrix zegt niet "groot", Beatrix zegt "omvangrijk", dus verander dat maar. Omvangrijke investeringen, omvangrijke problemen, omvangrijke uitdagingen. Is dat duidelijk, Bob?'

'Ik geloof het wel Prim.'

Beataal

de Volkskrant, 4 mei 2000

Toen bleek dat de koningin in Thom de Graafs opmerkingen over de positie van het staatshoofd en de daarop gevolgde discussie geen aanleiding zag het eerder opgenomen televisie-interview opnieuw te doen, wist ik al ongeveer wat voor een gesprek ons te wachten stond. Kennelijk is er wat Beatrix betreft sinds die opname niets nieuws gebeurd, en iemand die zich zo verheven acht boven het gewoel van alledag, laat zich niet tot een echt gesprek verleiden. Het was net alsof wij verbonden waren met een salon van de Titanic. Een deftige dame weigert naar de reddingsboten te gaan omdat het vier uur is, en om vier uur drinkt zij thee. Er is al enige slagzij, in de verte rinkelt servies, maar discreet kantelt zij haar fysiek enkele graden zodat ze weer recht zit, en wenkt de ober. 'Jongmens, waar blijft de pot darjeeling die ik besteld heb. En zet die bespottelijke zuidwester af!'

De kwaliteit van de ondervrager hielp ook niet mee. Maartje van Weegen interviewt in topvorm zoals Nikos Machlas op dit moment voetbalt: zelfs een schot voor open doel krijgt ze er niet in. 'Er zijn wel meer dingen in het leven waar ik tegen opzie', liet de vorstin zich op een gegeven moment ontvallen. Maartje knikte beleefd en keek op haar lijstje.

Toch waren er mooie momenten. Op de vraag hoe het was om op Sint-Maarten die golf zeewater over haar heen te krijgen, zei de koningin precies wat onze kleine J. zei toen ze terugkwam van *Kruimeltje*: 'Was heel spannend. Echt wel.'

Er ging een zucht van verlichting door huize Hedenlands. Echt wel. Beatrix doet aan turbotaal!

Maartje: 'De inhoud gaat voor?'

Beatrix: 'Absoluut.'

Zelfs het inmiddels door velen alweer verfoeide 'absoluut' blijkt tot het staatshoofdelijk vocabulaire te behoren!

Met passend-vorstelijke bezonkenheid zei Willem-Alexander onlangs dat de discussie over de monarchie niet gevoerd dient te worden met oneliners en soundbites, en dat is natuurlijk zo, maar ook de hedendaagse monarch is deel van het medialandschap, waarin zulke slagzinnetjes nu en dan van pas komen. Beatrix heeft een voorliefde voor de klassieke trits.

Haar taakopvatting: 'Je lijn vasthouden, rustig doorwerken, dingen doen waar je in gelooft.'

Over populariteit: 'Gevaarlijk, oppervlakkig en tijdelijk.'

Helaas is ook Huis Ten Bosch niet immuun gebleken voor het proces-virus: 'vraagstelling' zeggen als je 'vraag' bedoelt, 'besluitvorming' als je besluit bedoelt en, zoals onze vorstin, toen het over de Europese Gemeenschap ging, 'regelgeving' toen zij 'regels' bedoelde.

Majesteit, alstublieft!

Wat me ook opviel: de koningin zei dat zij bij haar werk veel steun kreeg van 'haar zusje'. Alsof ze er maar één heeft. Hoe formeel en zakelijk het gesprek ook was, toch leek Hare Majesteit af en toe los te komen. Misschien is zij zo op haar hoede omdat op zulke momenten het zorgeloze meisje van goeden huize in haar te voorschijn komt, en zij die gedaante niet vindt passen bij haar positie. Dat Gooise meisje hoor je terug in de manier waarop de koningin het woord 'leuk' uitspreekt. Achter uit de keel, waardoor de l een h meekrijgt en de eu als ui gaat klinken. *Lhuik.* Zoals in: 'Toen hebben we bij Jan-Diederik nog even een aanslag op de Cointreau gedaan. *Ejg lhuik.*'

'Leuk' was ook het woord waarmee de koningin haar periodieke bezoeken aan de West omschreef. 'Is altijd *lhuik...*' Toen volgde een korte pauze, waarin je haar zag denken: hm, zo komt het misschien iets te triviaal over, worden ze weer boos dat we ze niet serieus nemen. Waarop zij zich hernam en er nog wat plichtsgetrouwheden aan toevoegde: 'Heel interessánt ook, en góéd, om op de hóógte te blijven, van wat daar gebéúrt.'

Ja Bea, hou maar op.

Toch kwam het Gooise meisje nog een keer terug. Toen de orkaan op Sint-Maarten ter sprake kwam schoot de vorstin even in de lach. 'Die storm, ja,' zei ze, 'dat was wel erg leuk.' Weer dat *lhuik*. Direct hierop volgde een (overduidelijke) knip in de montage en in een iets veranderde zithouding, met een strak gezicht nu, vervolgde zij: 'Ik bedoel, erg toevállig, dat dat net moest gebeuren toen wij er waren.'

Eef Brouwers zag het bij de opname gebeuren, keek op de klok en maakte een notitie: *Orkaan St. Maarten 'leuk'. Even overdoen?*

Politainment

HP/De Tijd, 4 april 1998

Een van de belangrijkste principes van tv-religie is dat 'tv' niet voor niets vooropstaat. Eerst de camera, dan de kansel. De boodschap moet worden vertaald in de retorica van de televisie. Even denk je naar een echt R&B-concert te kijken, maar dan gaan de *lights* in de tekst ineens *on* in plaats van *down low*, en dan weet je: reli-pop.

Reli-soap, reli-talk, reli-docu, reli-nieuws, reli-drama, alle genres worden geïmpregneerd, zodat de tv-parochianen de hele dag kunnen blijven kijken zonder een heidens kanaal te hoeven opzoeken. Zou er ook reli-weer zijn? ('Voor morgen heeft Onze Heer die Liefde & Barmhartigheid is een paar flinke regenbuien in petto, maar daar heeft Hij ongetwijfeld een bedoeling mee. Laat ons bidden dat er niemand verdrinkt.')

Is er al reli-stand-up comedy? ('Ik zeg: ja dahaag, als Jij zo Almachtig bent, als Jij zo goed weet hoe het Moet met de Wereld, waarom hebben supermarktkarretjes dan altijd één zo'n zwabberend, tegenstribbelend wieltje? Hè? Leg me dat eens uit!')

We amuseren ons ter dood, beweert men, maar je kunt ook zeggen: we amuseren ons tot leven. Amusement is geen doel meer op zichzelf, zoals vroeger, het is een middel geworden, een medium, een taal om boodschappen mee over te brengen, welke boodschap dan ook. Wie effectief wil communiceren moet de taal van het amusement spreken, zijn boodschap 'opleuken', een woord dat niet voor niets kortgeleden werd uitgevonden. Dat is bijvoorbeeld ook waar het redactionele beleid van de nieuwe hoofdredacteur van het *NOS-Journaal* op neerkomt: opleuken. Nico Haasbroek gaat het *NOS-Journaal* niet professioneler, journalistieker, scherper of helderder maken, maar leuker.

Ook de politiek begint dit nu door te krijgen. Kom op, politiek ís niet saai, politiek is *fun!*

Dit worden de verkiezingen van de kwinkslag.

Het programma *Netwerk* beoordeelt de zittende regeringsploeg. Geen scherpe analyse, geen doordacht commentaar van serieuze deskundigen, nee, drie parlementaire journalisten die in een caféachtige ruimte om beurten een (meestal niet zo erg leuke) oneliner ten beste mogen geven.

D66 congresseert: Braziliaans blootballet vooraf, stemrecht voor dieren toe. Els Borst legt het amendement plechtig naast zich neer. 'Wat Wim Kok kan, kan ik ook.' (gelach)

'Maar wilt u dan écht tot uw zeventigste in die Kamer blijven zitten?' vraagt een journalist haar. 'O, maar we mogen ook wel af en toe rondlopen, hoor,' zegt Els. (gelach)

Jan Marijnissen wil zich tijdens een debat het woord niet laten ontnemen: 'Hoho voorzitter, effe dimmen.' (gelach)

Paul Rosenmöller kan de toezegging van een fregat voor operatie *Desert Thunder* moeilijk rijmen met Koks verklaring dat Nederland het liefst een diplomatieke oplossing ziet: 'Fregatten zijn geen roeiboten voor diplomaten.' (gelach)

Wil het journaal leuk? Dan kan het leuk krijgen.

Het CDA heeft zelfs een speciale *gag-writer* in stelling gebracht. Hans Hillen is zijn naam, en zijn voornaamste taak is de komende maanden om de nog wat dul overkomende Jaap de Goede Hoop van oneliners, kwinkslagen en bon-mots te voorzien. Hillen begint echt te geloven in zijn eigen komisch talent. Naar aanleiding van Monicagate werd hem gevraagd wat hij van Clinton vond. De geheime kracht van Clinton was zijn gewoonheid, sprak Hillen. 'Het is iemand die je bij wijze van spreken gewoon in een warenhuis kunt tegenkomen, als een doodnormale gemiddelde huisvader.' Op dat moment schoot hem de kwinkslag te binnen die hij bedacht had om dat warenhuisbeeld nog een beetje mee op te leuken. Freek de Jonge had hem kunnen vertellen dat het dan gewoon te laat is, jammer, op naar de volgende grap, maar Hillen hinkstapte moeizaam terug naar dat warenhuis en terwijl het valluik onder zijn voeten zich bij wijze van spreken al opende, legde hij uit dat die ontmoeting met Clinton zich waarschijnlijk 'op de plasticafdeling' zou afspelen.

Tja, ze bedenken is één ding, ze goed brengen is nog iets anders.

Jaap de Goede Hoop op het CDA-congres: 'En dan kom ik nu aan D66.' Korte pauze. 'Ik ga nu afronden.' Een iets betere grap misschien, hij haalde in elk geval meermalen het scherm, maar als zwevende kiezer had ik liever gehad dat Jaap de Hoop Scheffer iets over D66 gezégd had.

Wisecrackend, kwinkslaand en ginnegappend rijden ze in hun vrolijk gekleurde campagnebussen door het land, de stand-up politicians. Als de oneliners zijn afgevuurd en de tv-ploegen hun spullen alweer ingepakt hebben geven ze voor de plaatselijke achterban nog even een nummertje handenwringen weg over de zorgwekkende kloof tussen burger en politiek en hoe ze van plan zijn die te gaan dichten. Met nóg betere muziek en nóg betere oneliners.

Maar helaas, nu moet de lijsttrekker toch echt gaan, want hij wordt verwacht in de Balie voor een debat over de moraal. Met Freek de Jonge. Die daar overigens, zo bleek de volgende ochtend in *de Volkskrant*, een gewichtig betoog hield, met citaten van Luther, Calvijn en Kant.

Hans Hillen die probeert te Freek de Jongen en Freek de Jonge die aan het Hans Hillen slaat. Het zijn vreemde tijden.

Pimlands

de Volkskrant, 8 mei 2002

HIJ:

At your service! (Bij zijn verkiezing tot lijsttrekker LN.)

Ik heb er zin an. (Idem.)

Ik zeg wat ik denk en ik doe wat ik zeg. (Idem.)

De puinhopen van paars. (Titel van zijn laatste boek.)

Ver-gis je niet. (Vanuit zijn Daimler, over zijn lotsbestemming als minister-president.)

Randstad meneer, Randstad! (Het soort personeel dat hij zou inschakelen bij de formatie, in plaats van Haagse ambtenaren.)

De islam is achterlijk, ik zeg het maar, het is gewoon een achterlijke cultuur. (In het fameuze *Volkskrant*-interview.)

Verpleegsters. (In plaats van 'het zorgpersoneel in onze medische instellingen' of iets dergelijks.)

Als ik het juridisch rond kon krijgen, zou ik zeggen: er komt geen islamiet meer in. (Het *Volkskrant*-interview.)

Een gelukkig 2002 wens ik ook mevrouw Borst, onze dolende minister van wachtlijsten, die in haar eentje een groter gevaar vormt voor de Nederlandse volksgezondheid dan Osama Bin Laden. (Op de website van het televisieprogramma *Business Class*.)

Dweilen met de kraan open. (Over het huidige asielbeleid.)

Puinruimen. (Hoogste prioriteit van een LPF-kabinet).

Als een imam weet te vertellen dat mijn levenswandel volstrekt verwerpelijk is en beneden die van varkens ligt: oké, dan zegt hij dat maar. (Het *Volkskrant*-interview.)

Geen zinnige gedachte komt eruit, onbeschaamd toont zij haar ongemeubileerde bovenkamer. (In *Elsevier* over Annemarie Jorritsma.)

Mevrouw, ga toch koken. (Tegen NOS-reporter Wouke van Scherrenburg.)

A hell of a job. (Over het opzetten van zijn eigen partij.)

A bloody shame. (Over diverse misstanden.)

Mijn moeder zei altijd: het komt als het komt. (Over het noodlot.)

ZIJ:

U bent een buitengewoon minderwaardig mens. (Marcel van Dam, twee jaar geleden in *Het Lagerhuis.*)

Jij vuile kale professor, jij hebt de intelligentie van Adolf Hitler en de charme van Heinrich Himmler. Jij leeft van haat en daarom hoop ik dat je in die dark room van je zo gauw mogelijk aids krijgt. (*Trouw*-journalist Matty Verkamman, december 2001.)

Een samenleving waarin Pim het voor het zeggen heeft, is geen fortuinlijke samenleving. (Paul Rosenmöller bij de start van de GroenLinks-campagne.)

Een politicus die haat zaait. (Wim Kok aan het begin van de PvdA-campagne, later teruggenomen.)

Een gevaarlijke man. (Gerrit Zalm aan het begin van de campagne.)

Mensen die op Fortuyn denken te stemmen, laten zich in de luren leggen door deze rattenvanger van Hamelen. (Frits Bolkestein, korte tijd later.)

Het is bij hem de Alles-of-Niets-Show. (Gerrit Zalm.)

Hij gaat een grens over die je niet mag passeren. Nederland, word wakker! (Melkert begin februari 2002, na het *Volkskrant*-interview.)

Met hem als premier slaat Nederland een pleefiguur. (Frits Bolkestein, begin mei 2002.)

De draad is geknapt. Onze democratie heeft zijn onschuld verloren. (Ad Melkert na de moord.)

De kogel kwam van links. (LPF-voorzitter Peter Langendam.)

Met woorden, niet met kogels! (Wim Kok.)

WIJ:

O god, o god, hij ademt nog. (Omstander na de aanslag.)

We zijn in Nederland het spelelement kwijtgeraakt. (Freek de Jonge bij *Barend & Van Dorp* die maandagavond.)

We moeten iets doen! (Omstanders na de aanslag.)

Shit happens. ('Angela' op pimfortuyn.nl)

Beetje open deur misschien, maar bent u geschokt? (RTL-presentator tegen getuige.)

Pim, jij gaf de mensen hoop. (Boeket voor zijn huis in Rotterdam.)

Melkert moordenaar! (Boze sympathisant op het Binnenhof.)

FC Zwolle. (Wollen das, gewikkeld om een bos bloemen, bij de poort van het Mediapark in Hilversum.)

Hij legde de zere vinger op de pols van de samenleving. (Fortuyn-aanhanger Clifford bij *Barend & Van Dorp*.)

Hebben jullie nou je zin? (Sympathisant op het Binnenhof.)

He was a bastard gay man, and hopefully he is in Hell now. ('Faisal' op pimfortuyn.nl)

Pim, onze zoon is geboren op jouw sterfdag. Hij moest eens weten op wat voor wereld hij terecht is gekomen! ('Jack en Patricia' op pimfortuyn.nl)

Vrantwoordekeit

de Volkskrant, 29 mei 2002

'Schien leuk zelf even voor te stellen...?'

'Inderdaad, dat lijkt me een goed idee.'

'Naam is Jan Peter Balkenende, pootiek leider van 't CDA, kistendemokaat in hartennieren, en in m'n schaarse vrijtijd fantiek boefenaar van damsport.'

'Goh, dat laatste wisten wij nog niet van u. Meneer Balkenende, zou u in vijftien seconden kunnen zeggen waar het CDA, úw CDA, precies voor staat?'

'Zouk tuuk langer tijd voor willen neme, mals u zegt vattin één zin samen, zouk willen zeggen: respect en vrantwoordekeit. Respect vrelkaar, en voorkaars normenenwaarden. Vrantwoordekeit némen, mrook vrantwoordekeit géven. Voorkaar, mrook vojzelf.'

'Nou ja, en nog twaalf seconden over!'

'Mak misschien iets aan toevoege: tis tuuk zo dat de kistendeemkatie tijdlang moeik gat heeft, waarnenbeetje uit de gratie, tans zo leek het, maaiziet, dat wneer je met een dúík verhaal komt, mensen breid zijn drin meetgaan. Tglijk legt dat tuuk een gote vrantwoordekeit ponze schouders, die we koomde jaren tuuk moeten gawámaken. Zijnwons vanbwust, gaanwookdoen.'

'Nog even een paar hete hangijzers uit de verkiezingsstrijd. Gezondheidszorg.'

'La weerlijk zijn: met de Neelands zondheidszorg is tuuk niebest gesteld. En tis langzamhand ook wel duik dat de wachlijsten niet sluitend een fnanciéél pobleem zijn.'

'Maar...'

'Wijben gezegd: je moeteen doen, zonder tander te laten. Tandere woorden: meer handen aan 't bed, stuuk volstek helder, maar dan wel door taantal handen te vrógen, en dus niet door taantal bedden te vlágen. Das puinruimen met de kraan open, zijnwij geenvoorstandervan. Wij zeggen: neemekaar seerjeus, voer een hóúlijke discussie, en bestel daarna desnoods een pizza, een loempia, een kipmuknuggets ofsnoods een portie spareribs. Da's een psoonke keuze, wik iedereen vrij in laten.'

'Maar...'

'Al moej tuuk wel zorgen dat genoeg spa is, ans krijgen mensen dorst, raken ze giriteerd, en snie bevorlijk voor de inhouleke sprekingen.'

'En de asielzoekers?'

'Stuuk een bladen kwestie, grijp ik heel goed. Waart bij de zielpomatiek volgens CDA om gaat, is om een dúílek ondescheid te maken tussen glúkzoekers en echte zielzoekers. Echte zielzoekers hebben tons betreft niets te vrezen.'

'Misdaad en veiligheid, wat wilt u daaraan gaan doen?'

'Crimaliteit 's een goot pobeem, door Paas volstek vewaaloosd, maar m'n zus en ik hebben thuis tijd veel Cluedo gespeeld, dus kep goedehoop dawdaaruitkomen.'

'Dammen, Cluedo, u bent een liefhebber van bordspellen?'

'Zizzeker. Fnuishuisuit altijd veel aan bordsport gedaan, ent valt mop dat veel polici dr liefhebber van zijn. Zook logisch, zijn tuuk ovreenkomsten. Jaap Doop Scheffer is erg goed in Risk, voobeeld te noemen, en dat zie je ook duik trug in ons kiezingsprogram, metname tuuk de buitlanse pargraaf.'

'Interessant. Tot slot, het generaal pardon?'

'Stuuk fnalles overgzegd laastedagen. Wijben ons in dopppositie altijd verzet tegen de sorrydeemkatie. Nou, zeg ik dan, dan ook geen pardonkabinet. En trouwens, die generaal snu eenmaal onslagen, dus tonsbetreft hoeft-ie dan ook geen pardon meer te zeggen. Tuuk wel reelijk blijven.'

'Jan Peter Balkenende, dankuwel voor dit gesprek.'

'Ga gedaan.'

Eén koekje

de Volkskrant, 10 juli 2002

Het gekreun dat rond het Binnenhof klonk na lezing van het 'strategisch beleidsdocument' van informateur Donner, bevestigde de indruk die ik intuïtief al van de CDA-jurist had, namelijk dat dit een man met weinig dichterlijke aanleg is.

Als oud-blaadjesmaker wist LPF-leider Herben direct wat er met Donners tekst moest gebeuren. 'Te lange zinnen in tweeën knippen, het nieuws bovenaan zetten. U kent dat wel,' sprak hij collegiaal.

Ook de manier waarop *NRC Handelsblad* het epistel afdeed was mooi. Eerst werd in extenso de openingsalinea van Donners concept geciteerd, een molshoop van vale gemeenplaatsen, waarna werd besloten met de zin: 'VVD-leider Zalm zei dat volstaan kan worden met een lijst concrete afspraken.'

Er wordt wel vaak gedaan alsof, maar Mat Herben is niet de enige beginner aan de formatietafel. Iedereen die weleens een A4'tje gezien heeft, had Balkenende kunnen voorspellen dat ze het daar nooit allemaal op zouden krijgen. Inmiddels spreken we over een document van vijfenveertig pagina's. Over 'hersteld vertrouwen' gesproken.

Dat werd dan ook direct door iedereen afgekeurd als motto voor dit kabinet, niet alleen in Den Haag.

'Bloedeloos,' oordeelde reclamemaker Romke Oortwijn in *NRC Handelsblad*. 'Nee, Pim zou het niet zo gewild hebben.' Oortwijns suggestie: 'Nederland is vol. Vol inspiratie, vol ideeën en vol daadkracht'. Zijn collega Serge Steijn, bedenker van 'Kies voor een nieuw evenwicht' voor GroenLinks, suggereerde 'Bouwen aan vertrouwen'. 'Omdat daar ook iets in zit van "handen uit de mouwen, aanpakken"'. Harold Zwarts ('BNN is niet te houden') adviseerde het kabinet terug te grijpen op een 'oer-Hollandse, rood-wit-blauwe wijsheid. Bijvoorbeeld iets uit de jongensboekenserie de Kameleon. "Tegenwind maar toch doorfietsen", zoiets.'

Met 'bouwen aan vertrouwen' zat de copywriter van GroenLinks dus het dichtst bij wat de onderhandelaars ervan maakten: 'Werken aan vertrouwen, een kwestie van aanpakken.'

Een oud Binnenhofs bijgeloof wil dat er een verband bestaat tussen het gesternte van een kabinet en de kwaliteit van zijn motto. Het is voor deze coalitie te hopen dat dit niet waar is.

Een goed *mission statement*, dat weet een moderne manager, bestaat uit twee elementen: wat je wilt bereiken en hoe je dat gaat doen. 'Meer klanten door betere service', dat principe.

Het motto van Balkenende I voldoet niet aan dit criterium. Met 'Werken aan vertrouwen, een kwestie van aanpakken', zeg je: meer klanten door het aantal klanten te verhogen. Er is niets tegen herhaling, denk aan Paars I met 'Werk, werk, en nog eens werk', maar hier werkt het niet. De gemiddelde Nederlander wéét dat werken aanpakken is en aanpakken werken. Zo slecht is ons onderwijs nu ook weer niet!

Sowieso dat 'aanpakken'. Een kabinet dat 'aanpakt', ik zie het niet voor me. Liepen die anderen te lanterfanten? Gezien het strenge financiële beleid dat ze zich hebben voorgenomen was 'afpakken' misschien beter geweest.

'Werken aan vertrouwen, een kwestie van afpakken.'

Dan heb je meteen ook die tweeslag van 'naar A door B'.

Inmiddels is besloten dat het kabinet zelf zijn motto zal kiezen.

Dit motto zal recht moeten doen aan de twee belangrijkste dingen die dit kabinet van plan is: bezuinigen en strengere regels, vooral voor vreemden. In die zin voert deze coalitie ons inderdaad terug naar de jaren vijftig, toen de visite zijn schoenen moest uitdoen bij de voordeur en de koektrommel na één rondje dichtging.

'Schoenen uit en één koekje.'

Dat lijkt me eigenlijk wel een goed motto voor dit kabinet.

Samenleving

Enige wenken voor (in)correct doen, en denken

Heb ik iets verkeerds gezegd?, 1998

Begin oktober 1997 gaf kardinaal Simonis een interview aan het *Utrechts Nieuwsblad*. De kardinaal maakte zich zorgen. Onder andere over de 'economisering van de samenleving', zoals hij het noemde. De moderne mens is te zeer gefixeerd op materieel welzijn, vindt Simonis, en hij verwaarloost de ethiek, de moraal en andere geestelijke, immateriële waarden. De zinloze geweldsexcessen die we de laatste tijd steeds vaker meemaken, de brute doodslag van Carlo Picornie, Joes Kloppenburg en Meindert Tjoelker, bijvoorbeeld, zouden daar weleens iets mee te maken kunnen hebben, opperde Simonis. 'Jongeren leren dat abortus en euthanasie gewoon moet kunnen', sprak hij. 'Met zo'n visie op het leven worden ze opgevoed. Als doden in die gevallen mag, waarom zou je anderen dan niet doodtrappen als ze in de weg staan?'

Het ziet er niet naar uit dat Simonis met dit interview eenzelfde gouden pr-greep heeft gedaan als zijn collega Muskens, toen die verklaarde de diefstal van een brood onder zekere omstandigheden wel te kunnen billijken en met die uitspraak een hoofdrol in de discussie over armoede opeiste. Niet dat de media-adviseurs van kardinaal Simonis vermoedelijk nog veel illusies koesteren, op het punt van publicitair vernuft vertoont zijn cv weinig hoogtepunten.

Ook deze ontboezeming werd hem weer niet 'in dank afgenomen', zoals dat in Nederland heet. Els Borst, minister voor Volksgezondheid, verantwoordelijk voor het euthanasie- en abortusbeleid, liet haar woordvoerder bekendmaken dat zij Simonis' uitspraken 'onbegrijpelijk' vond. En bovendien: 'volstrekt ontoelaatbaar'.

Ontoelaatbaar.

Zou Simonis nog een acceptgiro in de bus hebben gekregen wegens overtreding van, ja, van wat eigenlijk? Het Wetboek van Opinierecht?

Van de talloze kwalificaties die je in zo'n geval kunt gebruiken – 'ridicuul', 'absurd', 'belachelijk', 'schandalig', 'idioot', ik doe een greep – liet de minister van Volksgezondheid de keus vallen op *ontoelaatbaar*.

Simonis maakte geen denkfout, hij had niet dit over het hoofd gezien of dat verkeerd begrepen, nee, hij had iets gezegd dat *ontoelaatbaar* was. Een opmerkelijke uitspraak, zeker voor de lijsttrekker van een partij met het woord Democraten in z'n naam, maar niemand besteedde er verder aandacht aan. Kennelijk is zo'n reactie in Nederland heel normaal.

Voor wie wil leren hoe je in Nederland in het openbaar over gevoelige onderwerpen spreekt, is dit een belangrijk gegeven. Je hebt in Nederland al gauw iets *ontoelaatbaars* gezegd.

Het is een traditie. Iedereen die weleens naar de BBC kijkt, weet hoe bloemrijk Britse politici elkaar soms verbaal te lijf gaan. Aan tafel bij *Newsnight* ('Excuse me, but what Mr. Heseltine just said is complete and utter rubbish') maar ook in het parlement (I'm afraid the right-honorable gentleman from Hampshire is full of crap.' 'Order! ORDER!!!'). Mensen die elkaar zo bejegenen, hebben ruimte nodig om af te koelen, en dat lukt in Nederland niet goed, daar is dit land te klein voor. In Nederland moet je altijd weer met elkaar 'door één deur', zoals de zegswijze gaat. En dus houdt de voorzitter van ons parlement nauwgezet het taalgebruik der leden in de gaten, straft overtreders direct af en schrapt alles wat 'onparlementair' is uit de Handelingen, inclusief een woord als 'liegen'. (Dat moet zijn: 'Wat u zegt staat naar mijn inzicht op gespannen voet met de waarheid.') Of zelfs 'onzin'.

Uit de Handelingen:

Voorzitter: 'Ik doe de geachte afgevaardigde opmerken dat een minister geen onzin spreekt.'

Kamerlid: 'Nonsens dan.'

Voorzitter: 'Het woord nonsens lijkt mij nog erger. Maakt u ervan: "onwaarschijnlijk".'

Mevrouw Borst had ook 'onbetamelijk' kunnen zeggen. Een wat archaïsch begrip, zult u misschien denken, en inderdaad, het wordt nog maar zelden gebruikt, maar dat was misschien wel precies de reden dat de hoofdredacteur van *NRC Handelsblad*, Ben Knapen, het in 1990 te voorschijn toverde toen hij moest uitleggen welke misstap *NRC*-columnist J.A.A. van Doorn nu precies had begaan om zijn ontslag te rechtvaardigen. Door het in een artikel over de pers in het Midden-Oosten niet over 'joodse journalisten' maar over '*de* joodse journalisten' te hebben, zou Van Doorn blijk hebben gegeven van, ja, waarvan nu eigenlijk precies? Van *downright* anti-semitisme durfde de *NRC*-leiding haar vooraanstaande medewerker niet direct te beschuldigen, maar wat had hij dan eigenlijk wél misdaan? Welnu, schreef Knapen uiteindelijk, Van Doorn was 'onbetamelijk' geweest. Hij had zich schuldig gemaakt aan een misdrijf tegen de 'betamelijkheid'.

En dus kon hij niet gehandhaafd worden.

Een misplaatst lidwoordje 'onbetamelijk', een mening over het tijdsgewricht 'ontoelaatbaar' – hoe zit dat, in Nederland mag en kan toch alles? Daar staan we wereldwijd toch juist om bekend? Seks, drugs, abortus, euthanasie, *anything goes* toch in Nederland?

Het is waar, er kan en mag veel in Nederland, maar het eigenaardige is ook dat Nederlanders in die ruimdenkendheid ook weer heel bekrompen kunnen zijn. Nederland heeft een 'consensus-cultuur', een overleg- en vergadertraditie die ongeveer teruggaat tot de Middeleeuwen en ertoe geleid heeft dat 'de Nederlandse samenleving aan elkaar hangt van conventies', zoals de historicus Willem Frijhoff het formuleert. 'Aan alle kanten word je aan banden gelegd door de gedachte: ik moet rekening houden met die-en-die, want daar hangt weer opinie zus-en-zo van af. De sociale druk is groot. Niet voor niets wordt vaak gezegd dat Nederlanders op elkaars lip zitten.'

Of in de woorden van volksdichteres Annie M.G. Schmidt: 'Niet op de stoelen staan/ Niet met de deuren slaan,/ denk aan de buren/ 't zijn heel dunne muren.'

Nederland is een kousenvoetencultuur. Een 'zwakstroomsamenleving', zei Frits Bolkestein toen hij op z'n kop kreeg omdat hij een coalitiegenoot voor 'politiek onbenul' had uitgemaakt. 'Nederlanders zijn gek op dissidenten,' sprak de tegendraadse rechtsgeleerde Couwenberg onlangs in *HP/De Tijd*, 'maar dan moeten ze wel ver over zee en in een dictatuur leven.'

Het effect van die houding is dat wat in Nederland *mag*, ook al gauw *moet*. Het zal geen toeval zijn dat die twee woorden in het Nederlandse spraakgebruik zo vaak hetzelfde betekenen. Als je in een Nederlands bankfiliaal de deur dreigt te nemen waar aan de andere kant iemand tegenaan gebalanceerd staat om het plafond te witten, snelt de kassier achter zijn balie vandaan, sjort je in de juiste richting en zegt: 'U mag *deze* deur nemen!' Hij bedoelt: u *moet*.

Ed Nijpels vertelt bij Paul de Leeuw over zijn huidige baan: 'Het is eigenlijk een fusie van een heleboel kleinere ARBO-bedrijven, en ik mag daar leiding aan geven.' O wee dat iemand zou denken dat Ed Nijpels geen uitdrukkelijke toestemming heeft om daar de baas te spelen.

Een typische uitdrukking waarmee een Nederlander laat weten dat hij het ergens niet mee eens is, luidt: 'Het mos nie magge.' Hij zegt niet: dit is slecht, of dit mag niet, nee, *het moest niet mogen*. Dat iets gebeurt kan kennelijk niet anders betekenen dan dat het mag, maar het zou dus eigenlijk niet *moeten mogen*. Heeft de Permanente Vergadering genaamd Nederland na ampel overleg besloten dat iets mag, dan is het daarmee ook al bijna een *must* geworden. Of, zoals het met een andere, al even typisch Nederlandse uitdrukking heet: 'Het moet kunnen.'

Er wordt weleens beweerd dat er in moderne westerse samenlevingen als de Nederlandse geen taboes meer zijn (mensen die dit zeggen bedoelen meestal dat er geen taboes meer zijn *die zij durven te doorbreken*), maar de breed gedragen afwijzing van achterstelling op grond van ras, godsdienst, geslacht, afkomst of overtuiging, oftewel discriminatie, die bestond vijftig jaar geleden helemaal niet. Dat kan dus gerust een nieuw taboe genoemd worden. Misschien zou iemand bij de Wereldraad van Kerken moeten voorstellen het in de Tien Geboden op te nemen. Voor ze werden opgeschreven zijn de oorspronkelijke bijbelverhalen voortdurend veranderd en aangepast, dus waarom zou de papieren editie ook niet af en toe geactualiseerd kunnen worden?

Dit is ook waar columnist Van Doorn en bisschop Simonis zich schuldig aan zouden hebben gemaakt: discriminatie (van joden respectievelijk vrouwen).

Altijd elke vorm van discriminatie vermijden is minder eenvoudig dan het lijkt. Dat het onaardig is om iemand in een volle tram uit te jouwen omdat hij een bochel heeft kan iedereen wel ongeveer bedenken, maar er zijn ook minder voor zichzelf sprekende situaties.

Een paar jaar geleden drukte *Het Parool* bij een artikel over de Nederlandse filmindustrie nietsvermoedend een foto af van actrice Geert de Jong, die in het stuk ter sprake kwam. Het is een filmstill uit *Mamma Is Boos*, De Jong als getergde moeder die haar kinderen te lijf gaat met een kettingzaag. Een paar dagen later verscheen de ingezonden brief. Veronica van Amerongen hechtte eraan te verklaren dat zij zich als consciëntieus en professioneel 'boomverzorgster' nooit 'op een dergelijke onverantwoorde manier op een motorzaag zou storten'. Het was erg onnadenkend van *Het Parool* om die foto af te drukken, vond Veronica, want zo worden 'vrouwelijke motorzaaggebruiksters afgeschilderd als gevaarlijke maniakken'.

In dit geval ging het nog om de 'stigmatisering' van een beroep, begrijpelijk misschien dat mensen daar fel op reageren, maar zelfs met liefhebberijen moet je oppassen.

'De topman van DASA en Fokker Jürgen Schrempp heeft wel wat beters te doen dan aan te zitten bij een aandeelhoudersvergadering met het intellectuele gehalte van een biljartclub,' schrijft *de Volkskrant* naar aanleiding van de crisis bij Daimler-Benz.

'Ik ben al dertig jaar lid van een biljartvereniging,' schrijft een lezer prompt, 'en wíj baseren onze uitgaven op de inkomsten. Wíj komen nooit geld te kort en halen voor onze leden toch het maximale rendement uit de ingekomen gelden.'

Discriminatie op basis van iets wat de ander doet is erg, maar nog niet zo abject als discriminatie op grond van iets dat je bent. Neem de term 'alleenstaande'. Vergeleken met 'eeuwige versierder' en 'oude vrijster' lijkt het al een hele vooruitgang, en toch zijn de belangenorganisaties van mensen zonder vaste relatie er niet gelukkig mee. 'Alleengaande' moet het zijn, vinden ze, of 'sologangers'. 'Alleenstaan' heeft iets zieligs, vinden ze, iets treurigs, alsof iedereen die ongebonden door het leven gaat er maar zo'n beetje eenzaam bij staat. Op zichzelf is die nuance na te voelen, het probleem is alleen dat als je op die manier naar woorden gaat kijken, overal wel een bezwaar aan lijkt te kleven. In het geval van 'alleenstaan' en 'alleengaan' kun je de redenering evengoed omkeren. 'Gaan' heeft iets van een afgang, terwijl 'staan' juist trots en vastberaden klinkt. Als je op een feestje alleen staat zijn je kansen nog niet verkeken, als je alleen gaat is het blijkbaar niet gelukt.

Niet discrimineren is dus niet louter een kwestie van oppassen en goed nadenken, maar ook van code. En wat de code is, dat bepalen de potentiële discriminatieslachtoffers zelf.

En dus noemen we blinden en slechtzienden 'visueel gehandicapt', hoewel 'gehandicapt' ('belemmerd') op zich eigenlijk vermeden zou moeten worden, maar bij gebrek aan praktisch alternatief wordt het getolereerd. 'Invalide' werd dus 'lichamelijk gehandicapt', 'zwakzinnig', 'zwakbegaafd', 'debiel' en 'imbeciel' werden 'verstandelijk gehandicapt', en een enkeling in die sector bedient zich van eufemistische formules als 'geestelijk anders' en 'andersbegaafd'.

In Engeland en Amerika gebruikt men graag 'challenged', uitgedaagd, alsof gehandicapt zijn eigenlijk een voorrecht is, omdat je dan tenminste nog een uitdaging hebt. Op een bijeenkomst van de Partij van de Arbeid werden mensen die vroeger 'gestoord', 'geestesziek' of gewoon 'gek' genoemd werden, aangeduid als 'mensen met een vlekje'. Het blad *Ouders van Nu* brengt een artikel over kinderen met leesblindheid, op het omslag aangekondigd als: 'De gave van dyslexie'.

We zeggen ook geen '-patiënt' meer, laat staan '-lijder', maar: 'mensen met...' 'Mensen met aids, 'mensen met hiv', of in het Engels: *people living with aids* (en dus niet *people dying of aids*).

Zelfs 'ziekteverzuim' is discriminerend, zoals een briefschrijver in *de Volkskrant* ooit opmerkte. 'Verzuim' suggereert immers opzettelijke nalatigheid, meende zij (onzin), dus het zou 'ziekteverlet' moeten zijn of 'ziekteverlof'. Mensen van boven de vijfenzestig zijn geen 'bejaarden' of 'ouden van dagen' maar 'ouderen', of 'senioren', of zelfs 'mensen van de derde leeftijd'. *The golden years*, zeggen Amerikanen, vandaar ook de titel van de tv-serie *Golden Girls*.

Zo kun je lange lijsten van termen en kwalificaties aanleggen, maar volledige zekerheid over de juiste formulering valt niet te geven. Tijden veranderen, opvattingen evolueren, gevoeligheden slijten, andere komen ervoor in de plaats, en per klasse of milieu kan de code ook weer verschillen.

Tien jaar geleden had Sonja Barend op televisie een gesprek met radiomaker Gabri de Wagt, die een kind met het syndroom van Down heeft. Sonja, altijd reuze zorgvuldig in die dingen, sprak telkens netjes van 'syndroom van Down'. 'Ach, dat gedoe met Down,' zei De Wagt op een gegeven moment, 'zeg toch gewoon "mongooltje", dat doen wij zelf ook, hoor.' Sonja probeerde het, maar had er zichtbaar moeite mee.

Onlangs, begin oktober 1997, praatte Sonja in het B&W-café met een stel vrouwen over de combinatie moederschap-carrière. Een van de gasten had in verband met haar loopbaan pas rond haar veertigste haar eerste kind gekregen. Dat downsyndroom had, zoals zij het zelf noemde.

'Maar goed,' zei Sonja even later, 'dan krijg je dus eindelijk een kind, en dan is het een mongooltje.'

'Dan heeft het *downsyndroom*,' corrigeerde de vrouw licht gepikeerd. Sonja wilde zich verontschuldigen, aarzelde en deed het uiteindelijk toch maar. Ondertussen zag je haar denken: 't is niet goed of het deugt niet.

Een interessant moment.

Als ik de jaartallen van die twee incidenten verwisseld had, was het nog steeds een geloofwaardige anekdote geweest. De trend van de afgelopen tien jaar is immers eerder van veilig-correct naar gewaagd-incorrect, dan andersom. Ik vermoed dat we in beide gevallen niet te maken hadden met de algemeen geldende code, maar met het puntje van een nieuw-opkomende. Waarschijnlijk was Gabri de Wagt op dat moment al een vroege voorloper van de Nieuwe Incorrectheid en was die carrièrevrouw bij B&W een pionier van de reactie die dáár inmiddels weer op begint te ontstaan.

Het correct van gisteren is het incorrect van vandaag, het nieuw-correct van morgen en het nieuw-incorrect van overmorgen.

Obees

de Volkskrant, 11 mei 2000

Gluttony heet het in 't Engels. Vraatzucht, een van de zeven hoofdzonden, hoewel Van Dale Nederlands-Engels het op gulzigheid houdt.

Gluttony.

Mooi woord. Een onomatopee haast. Je hoort wat er mis is. Althans, volgens Sint-Gregorius, die de zeven hoofdzonden in de zesde eeuw postuleerde. Is het wel een zonde? Vraatzucht is slecht vóór je, maar is het daarmee ook slecht?

'Dat het maatschappelijk niet geaccepteerd is om een dikke partner te hebben heeft veel te maken met de christelijke basis van onze westerse samenleving,' las ik laatst in het gratis nieuwsblad *Metro*. Aan het woord was Marja Visser van contactbemiddelingsbureau Dik Voor Mekaar.

'Men ziet gulzigheid als zonde,' vervolgde zij, 'en dik zijn als een verdorven eigenschap. Heb jij bijvoorbeeld ooit een dikke heilige gezien?'

Heb jij bijvoorbeeld ooit een dikke heilige gezien.

Dat zijn ze; de zinnen waarvoor ik de krant lees. Met één zo'n zin kan ik een dag vooruit. De volgende dag ook nog desnoods, als er niks anders is.

Sint-Eloi, was die niet een beetje gezet? Deze schutspatroon van de metaalbewerkers stond bij ons in de kerk, onder een glazen stolp, dus misschien leek het maar zo. Heiligen in een rolstoel, ook nooit gezien. Werd Sint-Franciscus niet soms op krukken afgebeeld? Sint-Hubertus zou zwakbegaafd of zelfs totaal geschift geweest kunnen zijn, Sint-Blasius had misschien wel een horrelvoet of een gokverslaving, maar dat zijn dingen die je niet ziet aan een gipsen beeld.

Heb jij bijvoorbeeld ooit een dikke heilige gezien?

Je weet het meteen: dit is een dikkologische dooddoener. Deze hoort thuis in het rijtje met: 'Vader en dader, maar één letter verschil, weet je wel?'

Dit is diktaal.

Opvallend trouwens dat Dik Voor Mekaar wel gewoon het woord 'dik' gebruikt, maar goed, het is een relatiebureau, dat zal ook wel veel klanten krijgen die overgewicht juist sexy vinden. Politiek correcte eufemismen zijn bedoeld voor de dikkerdjes die zich miskend en gediscrimineerd voelen. Die worden lid van de Bond van Formaat, waar ze vast geen 'dik' zeggen maar 'groot' of 'groter', 'zwaar', 'volslank' of 'zwaarlijvig', en waar ze vechten tegen 'dikcriminatie'.

'Obese' zeggen de Engelsen, van 'obesitas', medisch voor zwaarlijvigheid. Waarom zeggen we in Nederland niet 'obees'? Volgens de woordenboeken bestaat het niet, maar als de Bond van Formaat, de Nederlandse Obesitas Vereniging, de Anonieme Overeters en de Weight Watchers een zware delegatie naar het Van Dale-kantoor in Utrecht sturen, komt daar vast verandering in. *NRC-Handelsblad* had laatst een speciale bijlage over zwaarlijvigheid. Die stond vol met diktaal.

Appelfiguur. Obees voor: pech gehad. Mensen met een appelfiguur verzamelen vet op de buik, bij het peerfiguur hoopt het zich op in billen en dijen. Vet op de buik (centrale adipositas) leidt vaker tot gezondheidsklachten dan vet elders.

Dieetmaffia. Producenten, verkopers en promotors van middelen om af te slanken.

IMF. Niet International Monetary Fund, maar Obees voor: I'm Fat. In Thailand wordt jaarlijks de IMF-Award uitgereikt, voor de mooiste dikke vrouw.

Maagband. Chirurgische ingreep waarbij opblaasbaar bandje rond maag geplaatst wordt, dat van buitenaf met behulp van een injectienaald strakker of minder strak opgepompt kan worden. Wanhoopsmaatregel, zelden succesvol.

Maatacceptatie. De gelijke behandeling van mensen die een

ander formaat hebben, met name als gevolg van dikte.

Modisch overgewicht. Een lichaamsgewicht dat niet voldoet aan het geldende slankheidsideaal. Dit in tegenstelling tot medisch overgewicht: zwaarlijvigheid die tot gezondheidsklachten leidt.

Stoeltje. Obees voor 'nachtmerrie'. Bij voorkeur niet gebruiken in bijzijn van de ruimbemeten medemens. Marischka Borgman hoopt ooit weer eens op een terrasje te kunnen zitten. 'Nu loop ik met afgewend hoofd voorbij omdat ik weet: ik pas toch niet in dat stoeltje. En als ik dan opsta zul je zien dat ik het stoeltje per ongeluk meeneem en dat het hele terras dan om mij lacht, omdat ik zo dik ben.'

Doe de dikkerd een plezier. Spreek zijn woord. En als je toch bezig bent, eet zijn brood.

Het is de allochtoon die de muziek maakt

Heb ik iets verkeerds gezegd?, 1998

De notie dat Nederland 'vol' is, was in de jaren vijftig lang niet zo omstreden als nu, integendeel, het was een wijdverbreide opvatting en de overheid investeerde tientallen miljoenen guldens om ons overbevolkte land wat leger te krijgen. Met resultaat, zij het dat voor elke emigrant die naar Canada, Nieuw-Zeeland of Australië vertrok, zich aan de grens iemand meldde die Nederland ín wilde. En die dus als het even kan geen 'immigrant' mocht heten.

De tienduizenden Indische Nederlanders die Indonesië ontvluchtten werden dus 'repatrianten' genoemd, ook al was de meerderheid nooit eerder in Nederland geweest. De Surinamers en Antillianen die hiernaar toe kwamen werden 'rijksgenoten', terwijl ook zij typisch immigranten waren, dat wil zegen: niet kwamen met het idee ooit nog terug te gaan.

Bij de Turken en Marokkanen, die in de jaren zestig begonnen te komen, was het onduidelijk of zij immigranten waren of migranten, mensen die van land of streek verhuizen zonder duidelijk plan om te blijven. Om hun verblijf zo tijdelijk mogelijk voor te stellen werden zij 'gastarbeiders' genoemd. Een geniale vondst. Dat feestelijke 'gast', die nadruk op arbeid, enkel om de suggestie van duurzame bevolkingsaanwas te vermijden. 'Gastarbeider' – het klinkt alsof ze elke avond na het werk gewoon weer met de bus terug naar Turkije gingen. De socioloog Wentholt ging in 1967 nog een stap verder door ze 'internationale forensen' te noemen, maar die vondst is niet aangeslagen. Repatrianten, rijksgenoten, gastarbeiders, nergens een verwijzing naar het land (of volk) van herkomst. Integendeel: thuisvaarders, terugkeerders, genoten, arbeiders, gasten – het heeft juist allemaal iets eigens, iets vertrouwds.

Hoewel ook organisaties van allochtonen vaak hebben aangedrongen op het gebruik van nieuwe, minder stigmatiserende termen, gebruiken zij ze voor zichzelf niet. Op het bordje naast hun deur zul je niet zelden de gehate termen aantreffen die zij zelf namens hun leden bestrijden. 'Stichting Inspraakorgaan Turken in Nederland', de 'Landelijke Organisatie van Welzijnsorganisaties voor Surinamers', 'Regionale en Centrale Organisaties van Antillianen en Arubanen', 'Landelijk Platform Woonwagenbewoners en Zigeuners', 'Het Nederlands Centrum Buitenlanders', de 'Organisaties van Buitenlandse Arbeiders', zo zou ik nog even door kunnen gaan. Hoe zou dit komen? Tja, misschien spelen de minderheden als subsidiabele organisatie liever geen verstoppertje.

Op school ging het vroeger ook zo. Als de juf iemand nodig had om gebakjes te gaan halen schoten de ruggen recht, zocht ze een slachtoffer voor een mondelinge beurt, dan probeerde iedereen zich zo klein mogelijk te maken.

Het zou tot begin jaren zeventig duren voor de overheid erkende dat er een beleid moest komen om al die vreemdelingen in de Nederlandse samenleving in te passen. Toen de sociologe Hilda Verwey-Jonker in 1971 in opdracht van de regering een nota over het probleem schreef, noemde ze die 'Immigranten in Nederland'. Dat was dom van haar, want er kwam nu wel een immigratie-*beleid*, maar dat wilde nog niet zeggen dat Nederland een immigratie-*land* was, dus die titel werd door het ministerie van CRM afgekeurd. Waarop Verwey-Jonker zelf een volledig nieuwe term bedacht: 'allochtoon'.

Vandaag associeert iedereen dat begrip met immigratie, maar toen Verwey-Jonker het introduceerde, als logische omkering van autochtoon, vermeldde Van Dale het uitsluitend als (geologische vak)term voor 'van elders afkomstige, ondergrondse steenlagen'. Wat goed klopt met de gevoelswaarde die het ook in zijn nieuwe betekenis kreeg: iets allochtoons komt niet, iets allochtoons blijkt er op een gegeven moment gewoon te zijn, als je gaat kijken.

Als je in een Chinees restaurant aan een tafel gaat zitten waar net een ander gezelschap heeft gezeten zal de ober het witte papieren tafelkleed altijd weghalen, ook als het nog smetteloos is. Wat je ook zegt, het is een erezaak, dat papier móét weg. Iets dergelijks zie je in de politiek met taal: ook als een politicus gewoon het beleid van zijn voorganger overneemt, zal hij er als het even kan een eigen naam aan geven. Dan heeft hij iets waarvan hij kan zeggen: 'Kijk, dat doe ik daar nu de hele dag.' (Toen Hans Alders Ed Nijpels opvolgde als minister van Milieuzaken, werd Nijpels' 'Nationaal Milieu Beleidsplan' geherlanceerd als 'Nationaal Milieu Beleidsplan *Plus*'. Dat 'plus' was Alders' politieke plasje tegen Nijpels' paaltje.)

En zo veranderde 'allochtonen' ten tijde van het Kabinet Den Uyl in 'migranten' en 'migrerende groepen', hoewel het beleid niet wezenlijk veranderde.

Het is internationaal gebruik om een vreemdeling die langer dan een jaar ergens legaal verblijft 'immigrant' te noemen, het CBS hanteert die definitie bijvoorbeeld ook, maar dat begrip was intussen nog steeds taboe. Daarom besloten de beleidsmakers de definitie van immigratie maar een beetje aan te passen. 'Het is zinvol pas dán van immigranten te spreken als er voldoende aanwijzingen zijn dat het verblijf van personen of groepen van langere duur of permanent zal zijn,' adviseerden ze de minister van CRM in 1976. Een curieus criterium. Al die miljoenen landverhuizers die de wereld gekend heeft, werden die allemaal pas 'immigranten' nadat ze schriftelijk in drievoud hadden laten weten dat ze voor altijd wilden blijven? Volgens deze elastieken definitie kun je iemand eigenlijk pas 'immigrant' noemen als hij in zijn graf ligt. In vreemde bodem, welteverstaan.

Hier ligt Yoesoef,
hij wilde nét teruggaan.

Het nadeel van de term 'migrant' is dat veel mensen ook bij dat woord nog een stoet stoffige huifkarren de grens over zien trekken, dus eind jaren zeventig lanceerde de Wetenschappelijke Raad voor het Regeringsbeleid een nieuw, onverdacht begrip: 'etnische minderheden.' Dat een immigrant van elders komt is niet het punt, vond de Raad, maar dat hij ánders is.

Maar ook 'etnische minderheden' is niet ideaal. De term 'ethnic cleansing' moest weliswaar nog worden uitgevonden, maar aan alle begrippen die naar 'ras' en 'volk' ruiken zit sinds de Tweede Wereldoorlog een luchtje, terwijl het begrip 'minderheden' natuurlijk ook ongunstige connotaties heeft.

Het zoeken bleef naar een nóg minder aanstootgevende benaming.

En zoals je op zoek naar iets om aan te trekken wel eens eindigt met iets uit de wasmand, dat in luxere tijden vuil verklaard werd maar bij nader inzien best nog een dagje meekan, zo stuitte een beleidsmaker eind jaren tachtig op Hilda Verwey-Jonkers vergeten 'allochtoon' en herstelde het in ere. De immigratiestudie uit 1989 van de Wetenschappelijke Raad voor het Regeringsbeleid heette dus weer: 'Allochtonen in Nederland'.

Sindsdien is 'allochtonen' definitief ingeburgerd. Wim Kok, Frits Bolkestein, Paul Rosenmöller, Jaap De Hoop Scheffer, Paul Marijnissen, Mohammed Rabbae, ze zeggen allemaal 'allochtoon'.

Maar pas op: je hebt allochtonen en allochtonen. Officieel ben je allochtoon als je een niet-Nederlandse nationaliteit hebt, hier niet geboren bent, of kind bent van wie één ouder buiten Nederland werd geboren. Wat dus ook geldt voor de helft van het nationale elftal, driekwart van de Shell-directie en zowat het hele Koninklijk Huis. Met mijn Schotse moeder ben ik ook een allochtoon.

'Ik werk voor een multinationaal bedrijf met veel Amerikaanse topfunctionarissen. Zouden wij die collega's met allochtoon aanduiden, dan zou er flink wat rumoer ontstaan,' schrijft een lezer van maandblad *Onze Taal*. Zodat we ondanks die keurig ruime, politiek correcte definitie, toch precies weten dat met 'allochtoon' vooral Turken, Marokkanen, Surinamers en Antillianen worden bedoeld.

Wie écht etno-correct wil zijn mijdt overigens ook 'allochtoon.' In een artikel in *De Groene Amsterdammer* adviseert de leider van de Amsterdamse PvdA-fractie Eberhard van der Laan zijn Rotterdamse collega Hans Kombrink allochtoon uit zijn vocabulaire te schrappen.

'Waarom?' vraagt Kombrink.

'Het is zo stigmatiserend!'

Van der Laan legt de vinger op de wonde plek. Hoe het ook klinkt, wat het ook precies betekent, wie het ook bedacht heeft, op langere termijn is geen enkel woord houdbaar, simpelweg omdat het *gebruikt* wordt. En dingen die gebruikt worden raken beduimeld. Want ook Hans Janmaat zegt 'allochtoon' (al houdt die er privé ongetwijfeld andere koosnaampjes op na).

Het is de toon die de muziek maakt, maar veel taalgebruikers vinden dit onderwerp toch te delicaat om daarop te vertrouwen, en dus moet er om de zoveel tijd een geheel nieuwe melodie komen.

Sommigen, de Raad van de Arbeid bijvoorbeeld gebruiken 'medelander' ('Medelanders Medewerkers'), anderen geven de voorkeur aan 'nieuwkomers', maar volgens ultra-correcto's is ook dát woord alweer besmet door het verfoeilijke 'nieuwkomer-beleid'; dat tenslotte alleen bepáálde nieuwkomers dwingt een inburgeringscursus te volgen (en dus 'in feite racistisch' is).

Nee, de super-ultra-correcte term van dit moment (nummer twaalf!) is 'nieuwe Nederlanders', begin jaren negentig gepropageerd door onder anderen Ed van Thijn. En dat is dan ook de term die Eberhard van der Laan zijn Rotterdamse partijgenoot Kombrink aan de hand doet.

'Wij hebben het over *oude* en *nieuwe Amsterdammers*', legt hij uit. Kombrink is niet meteen overtuigd. 'Dat is mij te kunstmatig,' zegt hij. 'Door die woorden zelf niet meer in de mond te nemen voorkom je echt niet dat mensen het op die manier zien.'

Ook 'nieuwe Nederlanders' is sommigen nog niet hyper-ultra-correct genoeg.

De publicist Igor Znidarsic nam twee jaar geleden in *De Groene Amsterdammer* het initiatief voor 'een schoonmaakactie in de tuin van onduidelijke en dubbelzinnige termen'. Laten we de wildgroei terugsnoeien tot vier termen, opperde hij: 'toeristen' (vreemdelingen die zich niet willen vestigen), 'asielzoekers' (vreemdelingen die willen blijven), 'illegalen' (iedereen zonder verblijfsvergunning) en ten slotte 'Nederlanders' (iedereen die hier langer dan drie maanden legaal verblijft).

Dit is een geniale oplossing!

De groep waar het allemaal om begon, een zekere groep immigranten die wel blijft maar zich onvoldoende aanpast, is namelijk ineens ... spoorloos verdwenen! Er zíjn helemaal geen allochtonen. Er zijn slechts Nederlanders!

'Zeg...'

'Ja?'

'Die mannen die je wel eens ziet lopen, hè, zo'n muts op, kaftan tot op de grond, vaak zo'n kettinkje in de hand, en die vrouwen, hoofddoekje op, broek onder hun jurk, weetjewel...?'

'Ja?...'

'Dat zijn gewoon Nederlanders.'

'Aha.'

'Nederlanders die zich zeg maar een beetje anders gedragen.'

'Je bedoelt, het is een trend?'

'Precies, een trend, dat is het.'

Aan de basis van veel politiek correct taalgebruik ligt het misverstand dat je een probleem of een misstand kunt oplossen door een banvloek uit te spreken over *het woord.*

Het aandoenlijke aan Igor de Groene Taalveger is dat hij niet eens probeert dit te ontkennen. 'Deze nieuwe terminologie zou de xenofoben in ons land veel wind uit de zeilen nemen,' voorspelt hij, want 'het aantal buitenlanders, allochtonen, migranten, vluchtelingen, etnische minderheden, gastarbeiders en nieuwkomers zou drastisch afnemen.'

Zo doe je dat. Je zet de buitenlanders niet het land uit, je gooit ze gewoon uit het woordenboek.

Als dit herzieningsvoorstel wordt aangenomen (je weet het maar nooit), zal de Nederlandse taal voor het eerst in haar geschiedenis over een werkelijk neutrale, onbesmette, niet stigmatiserende of discriminerende, correcte en toch juiste aanduiding kennen voor wat op straat nog steeds vaak een 'buitenlander' heet: 'Nederlander'.

Leve de vooruitgang!

Intussen bij de stichting Stimucusa

Heb ik iets verkeerds gezegd?, 1998

'Stimucusa, goedemiddag!'

'Hallo, spreek ik met de Stichting Multiculturele Samenleving?'

'Spreekt u mee, wat kan ik voor u doen?'

'Ik vroeg mij af wat eh, wat de teuloadungskitjrim zijn om mee te doen aan die cursus Taalaanpassing voor Migranten.'

'De wat?'

'De teuloadungskitjrim, hoe zeg je dat, de eh...'

'De toelatingscriteria, bedoelt u?'

'Ja precies.'

'Nou, dat is vrij eenvoudig. U moet dus een migrant zijn, en u moet dus zeg maar een taalaanpassing hebben.'

'Een taalaanpassing?'

'Ja, dat u problemen heeft met de taal.'

'Ah, een taaláchterstand bedoelt u.'

'Nou, wij houden niet zo van dat woord "achterstand", wij spreken van "mensen met een taalaanpassing".'

'Je kunt toch niet een aanpassing hebb'n?'

'Hm, nou ja, wij zeggen dat zo.'

'Wat is er eigenlijk mis met "achterstand"?'

'Dat het nogal eh, hoe zal ik het zeggen, discriminerend is.'

'Waarom? Vreemdeling'n hebb'n vaak toch een taalachterstand? Dat is toch geen schande?'

'Het is maar hoe je het bekijkt. In hun éigen taal hebben ze bijvoorbeeld weer een voorsprong...'

'Joa, ne koe het veir poeten.'

'Wat zegt u?'

'Laat maar...'

'Maar eh, wat kan ik voor u doen?'

'Ik wil me dus graag ev'n opgev'n.'

'Wat is uw naam?'

'Tjipkema, Sjoerd Tjipkema.'

'Geboorteplaats?'

'Koufurderigge. Da's in Friesland.'

'En de nationaliteit van uw ouders?'

'Eh, Nederlands.'

'Maar dan komt u niet in aanmerking voor deze cursus, vrees ik.'

'Hoezo niet?'

'Omdat u niet aan de toelatingscriteria voldoet.'

'Waarom niet? Ik ben naar Amsterdam verhuust voor m'n werk en mijn baas die zeit: Tjipkema, als jij dat Nederlands eens wat bijspiekerde. 't Is de Friese les hè? Dat moet dan zo nodig verplicht gesteld word'n op school, en da's allemaal mooi, maar 't gaat toch een beetje ten koste van het ABN hè? Maar goed, ik ben dus een migrant, met 'n taalachterstand.'

'Maar u komt toch gewoon uit Nederland?'

'Nou en?'

'Dan bent u dus geen migrant.'

'Krek wel. Iemand die van de ene streek naar de andere verhuust is een migrant, kijk maar in het woord'nboek.'

'Maar wat wij bedoelen zijn dus zeg maar migranten uit een ander land.'

'Juist, ímmigrant'n, bedoelt u.'

'Nee, dat woord gebruiken wij hier niet.'

'Waarom niet?'

'Ja dat weet ik niet, hoor. Immigrant... ik weet het niet. Het klinkt zo... eh, armoeiig.'

'Dus als ik u goed begrijp: om in aanmerking te komen voor deze cursus moet je uit een ander lánd komen.'

'Eh, ja, inderdaad.'

'Juist, dus Surinamers en Antillianen mogen ook nie maidoen.'

'Hoezo niet?'

'Die kom'n toch uit Nederland?'

'Nee, die komen uit Suriname en de Antillen.'

'Ja, dat benn'n stukjes Nederland. Nu misschien niet meer, maar toen zij hierheen kwamen wel.'

'Ja, maar ik bedoel Nederland in de zin van hier.'

'Jonge Turken en Marokkanen, mogen die meedoen?'

'Ja, daar is de cursus juist op gericht.'

'Maar die komen toch uit Nederland in de zin van hier?'

'Jawel, maar eh… hun ouders niet.'

'Ah! Dus Antillianen en Surinamers van de tweede generatie moog'n niét meedoen.'

'Ja hoor, die ook.'

'Terwijl die in Nederland geboren zijn én hun ouders koom'n uit Nederland.'

'Jawel… maar…'

'Maar wat?'

'Nou ja, hoe dan ook. Ik denk niet dat het mogelijk is u toe te laten.'

'Maar waaróm dan niet?'

'Omdat u… omdat wij… omdat het… omdat… sorry, heeft u een momentje…?'

'Ja hoor.'

'…'

'Eh, het is omdat u niet tot een etnische minderheid behoort.'

'O. Zijn de Friez'n geen etnische minderheid?'

'Nee, dat dacht ik niet.'

'Waerom niet?'

'Eh, nee, niet in de zin van…'

'In welke zin?'

'In de zin van etnisch. Zoals dat doorgaans bedoeld wordt.'

'Hoe is dat dan?'

'Nou ja, in de zin van, dat u, dat wij, dat het…'

'In de zin van zwart, bedoeldu dat soms?'

'Ja zeg, als u zó gaat beginnen!'

'Maar wat ís het dan?'

'Het is gewoon… er is… wij zijn… u bent…'

'Ik ben blank?'

'U bedoelt wit.'

'Dat zeg ik, dat ik blank ben.'

'Ja nee, wit bedoelt u, wij zeggen geen blank.'

'Blank, wit, roze met 'n streepje, u kunt 't krijg'n zoals u 't hebb'n wilt. In elk geval gaat u er dus van uit dat ik niet zwart ben.'

'Als u Tjipkema heet, uit Friesland komt, en uw beide ouders zijn Nederlands, dan mag ik toch aannemen dat…'

'Oké, dat begrijp ik. Maar stel nu…'

'Stel wat?'

'Daddik wél zwart zou zijn?'

'Maar dat bént u niet, dus het heeft weinig zin om daar over te…'

'Ja maar stel nu dat u zich daarin vergíst…'

'Waarin?'

'Dat ik niet zwart ben.'

'Ja maar daar verg… u bedoelt…?'

'Ja precies. Dat ik wél zwart ben.'

'Maar hoe kan dat dan?'

'Tja, das 'n goede vraag. Hoe wordt een mens zwart. Doordat minstens één van mijn ouders zwart is, natuurlijk!'

'Dus u…'

'Staat u van te kijk'n hè?'

'Maar…'

'Mijn moeder is Surinaamse!'

'Wat?'

'Als ik vraag'n mag, zo te horen komt u zelf ook uit Suriname.'

'Ja, nou en?'

'Waervandaen, in Suriname?'

'Uit de buurt van Groningen.'

'Ook toevallig, mijn moeder ook.'

'O ja, waar dan?'

'Ze is geboren in Onverwacht.'

'Hoe is het mogelijk, ik kom uit Onverdacht!'

'Nog geen tien kilometer uit mekaer.'

'Maar hoe komt uw moeder dan aan een Friese boer!?'

'Boer? Wie hettet over 'n boer?'

'U zei toch?'

'Dat mijn vader Fries is, ja. Maar niet elke Fries is een boer, hoor. Mijn vader is aegronomisch ingenieur. Hij liep stage op een van die landbouwproject'n, en zij werkte daer, als telefoniste.'

'Goh. Dus u bent eh, zeg maar eh...'

'Eh... naigroïde, bedoeldu? Ja, inderdaed.'

'En eh... dat eh... dat is ook eh...'

'Goed te zien, bedoelt u?'

'Ja?'

'Nou, 'k dacht het wel, ja.'

'Goh. En u wilt hier die taalcursus komen doen?'

'Ja. Daerveur bel ik.'

'Eh... heeft u even een momentje?'

'Zekers, ik heb alle taid.'

'Ik kan niks beloven hoor, maar blijft u even aan de lijn?'

Zin in geweld

de Volkskrant, 28 mei 1998

Een opinie die de laatste tijd in weldenkende kringen regelmatig te beluisteren valt, is: 'zinloos geweld' is een verwerpelijke term, 'zinloos' suggereert immers dat er ook zin*vol* geweld zou zijn.

Toehoorders en omstanders knikken instemmend. 'Ja, inderdaad, heel juist gesproken.' Vervolgens kan er gelachen, geproost, gezoend en als het meezit zelfs gepartnerruild worden.

Eergisteren nog, in *de Volkskrant*, emeritus-hoogleraar A. Hoogerwerf, schrijver van het boek *Geweld in Nederland*. 'Ik verwerp de term "zinloos geweld". Het suggereert (...) dat al het andere geweld zinvol is, en dat is een misvatting.' In de context van het 'zinloze' geweld dat ons teistert is het blijkbaar onkies te erkennen dat geweld ook zinvol kan zijn. Terwijl dat wel zo is. Hoeveel nette, ooit wellicht zelfs PSP gestemd hebbende intellectuelen hebben de afgelopen maanden niet gepleit voor NAVO-ingrijpen in Bosnië? Destijds hun instemming betuigd met de veldslag om Sadam Hoessein uit Koeweit te jagen? Of laatst nog op het ontslag van de Groningse korpschef aangedrongen omdat hij de ME niet naar de Oosterparkbuurt stuurde om een einde te maken aan de uitbarsting van 'zinloos geweld' die daar plaatsvond? Hoe had de ME dat moeten doen? Met bloemen?

Als iemand de moordenaars van Meindert Tjoelker en Joes Kloppenburg met een paar rake klappen had afgeschrikt, zou dat 'zinloos' geweld geweest zijn? Het geweld dat Carlo Picornie het leven kostte, was dat zinloos? De dader kan gedacht hebben: het is hij of ik. Of, zoals soldaten geleerd wordt: voor mij persoonlijk is deze tegenstander op dit moment misschien geen bedreiging, maar wel voor het grotere geheel, dus ik moet hem uitschakelen. Dat is de 'zin' van oorlogsgeweld.

Het bezwaar van de term 'zinloos geweld' is niet dat alle geweld zinloos is, maar dat hij te vaag is, te subjectief, voor te veel uitleg vatbaar. Niet dat dit in de praktijk een probleem vormt. Zoals iedereen inmiddels wel weet dat op een 'afwerkplek' geen borduurwerkjes afgewerkt worden, weten de meeste mensen ook wel dat we met 'zinloos geweld' geen NAVO-oefeningen of kickbokskampioenschappen bedoelen. Maar de ware taalgebruiker is als een golfer: de bal moet niet bíj het putje, hij moet erín, waar geen misverstand er meer bij kan.

De Engelsen maken onderscheid tussen 'violence' en 'force'. Als de Verenigde Naties gaan schieten, heet dat 'force'. Hooligans gebruiken 'violence', de politie slaat ze uit elkaar met 'force'. Het Nederlands kent die nuance niet. 'Geweld, macht, dwang', geeft het woordenboek bij 'force'. 'Gelegitimeerd geweld' zou je kunnen zeggen. Of 'eufemisme voor geweld', want zo kun je het ook opvatten.

'Straatgeweld', het alternatief dat professor Hoogerwerf aandraagt, is inderdaad beter. Nog steeds niet exact dekkend misschien, maar zo'n ingewikkelde discussie als over de 'zin' van geweld roept het in elk geval niet op. Voor de variant waarbij drank in het spel is stelt Hoogerwerf 'uitgaansgeweld' voor.

Die suggestie vind ik minder goed. Uitgaansgeweld. Voor je het weet gaan mensen denken dat het erbij hoort. Uitgaansgelegenheid, uitgaansvrienden, uitgaansgeweld.

'Uitgaansgeweld. Haal de folder op het postkantoor.'

Dat is het, 'uitgaansgeweld' klinkt als de eerste stap naar de *postbus51isering* van het probleem.

'Geweld maakt meer kapot dan je lief is.'

'Geniet, maar ram niet te hard.'

'Wilt u liggen? Ik kan slaan.'

Langs de meetlat

Het Parool, 15 november 1996

'Goed, volgende punt.'

'Eh, publiciteit. U bent natuurlijk relatief onbekend voor het grote publiek, dus er zijn nogal wat interviewaanvragen binnengekomen, waaruit we dus even een keuze zullen moeten maken. Ik stel voor dat we ons daarbij voorlopig even beperken tot thema's die een relatie met uw portefeuille hebben, en dat we de dingen in het genre Drinken Met... of De Domste Pasfoto van... nog even laten liggen tot voor de verkiezingen.'

'Akkoord. U zegt het maar.

'Zo is er een verzoek van *Opzij*, voor een gesprek in de serie Langs De Feministische Meetlat.'

'Wat is dat?'

'U leest *Opzij* niet?'

'Dat is toch zo'n blad van alle-mannen-de-piem-d'r-af-en-leve-de-beflap?'

'Eh, ik weet niet...'

'Grapje! Ik weet precies wat *Opzij* is: gestart als een radicaal feministisch tijdschrift en tegenwoordig meer een soort *thinking woman's Libelle*, toch?'

'Zoiets, ja. En voor een minister met Emancipatiezaken in z'n portefeuille geen onbelangrijk blad.'

'En die hebben, wat zei u, een Feministische Meetlat?'

'Elke maand interviewen ze een bekende Nederlandse man, bewindslieden, Kamerleden, mediabonzen, *captains of industry*, dat soort mensen, en in dat gesprek wordt dan "gemeten" hoe geëmancipeerd ze zijn. In hun werk, in hun beleid, maar ook als mens. En dan krijgt de geïnterviewde een cijfer, op een schaal van min-tien tot plus-tien.'

'Fantastisch. Een feministische meetlat. Er is ook maar één land ter wereld waar zoiets mogelijk is. Dus er is ook een klassement, neem ik aan, met aan kop *de Meest Geëmancipeerde Nederlandse Man*.'

'Ja, Bekénde Nederlandse Man.'

'En wie is dat?'

'Jan Pronk, met plus 8.'

'Aha. De meest vrouwvriendelijke man van Nederland is een vrijgezel. Interessant. Dat is net zoiets als Zwitserland een milieuprijs geven omdat ze de zee niet vervuilen. Maar goed, ik begrijp het wel. Het gaat er natuurlijk niet alleen om hoe geëmancipeerd je bent maar om hoe je ligt, in het *Opzij*-circuit. Of je *deugt*. En in deugen is Pronk natuurlijk moeilijk te verslaan. Die rechten van de vrouw en zo, dat soort onzin scoort natuurlijk enorm.'

'Pardon, onzin? Wat is er mis met vrouwenrechten?'

'Weet u hoe lang wij nu de universele rechten van de mens hebben?'

'Eh...'

'Vijftig jaar, onlangs gevierd. En nog steeds worden ze massaal geschonden, dag in dag uit, over de hele wereld. Zouden we dat niet beter éérst in orde proberen te maken, voor we beginnen met vrouwen-, mannen-, kinder- en god weet wat voor rechten?'

'Nee nee, maar...'

'Modieuze onzin voor binnenlandse consumptie, dat is het. Voor de *Opzij*-lezende huisvrouw, die straks een voorkeurstem op Jan Pronk moet uitbrengen.'

'Goed, maar...'

'Die opgejaagde Tutsi-vrouwen in Burundi, denkt u dat die om vrouwenrechten zitten te springen? Recht is wat die vrouwen willen, dierenrecht desnoods. En dan begint die padvinder van een Pronk over speciale vrouwenrechten. Hij moest zich schamen.'

'Eh...'

'Sorry, ik wind me op.'

'Helemaal niet erg, minister. Een stukje bewogenheid is prima voor iemand in uw functie. U vertegenwoordigt de zwakkeren in de samenleving, dus dat is prima. De insteek is in dit geval misschien niet zo gelukkig, maar die passie op zích, prrrima.'

'Wie is tweede in het klassement?'

'Pieter Kooijmans.'

'Wat zei ik? De vrouwenrechten. Is die Kooijmans ook zo'n groot voorstander van.'

'Zou dat het zijn?'

'Ik denk het wel. En nog iets.'

'Wat dan?'

'Denk eens na. Pronk en Kooijmans.'

'Buitenlands beleid?'

'Ja, en...?'

'Gereformeerd?'

'Ja, en...?'

'Eh...'

'Weet u niet meer?'

'Wat?'

'Tranen! Kooijmans bij een demonstratie tegen verkrachtingen in voormalig Joegoslavië, en Pronk op Schiphol, toen hij terugkwam uit Rwanda. Die twee hebben allebei publiek een traan geplengd om het wereldleed. Stoere politicus toont zich kwetsbaar. Logisch, dat scoort.'

'Hmm, interessant. Is er misschien een onderwerp dat u eh, sterk emotioneert? Dat we mevrouw Dresselhuys dat misschien een beetje kunnen souffleren? Stille armoede of zoiets? Het isolement van de bijstandsmoeder? Dat u daar tijdens het interview dan even over volschiet?'

'Hm, in volschieten ben ik nogal slecht, vrees ik.'

'U begrijpt dat het natuurlijk aardig zou zijn als u als nieuwe minister van Sociale Zaken een beetje scoorde.'

'Uiteraard. Hoeveel had Melkert?'

'Plus 2. Voor een minister die tevens verantwoordelijk is voor emancipatiezaken vonden wij dat eigenlijk een beetje te mager. Het zou mooi zijn als u daar iets bovenuit wist te komen.'

'Ja, dat zou leuk zijn. Nou goed, 'ns kijken... emancipatie... wat zal ik gaan zeggen. Ik ben er erg vóór, dat om te beginnen. Belangrijk aandachtsgebied, niet alleen korte maar vooral ook lange termijn, zonder de middellang te verwaarlozen natuurlijk, betere coördinatie, meer initiatieven, kaders, prikkels... ik denk dat ik daar wel uit kom.'

'Ongetwijfeld, maar vóór emancipatie zijn we allemaal. Wat dat in uw geval concreet betekent, dat wil mevrouw Dresselhuys weten.'

'Hm. Zoals?'

'Hoe u tegenover parttime werk staat, bijvoorbeeld.'

'Parttime werk. Tja, daar hebben we ons natuurlijk allemaal een beetje op verkeken. Het zou natuurlijk een fantastische oplossing zijn, maar het werkt niet, dat is zo langzamerhand wel gebleken. In de praktijk worden parttimers toch meestal tweederangs werknemers, dus nee, daar zie ik op termijn het heil niet van komen.'

'Dat is natuurlijk zo, maar het is misschien beter om te zeggen: het werkt voor míj niet. Voor anderen, prima, zegt u dan, maar in een baan als de mijne kán het eenvoudig niet. Dat is wat de meeste mannen in die Meetlat zeggen. Dan steunt u het idee, en tegelijk houdt u ruimte voor uitzonderingen, begrijpt u?'

'Hm.'

'Zeg alstublieft niet "dit werk is veel te leuk om parttime te doen", dat klinkt veel te egoïstisch. Dat zei Johan Stekelenburg.'

'En wat kreeg die?'

'Een 1.'

'Ja ja, verkijk je daar niet op, die PvdA-jongens doen altijd wel zo verlicht, maar ondertussen. Maar goed, het blijft een ellende, al die parttimers. Als je ze zoekt zijn ze er niet, ze schuiven alles op elkaar af, er gaat handenvol tijd verloren met overdracht...'

'Alstublieft minister, geen tirade tegen de parttimer, dat is echt funest. Dat deed Koos Andriessen...'

'En?'

'Min 1.'

'Arme Koos.'

'U juicht het *idee* toe, maar het mag geen algemeen dictaat worden, dat is de beste formule. Hetzelfde met de mogelijkheden voor vrouwen om mee te doen in het arbeidsproces: u bent ervóór die te verbeteren, máár...'

'Hoho, dat ben ik helemáál niet.'

'Pardon?'

'Houdt iemand vrouwen tegen als ze willen werken?'

'Nee, maar het zou misschien wat meer gestimuleerd kunnen worden...'

'Hoezo? We hebben de wet gelijke beloning, de wet gelijke behandeling, als dat niet genoeg is... Kom op, laten we nu niet gaan doen alsof het onmogelijk is voor vrouwen om te werken, zeg.'

'Oké, als u dat zo vindt, prima, maar dan kunt u misschien toch beter zeggen: het moet kunnen, maar er moet geen sfeer gaan ontstaan waarin vrouwen die ervoor kiezen om thuis te blijven, als minderwaardig worden afgeschilderd. Ook níét werken moet kunnen. Dat zeggen de beter scorende mannen in de Meetlat. Dat vrouwen niet horen te werken, dat kun je anno 1996 echt niet meer zeggen.'

'Vertel mij eens, als al die vrouwen gaan werken, wie zorgt er dan voor de kinderen?'

'Heeft u nog nooit van kinderdagverblijven gehoord? zegt mevrouw Dresselhuys dan.'

'Jaja, de crèche. Schuif het maar weer op onderbetaalde schoolverlaatsters. Heel sociaal. Of nee nog beter, we nemen een Filippijns au-pairtje! Ook heel politiek correct. Mag ik u eens vragen: Bevinden wij ons hier in Nederland in een fase van post-revolutionaire wederopbouw?'

'Eh, nee.'

'Hebben wij zojuist een verwoestende oorlog achter de rug?'

'Eh nee.'

'Dan moet u me toch eens uitleggen waarom het in dit land op dit moment de norm is dat man en vrouw én allebei moeten werken én zich moeten voortplanten, zodat er allerlei staatsvoorzieningen nodig zijn om hun kinderen op te vangen. Je zou haast denken dat we hier in het Noord-Korea van de jaren vijftig leven. Dat is ook het soort landen waar ze altijd mee aankomen. "In Israël zijn crèches heel gewoon," zeggen ze dan. Ja, ik kan nog wel een paar andere dingen noemen die in Israël heel gewoon zijn. Slapen met een gasmasker op, ik noem maar wat. Zou de vooruitgang er niet meer mee gediend zijn als Israël zich op ons oriënteerde in plaats van andersom? Anders kunnen we de kinderarbeid ook wel weer invoeren. Ach ja, ze zitten toch maar een beetje te zitten in die crèche, waarom laten we ze niet wat lichte arbeid verrichten? Voor Philips of zo, kunnen ze de loonkosten nog wat drukken.'

'Minister, ik weet niet of het verstandig is daarover in een interview met *Opzij* te beginnen. Wie de crèche bestrijdt keert zich rechtstreeks tegen de emancipatie.'

'Ik ben reuze voor emancipatie, maar ik ben ook voor zorgvuldige opvoeding. En baby's vanaf de tweede maand fulltime naar het dagverblijf, sorry, zo gaat een welvarend, beschaafd land niet met z'n kinderen om. Ik huur toch ook geen werkstudent om bij mijn vrienden op bezoek te gaan?'

'Maar wat is er dan precies op tegen? Wim Kok zegt in de Meetlat dat crèches goed zijn voor kinderen.'

'Ja? Nou, Kok lult maar wat. Een gratis progressief praatje is het, zonder enige wetenschappelijke basis. Kunt u zich de oliecrisis nog herinneren, of is dat voor uw tijd?'

'Nee nee, zondags rolschaatsen op de snelweg, ik weet het nog goed.'

'Moesten we energie besparen, weet u nog? Toen riep Liesbeth den Uyl, de vrouw van de briljantste Nederlandse politicus van deze eeuw, die riep het volk op om de theeketel alvast op de verwarming te zetten, want dat spaarde dan weer gas bij het theezetten.'

'Nou en, da's toch een zinnige tip?'

'Het is totale nonsens. De wet van behoud van energie, de basis van alle moderne natuurkunde, wel eens van gehoord? Dat gas dat je uitspaart met het fornuis is toch al lang door de cv gebruikt om dat keteltje warm te krijgen? Maar nee, het volk moet opgevoed worden, en dan moeten Newton en Lavoisier maar even wijken. Typisch PvdA. Arbeiders begrijpen dat toch niet, denken ze, die geloven dat wel. Met die crèches is het net zo: we laten Kok zeggen dat het deugt, dan houdt dat gezeur vanzelf wel op. Maatschappijvernieuwing op afbetaling, dat is het, met die crèches. Stop ze maar in een gesubsidieerd speelhol en dan zien we wel weer. En over twintig jaar zitten ze bij *Rondom Tien*, met de blik op oneindig en een schroef door de neus. *Crèche-Criminelen – Wat Ging Er Fout?*'

'U weet dat Hoefnagels ongenadig op zijn kop heeft gekregen, toen hij dat beweerde.'

'Dat zal best, maar daarmee is het nog geen onzin. Er zijn tal van wetenschappelijke aanwijzingen dat kinderen van de crèche en uit éénoudergezinnen een grotere kans lopen op emotionele stoornissen die tot criminaliteit kunnen leiden. Nou, dan lijkt het mij beter zo'n risico te vermijden. Ik bedoel: als je zo nodig carrière wilt maken, prima, maar neem dan geen kinderen. We hebben toch geen geboortetekort?'

'Maar minister, kunt u dan niet zeggen dat u een voorstander bent van verantwoorde, kwalitatief hoogwaardige kinderopvang, waarin het welzijn van het kind voorop staat?'

'Wat is dat voor een laffe tekst?!'

'Misschien, maar de mannen die dat zeggen krijgen wel de hogere scores hoor, in die Meetlat.'

'Hm.'

'Ik had nog een ander puntje. Wat volgens mij ook flink aantikt is geloven in actief overheidsingrijpen om mannen geëmancipeerder te maken. Jo Ritzen komt bijvoorbeeld met allerlei ideetjes over het aanpassen van lespakketten op school om jongens "roldoorbrekend" te leren denken, en zo.'

'O ja, heel fijn. Het onderwijs verkeert in staat van ontbinding en Ritzen, minister van Mentaliteit, voert het zeshonderdzoveelste nieuwe leerdoel in. Roldoorbrekend denken! Als we onze kinderen nu eerst gewoon eens gewoon leerden dénken. Kunnen we daarna altijd nog zien.'

'Ik zou niet te veel afgeven op Jo Ritzen als ik u was minister, die scoorde plus 6. Trouwens, voor ik het vergeet, gebruikt uw vrouw haar meisjesnaam?'

'Hoezo?'

'Bolkestein vertelt in zijn Meetlat-interview dat zijn vrouw dat altijd gedaan heeft, en dat hij dat ook van harte toejuicht, en ik denk dat dat de voornaamste reden is dat hij toch nog plus 4 scoort, want verder is hij hartstikke impopulair in het *Opzij*-circuit. Dus als dat zo is, zou ik het zeker vermelden. Een ander item dat u zou kunnen aanstippen is dat vrouwen niet alleen toegang tot topposities moeten krijgen, maar ook zonder daarvoor concessies te doen aan hun persoonlijkheid. Dat is ook iets dat goed valt, kennelijk.'

'Ongetwijfeld, maar het slaat nergens op. Vrouwen schijnen te denken dat mannen géén concessies aan hun persoonlijkheid doen om aan de top te komen. U denkt toch niet dat ik als directeur van Akzo nog dezelfde bedachtzame softie was als toen ik daar na m'n studie voor het eerst binnenkwam, hè? Nou, ik kan u verzekeren van niet. Macht deformeert, of je nou een broek draagt of een rok.'

'Dat kost u punten, minister.'

'Dat zien we dan wel weer. There's nothing wrong with the truth.'

'Hm, daar moeten we het misschien nog eens over hebben. Trouwens, het is ook opvallend dat de beter scorende mannen argumenten voor de emancipatie aandragen die niet zozeer in het belang van vrouwen zijn, maar in het belang van de samenleving als geheel.'

'Ja natuurlijk, net als de medisch specialisten: wij moeten een paar ton meer per jaar hebben want dat is goed voor de patiënt. Tactisch altruïsme noemt men dat, geloof ik.'

'Zo'n Wallage zegt bijvoorbeeld dat mannen niet alleen meer in het huishouden moeten doen omdat hun vrouw dat wil, maar ook omdat hun levens anders verschralen.'

'Jasses, wat een zalver is die man toch. Verschraald leven, hoe verzin je het. Weet u wanneer ík het gevoel heb dat m'n leven verschraalt?'

'Nou?'

'Als er 's ochtends geen versgestreken hemd voor me klaarhangt.'

'Minister, zou u het erg vinden om dat soort humor voor het kabinetsberaad te bewaren?'

'Humor? Ik meen het. Hmmmm... niets zo heerlijk als de geur van strijkgoed in de morgen.'

'Minister, in godsnaam. Trouwens over strijken gesproken: ik had u juist willen suggereren aan *Opzij* te vertellen dat u dat zelf af en toe doet.'

'Strijken?'

'Ja. Ritzen, Kooijmans, Hans Alders, Rosenmöller, Nordholt: de beter scorende mannen helpen allemaal af en toe met strijken. Of dat nu is omdat zo'n man daarmee een vrouwelijke kant van zichzelf laat zien, of omdat die mevrouw Dresselhuys zelf zo'n hekel aan strijken heeft, ik weet het niet, maar het scoort enorm.'

'Hm. Nou goed, ik strijk. Ik hoef het toch niet voor te doen, hè?'

'Nee, maar je hebt wel kans dat ze het controleert met een strikvraagje. Weet u iets van strijken?'

'Als student heb ik geleerd dat je niet moet proberen een kreukel uit je broek te strijken terwijl je hem aan hebt, maar verder, nee.'

'De laagste temperatuur is voor zijde, dan wol, dan katoen, en linnen het heetst.'

'Oké, dus dan zeg ik bijvoorbeeld dat ik gisteravond nog mijn vrouws bontjas heb gestreken.'

'Wat? Heeft uw vrouw een bontjas? Zou u haar willen vragen die niet naar officiële gelegenheden aan te trekken?'

'Volgens mij is het kunstbont. Mijn vrouw heeft nogal een zwak voor dieren, ziet u.'

'O, dat is wat anders. Ja, dan kunt u dat wel zeggen.'

'Wat?'

'Dat u uw vrouws bontjas laatst nog gestreken heeft.'

'Oké. Dus: linnen het zachtst, zijde het heetst. Heb ik. Nog iets?'

'Mevrouw Dresselhuys begint ongetwijfeld ook over het aantal vrouwen hier op het ministerie. Dat is 16 procent over het totaal en 2 procent in leidinggevende functies. Bij de meeste organisaties van die Meetlat-mannen ligt het niet veel hoger, maar het is opvallend dat de topscoorders er wel altijd meteen bij zeggen dat het veel te weinig is.'

'Nou, het zou hier ook best wat hoger mogen, dus dat zal ik zeggen.'

'Nou graag. En dat het streven is die verhouding zo snel mogelijk op fifty-fifty te brengen.'

'Fifty-fifty?'

'Ja toch?'

'Waarom?'

'Nou ja, als de bevolking voor 50 procent uit vrouwen bestaat en voor 50 procent uit mannen, lijkt me dat logisch.'

'Hoezo? Nemen we ook kleuters en bejaarden in dienst?'

'Hoezo?'

'We hebben het toch over de beroepsbevolking? En aangezien die niet voor 50 maar voor 30 procent uit vrouwen bestaat, lijkt dat mij voor een bedrijf een goed streefpercentage.'

'Alstublieft minister, dat zei Harry Lockefeer van *de Volkskrant* ook!'

'Daar had hij dan groot gelijk in.'

'Ja maar hij staat met min 2 onder aan het klassement.'

'Nou mooi. Gratis kletspraat honoreren en verstandige opmerkingen afstraffen, het is wat moois met de dames van *Opzij*.'

'Alstublieft minister, blijf een beetje aardig tegen d'r. O, nog een laatste puntje: een heel bruin is tegenwoordig tussen de twee-vijftig en de drie gulden.'

'Wat heeft dat er nu weer mee te maken?'

'Daarmee test mevrouw Dresselhuys of u wel werkelijk betrokken bent bij het leven van alledag. Of u ondanks al uw macht wel "met beide benen op de grond bent blijven staan", zoals zij het uitdrukt.'

'Och ja. Gereformeerd opgevoed, die mevrouw Dresselhuys?'

'Ik dacht het wel ja. Maar goed, ik heb even een paar prijzen op een lijstje gezet, dus die kunt u dan straks misschien in de auto nog even repeteren. Een fles melk één-tachtig. Een pak suiker: twee-twintig, een pond gehakt vier-vijftig, enzovoort. En als u het niet weet: beter te hoog gegokt dat te laag.'

'Hoezo?'

'Te laag suggereert óf dat u al heel lang niet meer in een winkel geweest bent, óf dat het voor u met uw salaris toch allemaal niet zoveel uitmaakt. Oftewel geen identificatie met de laagbetaalden. Terwijl als u te hoog zit, dan heeft dat meer iets van sjongejonge, wat wordt het leven duur, en dat is natuurlijk wel goed, voor een minister van Sociale Zaken.'

'Oké.'

'Nou, ik denk dat we er zo wel zijn. Nog even de hoofdpunten...'

'Eh, crèches zijn fantastisch, parttimers een zegen voor de mensheid, emancipatie is ook goed voor kamerplanten en de handelsbalans, mijn vrouw heeft een kunstbontjas die ik geregeld strijk met de bout op linnen en een kilo aardappelen kost een tientje. Iets vergeten?'

'Dacht het niet.'

'Nou, laat mevrouw Dresselhuys maar komen met d'r Meetlat.'

Enige wenken voor de niet-seksistische conversatie

Heb ik iets verkeerds gezegd?, 1998

De ongelijkheid van man en vrouw zit zo diep dat ze niet alleen wordt weerspiegeld in opvattingen, maar ook in de taal zelf. De feministische taalkundige Dédé Brouwer heeft ooit bijvoorbeeld onderzocht in hoeverre de benaming voor menselijke geslachtsdelen 'mannelijk-chauvinistisch gekleurd' is.

Wat blijkt?

'De meest gangbare benamingen voor penis zijn positief of neutraal, terwijl die voor vagina een negatieve klank hebben,' schrijft Brouwer in *Vrouwentaal, feiten en verzinsels*. 'Hij heeft edele delen, een lul of pik, en piel of piemel voor de kleintjes. Zij heeft een doos (ook wc), gleuf, kut, scheur, spleet, trut, of aan dieren of vruchten ontleende poes, perzik of pruim. Er zijn dan ook meer seksueel geladen scheldwoorden, zoals kuttekop en slet, voor vrouwen dan voor mannen.'

Dat de vagina ook 'doos' wordt genoemd, is waarschijnlijk niet omdat het watercloset zo heet, maar omdat je er iets in kunt stoppen, net als in een wc, maar goed, Brouwers boek heet dan ook 'feiten en verzinsels'. Zo bezien is ook 'schede' een scheldwoord, want dat is een ding waar mannen hun moordwapens in opbergen.

En zelfs al was er zo'n verband, het is toch niet zo vreemd dat men voor het benoemen van geslachtsdelen te rade gaat bij andere nuttige uitvindingen? Zie Van Dale: het woord 'lul' betekende oorspronkelijk 'brandweerspuit'.

Zo kun je je ook afvragen wat er zo negatief is aan 'vruchten en dieren'. Als de vagina nou 'mispel' werd genoemd, of 'piranha', maar 'pruim' en 'poes', dat zijn toch alom gewaardeerde schepselen der natuur? Zijn 'paal', 'worst' en 'snikkel' dan zoveel flatteuzer? Wie nog even doorbladert in het woordenboek heeft al snel meer scheldwoorden gevonden die naar het mannelijk geslachtsdeel vernoemd werden dan naar het vrouwelijke. 'Lul', 'pikkie', 'eikel', '(kloot)zak', 'zeikerd', dat zijn er al vijf, tegenover de twee die Brouwer noemt, waarbij ze 'trut' overigens nog vergeet. Maar 'Brouwer publiceert sinds 1976 over vrouwen- en mannentaal', meldt de achterflap van haar boek, dus hoe ongefundeerd haar beweringen ook zijn, in feministische kring wordt zij serieus genomen.

Een ander probleem met mannelijk-seksistisch taalgebruik zijn constructies waaruit, zoals het veel verkochte *Volkskrant Stijlboek* het formuleert, 'de indruk kan ontstaan dat het mannelijke de norm is en het vrouwelijke de uitzondering'. Een bekend voorbeeld is de mannelijke cowerker die 'collega' genoemd wordt terwijl de vrouwelijke door het leven gaat als 'collegaatje'.

Mannelijke deelnemers aan de Olympische Spelen zullen niet gauw 'ventje' genoemd worden, en dus is er ook geen reden een Chinese atlete een 'wijfie' te noemen, laat staan 'Chinees plattelandsvrouwtje'. Die voorbeelden komen niet uit het *Volkskrant Stijlboek* maar dat zal wel zijn omdat ze ooit in die krant zelf stonden, evenals de ietwat mannelijk-chauvinistische constatering: 'Zelfs het dameswielrennen was interessant.'

Niet alleen dat 'zelfs' is vrouwonvriendelijk, ook 'dames'. Nog niet zo lang geleden verklaarden feministen dat woord taboe. 'Dame' definieert een vrouw in haar door mannen opgelegde rol van iemand die na het diner met andere dames in de damessalon plaatsneemt en over damesproblemen praat, of een damesblad leest. Het *Volkskrant Stijlboek* zegt dan ook: 'In de sport wordt niet gesproken over dames maar over vrouwen.'

Het curieuze is dat 'dame' in de betekenis van vrouw desondanks een sterke comeback heeft gemaakt. Van jong tot oud, van Veronica tot VPRO, van *Telegraaf* tot *NRC Handelsblad*, van *Libelle* tot *Opzij*, haast iedereen zegt tegenwoordig 'dame' als hij eigenlijk 'vrouw' bedoelt.

Burgemeestersvrouwen, directeursvrouwen, hoogleraarsvrouwen en officiersvrouwen komen in een vrouwvriendelijk vocabulaire niet voor. 'Dat hoor je niet zo vaak, een ministersvrouw met een baan,' sprak de interviewster in het Meetlat-gesprek met Jo Ritzen. 'Maar zij is ook geen ministersvrouw, mevrouw Dresselhuys,' riposteerde Ritzen fijntjes, 'zij is getróúwd met een minister, maar daarmee nog geen ministersvrouw. Dat is een groot verschil. En dat zou ik graag in stand willen houden.'

Vermijd de fout die *NRC Handelsblad* maakte door een reeks mannelijke geleerden met titel en al te vermelden en hoogleraar vrouwenstudies Weeda te identificeren als 'de feministe Iteke Weeda', wat die krant direct op een reprimande uit feministische hoek kwam te staan.

Schrijfsters, promovenda, activistes, ja zelfs vrouwelijke kamerleden worden in de pers ook weleens aangeduid als 'huisvrouw' – dat is net zoiets als: 'De werkloze Wim van Beren is erg tevreden met zijn Melkertbaan.'

Gaat het om huispersonen in het algemeen, spreek dan van 'verzorger' of 'verzorgende partner'. Pas op, zeg niet 'niet-werkende' of 'niet-actieve partner', zoals *de Volkskrant* ooit deed, want de misvatting dat huishouden geen werk is, is even seksistisch als de veronderstelling dat een verzorger altijd een vrouw is. 'Niet in een betaalde baan werkende partner' had het moeten zijn, meende een briefschrijver.

Ter voorkoming van dit soort faux pas heeft ook Albert Heijn nu de huisvrouw afgeschaft. AH'ers spreken tegenwoordig van de 'boodschappenverantwoordelijke'.

Tambour-maîtresse

Heb ik iets verkeerds gezegd?, 1998

Van de meeste beroepen bestaat eigenlijk alleen een mannelijke aanduiding. Moet die nu ook voor de vrouwelijke beoefenaren van dat beroep gebruikt worden, of juist niet? De consensus op dit moment is: ja.

'Een directrice is iemand die een bejaardentehuis leidt,' sprak Cox Habbema met karakteristieke bravoure toen zij de baas van de Amsterdamse Schouwburg werd, 'dus ik wil directeur genoemd worden.'

De vrouwenbeweging heeft wat dit betreft haar zin gekregen, het ANP, het *NOS-Journaal*, de dagbladen, bijna allemaal hanteren ze de M-norm.

Maar als vrouwen evenveel waard zijn als mannen, wat kan een vrouwelijke voorzitter, directeur, makelaar of doctorandus dan voor reden hebben haar geslacht te verbergen? Vrouwelijke beroepsnamen zullen 'precies het verkeerde effect hebben', stelt Agnes Verbiest in *Het gewicht van de directrice*, een boek over vrouwentaal. 'Er zullen in de praktijk normale, echte hoogleraren, loodgieters en medewerkers blijken te bestaan, en vrouwelijke.'

Vrouwen zijn dus bang dat een man denkt: O, het is maar een directrice. Maar op het moment dat zo'n man ontdekt dat die directeur een vrouw is, denkt hij dat toch ook? 'Aha, weer zo'n vrouwtje dat probeert te doen alsof ze een man is!'

In de begintijd van de Tweede Feministische Golf, eind jaren zestig, knipten veel feministes hun haar kort, trokken tuinbroeken aan en hielden op hun oksels te scheren. Alsof je de onderdrukking van de vrouw kon opheffen door te ontkennen dat ze bestond. Sommige zwarten deden (en doen) iets dergelijks door hun haar te ontkroezen en hun huidkleur te verlichten met bleekmiddelen.

Is deze verbale travestie niet eigenlijk net zoiets?

Iets waar te zijner tijd net zo lacherig op zal worden teruggekeken als op die pseudo-mannendracht van de eerste feministes? Waarover onze achterachterkleinkinderen in hun geschiedenisboekjes zullen lezen: 'Omdat vrouwen niet mochten acteren werden vrouwelijke toneelrollen tot het eind van de achttiende eeuw uitsluitend door verklede mannen gespeeld, en het was tot het begin van de twintigste eeuw dat vrouwen alleen aan het maatschappelijk verkeer konden deelnemen onder een mannelijke beroepsnaam.'

Het *Volkskrant Stijlboek*, dat tegen taalconstructies is 'waaruit de indruk kan ontstaan dat voor *de Volkskrant* het mannelijke de norm is', voelt ook wel aan dat een mannelijke norm voor beroepsnamen daarmee in strijd is, en probeert die inconsistentie te maskeren door de 'M-norm' aan te duiden als 'sekse-neutrale vorm'.

Ja, zo zijn we snel klaar. Is hij nou M of N?

Carrièrevrouwen beklagen zich er in interviews vaak over hoe ze in correspondentie worden aangesproken als 'heer' of opmerkingen krijgen in de trant van 'pardon, ik had een man verwacht', maar zou dat niet vanzelf minder worden als zij hun verbale travestie opgaven? Wat willen vrouwen? Een mannelijke beroepsnaam hanteren, in hun correspondentie geen 'mevrouw' bij de ondertekening zetten ('doen mannen immers ook niet') en dan boos worden als mensen verbaasd zijn wanneer achter dat mannelijke masker een vrouw vandaan komt.

Volgens Dédé Brouwer is de M/V-norm moeilijk consequent toe te passen. Is het dokteres of dokterin? vraagt zij zich af. Wie in het woordenboek kijkt heeft het antwoord snel gevonden: dokteres. Maar Brouwer houdt blijkbaar niet zo van zoeken in het woordenboek. Zeven vrouwelijke achtervoegsels vindt zij. Ik kom tot tien: -a, -e, -es, -esse, -euse, -ière, -in, -rice, -rix, en -ster.

Bovendien: de M-norm kent veel meer van dat soort problemen. Een vrouwelijke schrijver heet toch ineens weer 'schrijfster', maar pas op, geen 'autrice', terwijl voor die verbuiging in het geval van 'actrices' wél de moeite wordt genomen. In de personaliarubriek van het juni '96-nummer van *Opzij* staan een 'hoofd', een 'woordvoerder', twee 'kunstenaars', drie 'burgemeesters', een 'regisseuse' en een 'zangeres'. Allemaal vrouwen. De vrouwelijke collega van een kelner, waarom heet die nog steeds serveerster, en geen kelnerin? Als het mannelijke de norm moet zijn, waarom heet een vrouwelijke feminist dan een feministe?

Ook de redactrices van *de Volkskrant* hebben moeite hun koers te bepalen tussen het wegwerken van onderscheid en het markeren van eigenheid. In hun stukken hanteren zij keurig de mannelijke beroepsnamen, een zakenvrouw is 'ondernemer' en 'werkgever', om vervolgens boven hun stuk te zetten: 'van onze verslaggeefster'. Dan is het kennelijk ineens wél belangrijk dat de wereld weet dat hier een vrouw aan het woord is.

That's the spirit, maar gun je zusters die kick dan ook.

Zeker, beroepsnamen als 'arts', 'rechter' en 'psychiater' kennen geen vrouwelijke vorm, maar het zorgverlof, de hangplek en het homohuwelijk bestonden dertig jaar geleden ook niet. Ik zou zeggen: verhoog het vrouwelijkheidsgehalte van de taal en ontwerp ze. Met de keuze uit *tien* achtervoegsels moet dat toch te doen zijn. En voor die vrouwelijke secretaris die dan gedegradeerd dreigt te worden tot secretaresse, het eeuwige voorbeeld, is ook wel een oplossing te vinden. Secretarix? Secretaranda?

Het wordt even wennen aan 'timmervrouw', een enkeling zal op het verkeerde been gezet worden door 'leermeesteres' of 'tambour-maîtresse', maar dat gaat allemaal weer over.

De eerste aanwijzingen van een hernieuwde 'feminisering' van de taal zijn er trouwens al. Zoals eerder vastgesteld is 'dame' weer helemaal terug. Anja Meulenbelt vroeg zich medio 1995 in *Opzij* af waarom de vrouwenbeweging indertijd ook alweer het woord 'juffrouw' in de ban had gedaan. 'Zijn mevrouwen soms meer waard?' Zelf heeft Meulenbelt er bij nader inzien eigenlijk helemaal geen bezwaar tegen 'juffrouw' te worden genoemd. 'Waarom? Mijn ongehuwde staat is geen schande, maar een verworvenheid.'

Om een scheldnaam als geuzennaam te gebruiken moet je er eerst om kunnen lachen. De passage in het geschiedenisboekje van onze achterachterkleinkinderen zal dus waarschijnlijk eindigen met: 'Toen vrouwen én mannen ervan overtuigd waren dat een aanduiding van vrouwelijkheid niet langer een verkapte aanduiding van inferioriteit was, kwam aan dit verkrampte gebruik een einde.'

Een bekoorlijke spetter

Heb ik iets verkeerds gezegd?, 1998

Van alle vormen van vrouwonvriendelijk taalgebruik zijn formuleringen die de vrouw reduceren tot lustobject de meest gewraakte.

Teksten als: 'Ze is niet zo begaafd, vrees ik.'

'Althans, tussen de oren.'

'Maar gelukkig zijn er andere punten die in haar voordeel spreken. Twee, om precies te zijn.'

Of een literaire uitgever die een debutante aan de man brengt met de woorden: 'Ze is nog mooier en schrijft nog beter dan Donna Tartt.'

De anti-lustobjectnorm is al zo ingeburgerd dat zelfs Henny Huisman er rekening mee moet houden, zoals bleek toen hij ten bate van de watersnoodslachtoffers een meisje met hitsige aansporingen tot een striptease probeerde te bewegen en het halve land over zich heen kreeg.

Het criterium is simpel: als het niet gezegd zou worden over een man, is het bij een vrouw ook ongeoorloofd. In een recensie van een concert van Madonna zijn details over haar uiterlijk toegestaan, want als het Michael Jackson was zouden die ook vermeld worden.

Maar wielerofficials die in de krant over Leontien van Moorsel zeggen: 'Ze ziet er niet uit, ja, ze heeft een aardig koppie, maar verder een totaal afgetraind lichaam', of sportverslaggevers die het hebben over een 'wel zeer potige' Chinese zwemkampioene die er door haar 'wel zeer letterlijke vorming' helaas uitziet 'als een dragonder' (*de Volkskrant*), zijn in overtreding. Tenslotte kom je in het sportkatern ook geen observaties tegen in de trant van: 'Sergei Bubka is een briljant atleet maar als ik hem in mijn bed aantrof, ging ik op de grond slapen.'

Als Nederland een koning had, zouden televisiecommentatoren dan op Prinsjesdag in geuren en kleuren zijn kleding beschrijven? Nee, maar wat valt er over een zwart driedelig krijtstreeppak te vertellen? Als hij in hetzelfde soort ensembles als Beatrix zou verschijnen, zou het commentaar heel wat uitvoeriger zijn, zodat de vraag rijst welke grootheden hier nu precies worden vergeleken.

Het Nieuwe Tiende Gebod is: Gij Zult Niet Discrimineren; discrimineren betekent onderscheiden, maar onderscheiden hoeft nog geen onderschikken te zijn.

'Het chauvinistische publiek keek uit naar Dominique Dawes, de zwarte parel in de Amerikaanse turnploeg,' schrijft *de Volkskrant* in een verslag van de Olympische Spelen in Atlanta. 'De zwarte parel', is dat discriminerend? Huidkleur is voor een wedstrijdverslag in feite irrelevant, maar dat 'parel'? Als Dominique Dawes mooier is dan haar ploeggenoten, slaat het waarschijnlijk dáárop, zo niet, dan zal het wel bedoeld zijn als uitdrukking van haar kwaliteit als atlete. Als Dominique Dawes mooi is, is het seksistisch, als ze lelijk is of gemiddeld, dan is er niets aan de hand.

Het vrouwelijke trekt nu eenmaal 'vrouwelijke' taal aan, daar is weinig aan te doen. 'De aloude aloë heeft een bloem voortgebracht,' sprak de rector van de Technische Hogeschool Delft in 1955, toen daar de eerste vrouwelijke hoogleraar van Nederland werd benoemd. 'Verborgen taalseksisme', zoals de taalkundige Agnes Verbiest meent, of gewoon een onschuldige poging tot bloemrijk taalgebruik?

'Bespiegelingen over lichamelijke kenmerken van vrouwen in termen als *attractieve, langbenige, sexy,* zijn uit den boze,' stelt het *Volkskrant Stijlboek* onder het kopje 'seksisme'. Terwijl er toch tal van teksten denkbaar zijn waarin die woorden in het geheel niet seksistisch zijn. Seksisme schuilt niet in een woord, maar in de intentie achter het woord. Veel mannelijke scribenten lijken seksisme te verwarren met platheid, en denken dat er niets aan de hand is als ze maar deftige woorden gebruiken. De

Dikke Man, alias Ischa Meijer, komt op de gracht een aantrekkelijke vrouw tegen. Dat wordt een 'bekoorlijke dame'. 'De Bekoorlijke Dame beet even zenuwachtig op haar fraaie onderlip.'

'Fraai', ook een populair pseudo-vrouwvriendelijk eufemisme voor 'mooi'. In de 'kwaliteitspers' heet een mooie vrouw tegenwoordig een 'fraaie dame'. Dan mag het blijkbaar wel. Als *de Volkskrant* in een reportage beschrijft hoe een man in een hotelbar een vrouw oppikt om mee naar bed te gaan, wordt dat een 'bekoorlijke dame' met wie hij 'de liefde gaat bedrijven'. Na een uur is de man alweer terug en neemt de volgende 'rondborstige deerne' in de armen.

Wel sapristi.

Een andere *Volkskrant*-verslaggever ziet een neukend stel op het strand liggen. 'De jongen en het meisje geraken in steeds hogere staat van opwinding,' schrijft hij.

Potjandriedubbeltjes.

De Moskouse correspondent van *NRC Handelsblad* komt in Gorki Park een kennis tegen met een 'lieftallig schepsel aan zijn arm'.

Parbleu.

Voortaan dus geen 'attractief', 'langbenig' en 'sexy' meer, maar 'bekoorlijk', 'rondborstig' en 'lieftallig.'

Waratje!

Buitenland

Wichtigmacherei

Turbotaal, 1987

Je merkt in ons taalgebruik duidelijk dat de oorlogsgeneratie bezig is uit te sterven: met de oud-verzetsstrijders sterft ook het verzet tegen het germanisme uit en Duits raakt weer – het woord zegt het al – salonfähig. Het woord 'fähig' hoor je ook steeds vaker in andere samenstellingen. Is Die-en-die wel kamerfähig, vragen politici zich af; is dit onderwerp wel coverfähig, willen tijdschriftmakers weten.

Natuurlijk, het Engels blijft koploper als bron van import, maar als de taal die klank van staal op staal moet hebben, gaat er toch niets boven het Duits. Dan wordt het tijd krachteloze samenstellingen als 'uithoudingsvermogen' terzijde te schuiven en 'Ausdauer' te voorschijn te halen. Maar let wel, 'Ausdauer' *an sich* maakt nog geen 'Draufgänger': 'Fingerspitzengefühl' en 'Gründlichkeit' zijn eveneens onontbeerlijk. Leg daarbij dan nog wat 'Schwung', 'Unverfrorenheit' en een dosis 'Wichtigmacherei' aan de dag en je zult er verdraaid wel komen.

'*Grüss Gott, du rücksichtsloser Einzelgänger.*'

Als algemene stelregel mag gelden dat het Duits bij voorkeur achterwege wordt gelaten in het gezelschap van mensen boven de zestig jaar. Voor men het weet wordt ergens aan tafel een wond opengereten. Afgezien van die beperking zijn, naast voornoemde, op het moment de volgende Duitse termen *ganz fähig:*

Abnabelung. Letterlijk: afnaveling (het afbinden van de navelstreng). *Hedenlands* voor: afronding, afhechting, afsluiting. Ook: het zelfstandig maken.

Aha-Erlebnis. De gewaarwording dat men plotseling iets inziet.

Anklang. Instemmende respons. 'De oproep om water te sparen door alleen na een grote boodschap door te trekken heeft in Nederland nooit veel Anklang gevonden.'

Augenweide. Een lust voor het oog. 'Een Augenweide gewoon!', bij het zien van de nieuwe vloerbedekking.

Gefundenes Fressen. Een buitenkansje, iets wat je niet kunt laten liggen. In het Hedenlands ook: iets waarvan je zeker weet dat het gevreten gaat worden. Vooral niet verwarren met:

Gesundes Volksempfinden. Het gezonde bevinden des volks, dat zelden gezond doch meestal kleinzielig en bloeddorstig is, hetgeen als het goed is ook de implicatie van de term is. Zeg dus nooit: 'Ik sluit me geheel aan bij het gesundes Volksempfinden', zeg: 'Het gesundes Volksempfinden heeft voor een keertje gelijk.' Als u het precieze gebruik van bovenstaande twee termen niet geheel doorgrondt, vergeet ze dan beide geheel. Niets is zo pijnlijk als iemand te horen gewagen van het 'gefundenes Volksempfinden' of, erger nog, 'gesundenes Fressen'.

Im Frage. Iets is of komt wel of niet (veel mensen zeggen in één moeite door 'nicht') 'im Frage', oftewel: aan de orde, ter discussie. 'Rustig nou maar Henk, jouw salaris komt helemaal niet im Frage.' Een soort hypercorrectie: het is eigenlijk 'in Frage', maar met een m klinkt het Duitser.

Sowieso. Spreek uit: zowiezo. Een classic, maar daardoor enigszins suspect. Spreekt hier iemand die na de oorlog niet in het verzet is gegaan?

Spielerei. Letterlijk: spel, aardigheidje. Hedenlands voor activiteiten waarvan u vindt dat ze in aanmerking komen voor bezuiniging dan wel eliminatie.

Überhaupt. Ook een classic, net zo suspect als 'sowieso'. Niemand weet wat het precies betekent, waarmee tevens de wijde verspreiding verklaard is.

Urheber. Schepper, grondlegger, aanstichter. 'Mary Quant is de Urheber van de minirok.'

Weltschmerz. Thans opnieuw erg trendy Duits woord, een van Amsterdams hipste cafés heet Weltschmerz. Weltschmerz is de reden waarom een skinhead beeldhouwwerken bekladt en telefooncellen vernielt. Zelf kent hij het woord waarschijnlijk niet, het is bedacht door zijn intellectuele generatiegenoten, die er net zo uitzien als hij maar de beeldhouwwerken en telefooncellen intact laten omdat ze anders later niet in aanmerking komen voor een betrekking bij de overheid.

Werdegang. Ook vrij trendy. Spreek uit: weerdekang. Betekent letterlijk: ontwikkelingsgang, wordingsproces, maar wordt door Nederlanders meestal gebruikt als: geleidelijke ondergang, afbrokkeling, vooral van abstracte zaken, ideologieën, stelsels, de verzorgingsstaat bijvoorbeeld. Een Nederlandse Werdegang is iets waarover je je zorgen moet maken.

Wichtigmacherei. Dikdoenerij. Het overbodige gebruik van buitenlands is een vorm van Wichtigmacherei.

Zum kotzen. Trendy alternatief voor: 'om van over je nek te gaan'.

Er zijn natuurlijk wel ergere dingen uit Duitsland ons land binnen gekomen dan woorden, maar toch, het moeten er niet te veel worden. Misschien is dat de reden dat Nederlanders hun Duits graag zelf maken. 'Kein punkt' is zo'n uitdrukking die als geloofwaardig Duits klinkt, maar toch echt 'Hergestellt in Holland' is. 'Ankeilen' en 'Umfeld' zijn ook mooie voorbeelden. 'Ankeilen' wordt in brede kring gebruikt in de betekenis van: aankondigen, aankaarten, inleiden. Marketing- en reclamemensen spreken de laatste jaren graag van het 'Umfeld' waarin een product of advertentie zich manifesteert. Ze gelden als Duitse woorden, ze worden op z'n Duits uitgesproken, maar *ssst!* ik heb ze in geen Duits woordenboek kunnen vinden.

Entre le kip en de poule

Turbotaal, 1987

Eindelijk dan, berichtte Hugh Jans de afgelopen zomer in *Vrij Nederland*, heeft Nederland zijn eigen edelkip. In Barneveld wordt sinds enige tijd een kip gefokt die het leven van een koningskind leidt. Hij mag vrij rondlopen, eieren leggen maar het ook laten, slapen en eten wanneer hij wil. De kwekers van de nieuwe Nederlandse edelkip doen dit omdat de kip er beter van gaat smaken. Hoe gelukkiger de kip, hoe lekkerder. Gelukkige kip is wel aanzienlijk duurder dan ongelukkige, uiteraard. Ook, en daar gaat het hier om, bleek uit het bericht dat een gelukkige kip geen kip meer heet maar 'poule'. Jans gebruikt het niet als plechtige eretitel, om het Nederlandse product op één lijn te zetten met de beroemde poule de Bresse, maar als de *eigennaam* van het dier. 'Hak de *poule* in vieren,' schrijft hij in een van de bijgaande recepten voor 'poulegerechten'.

Het geval 'poule' geeft precies aan waarom trendy sprekers graag Frans gebruiken. Het geeft ze het gevoel dat ze geen grauwe, anonieme biokip zijn, maar een uitverkorene, een 'poule', al was het maar omdat als er ooit nog een kipachtige in aanmerking komt daadwerkelijk gouden eieren te gaan leggen, dat natuurlijke een 'poule' en geen kip wordt. In milieus die het gelijkheidsideaal hoog in het vaandel hebben, onder socialisten en sociaal-democraten, is men in het algemeen niet dol op vreemde talen, daarmee sluit je de ongeschoolden maar buiten, maar van Frans, de taal van de elite, heeft men een regelrechte afkeer. De snelle sector daarentegen is er verzot op, en als een yuppie twee van zijn drie vreemde talen moest opgeven zou hij – na enige tweestrijd – het Frans aanhouden. Frans heeft alles, het etaleert bereisdheid, eruditie, een goede komaf en savoir-vivre.

Bovendien is Frans moeilijker en daardoor gevaarlijker dan Engels; wie het vrijelijk en uit de losse pols gebruikt legt daar veel eer mee in. Jan Lenferink ondervangt dat probleem door zich te bedienen van verfransingen waarmee weinig mis kan gaan. Hij vervangt eenvoudig de uitgangen -teit door -té en -ie door -ion – altijd goed. 'En dan hebben we geloof ik ook nog iets qua *actualité*,' zegt hij dan, 'een *démonstration*, geloof ik?'

'U werkt op de *administration* van een verzekeringsbedrijf? Lijkt me in elk geval een baan met *continuité*.' Dit procédé heeft in de snelle sector navolging gevonden. Ook het eenvoudige maar effectieve tussenwerpsel *bon* bracht Lenferink in de mode. Zijn opportunisme (switchen van de VPRO naar Veronica), zijn publiek beleden afkeer van spijkerbroeken en lang haar, zijn gelikte, met Frans doorspekte taalgebruik, eigenlijk was Jan Lenferink Nederlands eerste yuppie.

In elk geval dient bij het gebruik van Franse termen – dat had Lenferink goed begrepen – de indruk te worden vermeden dat er geput wordt uit middelbareschoolkennis. Gymnasiastentaal als 'voiture' en 'bicyclette' is af te raden. 'Voilà' en 'merci' zijn dermate ingeburgerd dat ze wel gebruikt kunnen worden, maar losjes, niet met nadruk. Dit in verband met de grondregel der taalexotica dat hoe nadrukkelijker vreemde woorden worden uitgesproken, des te recenter ze verworven zijn. Oude standaardgallicismen als 'au fond', 'du moment' en 'faux pas' dienen spaarzaam en terloops gebruikt te worden, die kent immers iedereen. Er zijn uitzonderingen. Het modieuze 'moi' en 'toi' dient juist weer wel met aplomb te worden gebezigd.

'Een geweldig idee. Wie heeft dat bedacht?'

'Moi.'

'Toi?'

'Sure, moi.'

Voorkeur verdienen de iets minder bekende zegswijzen. Zeg in plaats van 'blunder' liever 'blamage', zeg 'déconfiture' in plaats van teloorgang, 'bon ton' of 'de rigeur' in plaats van 'in zwang' en ‘parti pris’ in plaats van ‘partijdig’. Dat laatste wordt overigens ook zelfstandig gebruikt. ‘Hoor es Harry, Victor heeft in deze zaak een levensgrote parti pris.’

Er zijn nog meer valkuilen. Frans is in Nederland niet alleen de taal van de adel maar ook die van de besmuikte erotiek, van het ‘oh-la-la-als-u-begrijpt-wat-ik-bedoel’, waardoor woorden als ‘pikant’ en ‘lingerie’ nog voor generaties erfelijk belast zijn. Gebruik in plaats van ‘pikant’ liever ‘saillant’.

Erg in de laatste tijd is ‘tout’ (foutief ook wel ‘le tout’). Maar pas op, ook hier schuilt gevaar. De paradox van ‘tout’ is dat het woord ‘geheel’, ‘alles’ en ‘iedereen’ betekent, terwijl het juist gebruikt wordt ter aanduiding van een klein, zorgvuldig geselecteerd *gedeelte* van het geheel. Men kan zeggen: ‘*Tout* Amsterdam was in het Concertgebouw om Horowitz te horen spelen’ maar niet: ‘*Tout* Amsterdam wordt in geval van een nucleaire dreiging geëvacueerd’. Toch is exclusiviteit niet het enige criterium. Want hoewel er wel degelijk sprake was van een select gezelschap, kun je toch niet zeggen dat ‘*tout* Amsterdam naar het Leidseplein was gekomen voor de huldiging van het Ajax-elftal’.

Waar de grens ligt is, *tout court*, een kwestie van intuïtie. Van savoir-faire. Een kip begrijpt daar niets van, een ‘poule’ wéét zulke dingen.

Stand your little man in English

Turbotaal, 1987

Toen een woordvoerder van de Nederlandse vestiging van EMI in Paradiso de persconferentie van David Bowie inleidde, slaagde ik er ternauwernood in te achterhalen of hij nu Engels gelardeerd met Nederlands sprak, dan wel Nederlands gelardeerd met Engels. Het ging zoiets van: 'Wij van Ie-Em-Ai Nederland en Ie-Em-Ai Europe zijn vreselijk happy dat deze superstar Emsterdem in zijn European mini-promotion-tour heeft willen opnemen en zoals hij in zijn eigen statement al zei: the only thing to expect is the unexpected, dus ladies en gentlemen, let's give him a big hand, hier is David Bowie!'

'In het algemeen zijn Nederlandstaligen moedertaalmasochisten,' verzuchtte de taalkundige P.C. Paardekooper ooit. 'Ze zeggen de vreselijkste dingen over hun moedertaal: Nederlands is niet geschikt voor zangteksten, voor poëzie, het zou maar het liefst moeten verdwijnen, zet het maar bij het oud vuil. En dan wrijven ze zich in de handen en zeggen: laten we het nog eens op zijn Engels zeggen.'

Natuurlijk is het onzin dat het Engels zich beter zou lenen voor popteksten en dergelijke, daar heeft Paardekooper gelijk in. Wie na hardnekkige pogingen om de Dom van Florence na te bouwen in gasbeton en aluminium verklaart dat gasbeton en aluminium geen geschikte bouwmaterialen zijn, maakt een denkfout. Wat de Nederlandse popmusici eigenlijk bedoelen, is dat de Nederlandse taal niet geschikt is om Engelse songteksten mee te schrijven. Wel, die slag is hun.

Maar goed, de wereld wordt een 'global village' en de voertaal rond de globale dorpspomp is Engels. Het is verbazend hoe goed het Engels van de hedendaagse jongeren is. Als mijn zeventienjarige zwagertje ergens verbaasd van staat, zegt hij niet 'wel heb ik ooit' of 'krijg nou wat', maar 'I'll be shootin' fish in a barrel!' – en met een perfecte *southern drawl.*

Ook erg veel gebruikt, is 'fuck'. Het wordt bijna nooit op z'n Engels uitgesproken en lijkt zich als 'fuk' te hebben losgezongen van zijn oorspronkelijke betekenis. Het werkwoord 'fukken' of 'fokken' heeft dan ook niets met seks te maken, eerder met klieren, rotzooi trappen. Vergelijk: 'opfokken', een vernederlandsing van het Amerikaanse 'fucking up' (SNAFU, zeggen Amerikaanse militairen als ze iets verprutst hebben: *situation normal, all fucked up*).

Iemand die zich te amicaal gedraagt, is niet cool en wordt terechtgewezen met 'distance'. 'Hé bojo, een beetje distance hè.' Makkelijk is 'easy', iets kleins is 'peanuts', verdomme is 'shit!' of 'dammit', en een klootzak heet een 'bastard' of een 'asshole'. Een aansteller is een 'fake' of een 'phony', die kan het 'shaken' en maar beter 'moeven'.

Opfokken en opgefokt zijn waren in het begin van de jaren zeventig in kringen van stuffrokende tieners het ergste wat iemand kon doen, het normgedrag was 'relaxed' (iemand die dat niet was, heette dan ook 'a-relaxed'). Opmerkelijk dat 'opfokken' voortleefde en 'relaxed' geen eigentijds equivalent kreeg. Of is dat in de geestverruimende coffeeshop nog steeds het normgedrag? Wel wordt 'relax' nog gebruikt in de betekenis van: maak je niet druk. Erachteraan, of in plaats ervan, zeggen sommige tieners 'don't do it', naar de gelijknamige songtekst van Frankie Goes To Hollywood. Ouders begrijpen niets van zulke verwijzingen, en daar zijn ze ook voor.

Ook een beetje trendsetter spaart zijn Anglo-Amerikaanse vocabulaire niet. Iets spannends heet in dat woordenboek een 'thrill' of een 'kick', iets aardigs is 'charming' en anders op z'n minst 'appealing', iets handigs is 'nifty', een onderwerp is een 'issue', mogelijk ook een 'item', iemand die een café afzoekt en niemand vindt, heeft de tent 'gescand' en niemand 'gespot'.

Een domkop heet volgens datzelfde vocabulaire een 'dumbo',

een 'airhead', een 'bongo-brain', een 'nitwit' of een 'dimwit', in elk geval is hij niet dat je zegt 'clever'. Iemand met een gunstig uitzicht op fortuin, de 'big-time', is een 'coming man', iemand die zulke vooruitzichten pretendeert te hebben een 'would-be', iemand voor wie die perspectieven vervlogen zijn, is een 'has-been', een 'lame duck' en in elk geval: 'over the hill'. Kortom: een 'sucker'. Een 'loser', en waarschijnlijk nog een 'lousy' vakman ook.

Het zijn de cynische kwalificaties waarvoor de Nederlander zich een beetje geneert. Yuppie of geen yuppie, het blijft makkelijker om 'what's in it for me?' te zeggen dan 'en wat word ik daar wijzer van?'

Een kennis kwam een tijdje geleden terug uit Amerika. Hij bracht de dooddoener 'whatever!' mee, die hij had opgepikt in de New Yorkse perswereld (die hem waarschijnlijk weer van Archie Bunker had). 'Whatever!' onderbrak hij je dan, je het gevoel gevend dat wat je zei hem volstrekt onverschillig liet. Ofschoon de betekenis exact dezelfde is, zou het niet in hem zijn opgekomen in plaats ervan 'wat dan ook!' te zeggen. Te bot.

Ook bij intieme onderwerpen bewaren we graag een beetje 'distance' door ons achter het pantser van het metropolitane wereld-Engels te verschuilen. Liever dan zelf onze emotionele nek uit te steken citeren we zo'n moment uit een buitenlandse film, toneelstuk of boek. Ik herinner me hoe mijn eerste vriendinnetje mij probeerde te laten beloven dat ik onder het zoenen niet zou proberen haar bloes binnen te dringen. 'Okay, okay, I promise,' zei ik. Dan was het toch een beetje alsof je het niet echt beloofd had. Dus zeggen we 'oh, what the hell' in plaats 'wat kan mij het schelen', noemen we een vrouw 'goodlooking' omdat we ons met 'mooi' of 'aantrekkelijk' te 'kwetsbaar opstellen', zijn we 'close' met mensen in plaats van dat ze ons 'na staan', en zeggen we 'your place or mine?' in plaats van 'wil je met me naar bed?'.

Zware begrippen als 'binding' of 'belofte' worden vervangen door 'commitment'. Mensen maken geen ruzie maar gaan in de 'clinch', of hebben een 'clash'. Kunnen ze dat niet 'handlen' en worden ze 'shaky', dan heb je kans dat ze 'to pieces' gaan, en dan zijn ze 'nowhere' meer.

Er zijn mensen die zich zo aan het Engels bezondigen dat ze zich op een bepaald moment voornemen te minderen. Het is kennelijk makkelijker af te leren Engels te spréken dan te dénken, zodat er ten slotte een in het Nederlands vertaalde Engelse mededeling uit komt. De gedurende de laatste tien jaar in Nederland in de mode geraakte woorden 'idiosyncratisch', 'cruciaal', 'hectisch', 'essentieel' en, meest recentelijk, 'virtueel' (voor 'bijna': 'halverwege de laatste tijdrit reed Roche virtueel in het geel') komen uit Amerika.

Ook Engels idioom ondergaat deze behandeling. 'Japans eten is niet echt mijn kopje thee', krijg je dan. Of: 'Ik zou wel even zeker maken dat de hoofdschakelaar uit staat voor je die draad doorknipt!' (*to make sure*). Of: 'Ik betaal nu de helft en morgen de andere helft, als dat oké is met jou' (*if that's okay with you*).

'O, bij de weg...' gaat een kennis gekscherend nog een stap verder, 'volgende week zit ik in New York.'

'Sorry, maar dat koop ik niet,' zei een vriend onlangs tegen me. Het enige dat ik hem ter overname had aangeboden, was een gedachte.

Nederdutch

Hedenlands, 1996

Lianne Ernst, lezen wij in de *Elle* van oktober 1996, is ontwerpster.

'Ik houd van basic ontwerpen met een twist,' zegt ze, gevraagd naar haar stijl. Om een idee te krijgen: Lianne heeft zojuist beddengoed ontworpen. Het laken en de kussensloop zijn gewoon wit, wat dus heel basic is, maar op dat laken staat 'laken' en op de sloop staat 'sloop', en dat is dan die twist.

Lianne 'gaat uit haar dak' van de vegetarische maaltijden van Marks & Spencer, dus ze zou een beetje anglofiel kunnen zijn, maar dat hoeft niet; het gebruik van dit soort Engels is tegenwoordig heel gewoon. Een paar jaar geleden vermoedde ik nog dat het een modetrend was, maar het begint langzamerhand toch op een duurzamer verschijnsel te lijken. In jongerentijdschriften kom je soms al meer Engelstalige dan Nederlandstalige advertenties tegen. Maar niet alleen jongerenmedia doen het, zelfs de nieuwste Postbus 51-spotjes over de WAO zijn in het Engels.

Home, office, meetings, power business, job, caps, sneakers, leisurewear, designerwear, box, display, feel, kick, drink, bite, break, shift, switch, up, down, bizz, fuss, babes, kids, winners, losers, whizkids, nitwits, black box, greenhouse, sound, act, noise, ins and outs – je hoort ze, leest ze of zegt ze zelf, vaak zonder te beseffen dat het Engels is.

De lappen Engels in de media worden langer en langer en vertaling of markering blijft steeds vaker achterwege. Ongecursiveerd en zonder aanhalingstekens staat het daar, alsof het gewoon Nederlands is.

'Jan des Bouvrie styled [sic] telefoon exclusief voor Premier.'

HP/De Tijd: 'Voor het moeizaam voortmodderende partijkader was zijn komst een godsend.' Een godsend, wat zou dat zijn, denk je, tot je je realiseert dat het Engels is. Een zending van God bedoelen ze, *a godsend.*

Een bord op een industrieterrein: Sleeptrend. Goh, denk je, trendy slepen, dat daar ook al een markt voor is. Of is het een bureau dat sleeptrends analyseert? Zijn het sleeptrendwatchers? Als je dichterbij komt, wordt ook het onderschrift leesbaar: 'waterbedden'. Juist, *sleep-trend* bedoelen ze, slaapmode, als het ware.

Ook de hybride rukt op. Een soort Nederdutch krijg je dan. Ooit was het Engelse woord 'baby' nog zo exotisch dat het gecursiveerd of tussen aanhalingstekens gezet werd, maar dat is lang geleden. Toen kwam 'boom', voor hausse, sterke groei, aanvankelijk ook cursief of tussen aanhalingstekens. Dat werd dus 'baby*boom*'. Maar ook 'boom' is ingeburgerd en wordt steeds vaker gewoon geschreven. 'Babyboom' lees je, en onwillekeurig zie je een boom vol baby's voor je.

'Ja nee, dat is allemaal leuk en aardig,' zegt minister Jorritsma van Verkeer en Waterstaat in het *NOS-Journaal*, 'maar waar wij voor moeten waken, is sherrypikking.' Daar houdt Annemarie Jorritsma niet van, als haar sherry gepikt wordt. Sherrypikking, verduidelijkt ze, 'dat is als anderen de krenten uit de pap halen!' De minister sprak Nederdutch. 'Cherry picking' bedoelde ze.

Bejaarden, pardon, senioren, krijgen het door deze ontwikkeling steeds moeilijker. Bij de apotheek zag ik laatst een oude vrouw die moeizaam een ingewikkelde merknaam oplas van een papiertje dat trilde in haar hand.

'Wilt u large of medium?' vroeg het meisje achter de toonbank.

'...?'

'Een box of een dispenser?'

'...?'

'Stick of spray?'

De vrouw keek het meisje aan alsof ze de zaak niet helemaal vertrouwde. Sprak dit meisje wel Nederlands? Was het misschien zo'n allochtoonse? 'Zo'n eh... zo'n tuutje,' bracht ze na enige tijd uit.

'Een wát?'

'Een túútje! U weet wel, om te knijpen!'

Scoren!

HP/De Tijd, 2 mei 1997

Sam Ervin, senator van North Carolina en voorzitter van de senaatscommissie die werd ingesteld om het Watergate-schandaal te onderzoeken, was een gelovig man. Hij las veel in de bijbel en mocht er graag uit citeren. Veel Amerikanen die de Watergate-hearings op televisie volgden, herkenden die citaten niet en dachten dat hij die geweldige wisecracks zelf verzon. Als zij er zelf eentje gebruikten, gaven zij senator Sam Ervin als bron. Nog lang na Watergate kon je Amerikanen dingen horen zeggen als: 'As senator Ervin used to say: turn the other cheek.'

Als we het over 'nieuwe woorden' hebben, gaat het vaak om de nieuwe betekenis van een woord dat er al was. Soms tikken de betekenissen elkaar af als in een estafette, soms sluiten ze zich aaneen tot een peloton, waarvan er om beurten een op kop gaat.

Neem het begrip 'scoren', afgeleid van het Angelsaksische 'sceran', voor 'snijden, kerven'. Als de modale taalgebruiker dat woord dertig jaar geleden al kende, was het hooguit in de betekenis van 'een punt maken'.

Zo kreeg het ook z'n tweede, of eigenlijk derde betekenis: als een junk niet tijdig z'n dope krijgt, verliest hij het van z'n lichaam. Of: het te pakken krijgen van dope wordt op den duur net zo'n kick als het maken van een doelpunt. Wat sport en drugs met elkaar delen is de euforie, dus dat die jargons elkaar overlappen, is niet zo vreemd. Twee van de belangrijkste woorden in het drugsjargon, *kick and rush*, vormen de naam van een klassieke Engelse voetbalstijl. Ik herinner me het moment waarop, voor mij althans, 'scoren' in de junkie-betekenis weer overdrachtelijk werd. Het voetbalteam van het weekblad waar ik werkte was op weg naar Brussel voor een wedstrijd, toen een collega in het eerste plaatsje voorbij de grens de bus liet stoppen en uitstapte. 'Even wat Leonidas scoren,' zei hij. Iedereen vond dat erg grappig, en al gauw was zijn vondst op de redactie gemeengoed. Bier, sigaretten, broodjes, koffie, alles werd 'gescoord', zelfs Tipp-Ex.

De jaren tachtig kwamen en brachten het yuppie-ethos, het marktdenken, de verheerlijking van de winnaar en de noodzaak tot 'scoren'.

'Scoren' voor het behalen van professioneel succes is nooit helemaal salonfähig geworden, 'scoren' is Endemol-taal. Joop van den Ende is zich hiervan bewust en weet dat je de uitdrukking in links-culturele kring beter kunt vermijden. Toen hij onlangs bij Sonja Barend zat, vergat hij het even. 'Dat programma sco... eh, dat is heel succesvol,' zei hij.

In Aalsmeer zegt Joop: 'Dat scoort als een gek.' (Endemols voor iets wat niet gaat scoren: 'Ik krijg daar geen tent van in mijn broek.')

Intussen is het junkie-scoren behoorlijk ingeburgerd, je komt het al in reclameteksten tegen. 'Lijntje scoren?' stond vorige week maandag op de voorpagina van *De Telegraaf.* Het was een ingezonden mededeling van Robert Pack, industrial & packaging equipment BV. Boven het woord 'lijntje' stond 'verpakkings-', maar in een heel klein lettertje, zodat je in eerste instantie alleen die laatste twee woorden leest. Met dat 'lijntje' erbij is de drugsassociatie nauwelijks een associatie meer: hier wordt rechtstreeks verband gelegd tussen het kopen van cocaïne en het investeren in verpakkingsapparatuur. Een paar maanden geleden kwam een handvol Bekende Nederlanders uit de kast als druggebruiker, nu bekent ook de industriële sector kleur. Niet alleen in de grachtengordel en op de Gooise matras, maar ook in die grijze bedrijfshallen langs de snelweg, waar de machines ratelen en de heftrucks af en aan rijden, ook in de ruggengraat van de Nederlandse economie is harddruggebruik een dagelijkse realiteit. Het wachten is nog op de boeren. Hun vee spuiten ze al in met van alles en nog wat, dus zo groot is de stap niet.

Bij de volgende besprekingen over het Europese drugsbeleid ligt deze advertentie van Robert Pack BV ongetwijfeld bij de Franse delegatie op tafel. En Kok wilde beweren dat Nederland geen narcostaat is?

Pies of keek

de Volkskrant, 2 juli 1998

'Wat doe je?'

'Ik zoek de paper.'

'De krant bedoel je. Waarvoor?'

'De wisselkoers.'

'Juist. Jij zoekt niet de peper voor de reet, maar de *paper* voor de *rate*.'

'Gaan we leuk doen? Help liever even zoeken.'

'O, ben ik nu ineens weer de bedkei?'

'De wat?'

'De bad guy, de boef, niet te verwarren met la bouffe natuurlijk. Mensen praten zóveel talen door elkaar tegenwoordig, je weet het soms niet meer. Laatst was er een politieagent op televisie die zei: "De kees kwam rond door een lied die getreesd kon worden." Kees, Trees, een lied, dan denk ik toch meer aan een Jordaancafé dan aan een politieonderzoek.'

'Zeg...'

'Slechts twee van de zeven kinderen overleefden de crèche. Straks gaat Marco Bakker nog uitleggen dat hij geen "cruise-control" zei, maar "kroes-control". Dat hij niet onder invloed van drank was, maar van het ontkroezingsmiddel dat hij voor z'n optredens altijd in zijn haar smeert.'

'Zeg kletsmajoortje van me...'

'Krek, zei de junk, en injecteerde het verkeerde.'

'Hallo?'

'Ja?'

'Deze krant hééft helemaal geen wisselkoersen.'

'Nou ja. Wat een zeurvis!'

‘Zeg dat wel. Van zeurvis hebben ze in dit land geen kaas gegeten.’

‘Trouwens, ga je nog koken?’

‘Nee hoor, ik heb net de boel aan kant. Doen we wel onderweg.’

‘Hè bah, niet meteen weer stoppen bij de Alberts Corner. Als ik eenmaal rij, wil ik door.’

‘Oké, haal dan maar even wat teekout of zo.’

‘Thee koud? Nieuwe zetten?’

‘Teek-out! Vestvoed, weet je wel?’

‘Vestvoet. Is dat een soort kousenband? Surinaams?’

‘Och, wat zijn we grappig.’

‘Zeg, heb je dat gehoord van Henk?’

‘Nee, wat?’

‘Is gisteren gemugd.’

‘Ach nee, erg?’

‘Vreselijk, hij zat onder de bulten.’

‘Trouwens, we hebben toch wel muggenspray hè?’

‘Wacht even, muggennn- of muggerrr-spray?’

‘Voor Mexico? Allebei maar denk ik.’

‘En shag?’

‘Cheque? Check.’

‘Cheque?’

‘Check, dat zei ik toch?’

‘Wacht even, wat zeg je nou, sjek, cheque of check?’

‘Shag! Daar zou jij toch voor zorgen?’

‘Ja nee, hoho, waar hebben we het over, reissjek of rooksjek?’

‘Allebei!’

‘Oké. Check ik nog even.’

‘Maar over dat eten. Ga jij nog even naar de snekbar?’

‘Best. Ik heb wel track in een vette back.’

‘Goed. Zet dan meteen even deze zoetkees in de auto.’

‘Pardon, even voor alle duidelijkheid: hebben wij het hier over een zoet-kees, een suit-kees, een zoet-case of een suitcase?’

‘Denk daar onderweg maar even over na. O ja, enne… heb je eten voor Dommel gehaald?’

‘Cut, vergeten.’

'Ga dan ook nog even langs de avondwinkel.'
'Olrijt. Ze had een lekke band, maar nu rijdt ze weer.'
'Jesses, wat ben jij melig.'
'Hoeveel moet ik halen?'
'Tien. Lukt dat, denk je?'
'Tien blikken dokvoet? Pies of keek.'

Kunst & Cultuur

Accident art

Percies!, 1988

'Accident Art noem je dat?'

'Ja. Of Crash-Kunst, wat je wilt.'

'Hoe ben je daar zo toe gekomen? In je Academie-tijd maakte je toch heel conventioneel werk. In kunsthars gegoten vleeswaren, herinner ik me. Blauw gespoten kadetjes.'

'Klopt. En toch was dat al een stap in deze richting, zie je dan achteraf. Dat je toch eigenlijk al die tijd met hetzelfde bezig bent geweest. Toen zag je ook al dat mijn werk dermate ontregelend en vervreemdend werkt dat er allerlei rare toestanden omheen ontstaan. Ik deed toen eindexamen met die emmer bloed, en die werd op de jaartentoonstelling nog door Alphons de Wit omgegooid.'

'Dé Alphons de Wit?'

'Was een jaargenoot van me. Pure charlatan. Ik had het hele semester keihard aan die emmer bloed gewerkt en hij had niets uitgevoerd, dus toen gooide hij bij wijze van eindexamenwerkstuk mijn emmer bloed om. Conceptueel, zogenaamd. Met als gevolg dat hij cum laude slaagde en ik werd afgewezen! Daar moet ik altijd aan denken als ik z'n naam op de posters van het Stedelijk zie staan.'

'En toen ben je geloof ik met die doosjes begonnen.'

'Ja. Nou, dat was geen succes. Die boodschap werd ab-so-luut niet begrepen, hè. Te heavy, denk ik nog steeds. Kijk, je moet dat in z'n tijd zien. Wat werd er gemaakt? De soepblikken van Warhol, de strips van Rauschenberg, de zwembaden van Hockney, allemaal heel clean, afstandelijk werk. En dan kom jij ineens met oude luciferdoosjes met stukjes varkensvlees erin! Dat was natuurlijk een enorme schok.'

'Wat was nou eigenlijk de gedachte achter Doosjes?'

'Behalve over het hokjesdenken, waar eigenlijk álle goede kunst over gaat, gaat mijn werk in feite maar over één ding: het verschil tussen Iets en Niets. Die ongerijmdheid eigenlijk, tussen iets en niets, tussen wat het is en wat het *is*. Over het verschil tussen *een* stukje varkensvlees in *een* doosje en *mijn* stukjes varkensvlees in *mijn* doosjes. Die perversiteit, weetjewel, dáár ging het mij om. Want dan heb je het over dood en verderf, oftewel geld, en dat is het thema dat eigenlijk al mijn werk verbindt... en waarmee het kunstestablishment nog steeds zo'n enorme moeite heeft... *Omdat het over henzelf gaat!* Want reken maar dat het niet voor niets de hond van een handelaar was die toen bij de opening al die Doosjes heeft opgevreten. Ik had nog zó op de uitnodiging geschreven: "Geen honden mee, s.v.p."'

'Toen ben je met vissen gaan werken.'

'Percies. Toen heb ik op die tentoonstelling bij de Oosterscheldewerken een rood-wit-blauw Braziliaans stekelbaarsje tentoongesteld, in een kom zonder water. Dat heette Dezdidazl. Ik had uitgerekend dat zo'n beestje het op het droge drie uur volhoudt, en om de hoek stond een bassin met invallers klaar, die dan telkens om de drie gewisseld zouden worden, zodat er geen vissen aan zouden overlijden. Echt allemaal keurig geregeld. Kwamen d'r protesten van de organisatie: wat moet de koningin daar wel van denken als ze straks langskomt. Dit is politiek, daar mogen we haar niet mee confronteren, zeiden ze. Terwijl dat nou juist het idee was: een klein rood-wit-blauw visje. In doodsstrijd. Juist om die relatie van het Nederlandse volk met het water aan te geven. Plus het element van de ongelijke strijd tussen mens en vis. Dat was ook de betekenis van die titel: De Een Zijn Dijk Is De Ander Zijn Lijk. Maar nee hoor, zo'n commentaar kan het establishment gewoon niet *handlen*. Toen hebben ze meteen m'n stipendium voor De Dood In 't Groot ingetrokken. Niet rechtstreeks natuurlijk, ze doen nooit iets rechtstreeks, maar via via zat dat er wel degelijk achter.'

'Wat was dat, de Dood in 't Groot?'

'Ik wilde al een hele tijd wat monumentaler gaan werken, dus toen heb ik het plan gelanceerd om een dode olifant te exposeren in Boymans. Gewoon, drie maanden laten liggen. Als een soort performance. Ik bedoel, wat is er groter, wat is er meer *iets*, dan een olifant? Percies! Maar omdat dat Iets dóód is, is het tegelijk ook een gigantisch Niets, begrijp je? Die boodschap van: dit beest is een Dood gestorven waar wij met ons Doodje tien keer in kunnen! Maar nee, dat kon natuurlijk weer niet.'

'En toen heb je die levende geëxposeerd.'

'Percies. Want met een levende zou het statement in feite alleen maar sterker zou zijn, dacht ik. Implicieter, begrijp je? Dus ik regel dat met Blijdorp; beest verzekerd, verzorger d'r bij, water, voedsel, echt allemaal prima geregeld. Tja, en dat ze in Boymans muizen hebben kon ik natuurlijk óók niet weten.'

'Ze moesten een halfjaar dicht voor renovatie.'

'Ja oké, dat is lullig, maar het is nóg veel lulliger dat zij naar buiten toe doen alsof ík verantwoordelijk ben voor die ravage.'

'Maar goed, wat er nu allemaal in de kranten staat, die dode potvis op het strand van Scheveningen – heb je dat nou wel of niet gedaan?'

'Jhim, ik zweer het je: die is gewoon aangespoeld! Echt, geloof me. Het is waar dat ik een keer met de Maritieme Dienst gepraat heb over zo'n soort project, maar dat is drie jaar geleden. Daarna heb ik dat hele idee weer laten váren! Echt! Ik ben met hele ándere dingen bezig tegenwoordig! Maar mooi dat ik ondertussen wel al m'n expositiemogelijkheden kwijt ben en uit de BKR gegooid ben! Dankzij de cultuurmaffia. Ze deinzen nergens voor terug om mijn boodschap te onderdrukken. Maar let op, wie het laatst lacht...'

'Die Accident Art, wat is dat nou precies?'

'Zal ik je uitleggen. Zie je die huizen, daar, beneden? Daar wonen een stel belangrijke ambtenaren van de afdeling beeldende kunst van WVC. Vannacht heb ik hun auto's ge... eh... prepareerd. Met name de remleidingen. Zo meteen gaan ze naar hun werk, met de auto, richting Den Haag. Dat kruispunt daar is het eerste punt waar ze moeten remmen. Op het moment dat ze remmen zijn zij Iets en is dat kruispunt Niets, en een seconde later zijn zíj Niets en is dat kruispunt Iets. Begrijp je? Het statement van: jullie weten het toch zo goed, nou oké, doe het dan zelf maar.'

'Goh ja... En dat element van het varkensvlees in die doosjes komt er eigenlijk ook weer een beetje in terug.'

'Hm, zo had ik het zelf eigenlijk nog niet bekeken.'

Vies

NRC Handelsblad, 23 september 1991

Een beknopte spraakkunst van de hedendaagse *Galerie-speak*.

Bohémien. In het vocabulaire van de moderne kunstenaar: foute boel. Want de moderne kunstenaar is aangepast, zakelijk, sociaal vaardig en ruikt naar Antheus, niet naar terpentijn. De nieuwe After Nature-schilders daarentegen cultiveren de oude bohémien-stijl juist weer.

Cash. Kunst is cash als ze goed in de markt ligt, veel geld oplevert. Uitsluitend gebruiken tegenover postmoderne kunstenaars die zich er niet voor generen verkoopbaar werk te maken. Meer traditioneel werkende schilders spreken liever van 'toegankelijk'.

Expo. Kunst-afko. Niet te vaak gebruiken, maar een enkele keer terloops ertussendoor gegooid duidt het op regelmatig galerie- en/of museumbezoek.

Frontaal. Vaak een eufemisme voor (zie →) 'plat'. Het werk ontbeert diepte, neigt naar de illustratie, het decoratieve.

Gaan over. 'Ik vind het iets te frontaal,' zegt de galeriebezoeker. 'Ja maar het gáát over frontaal,' zegt de galeriehouder, 'dus dat kan nauwelijks een plastisch bezwaar zijn.'

Gebeuren. Liefst moet er iets in een kunstwerk gebéúren. Dit mag best een gebeurtenis naar iets toe zijn: 'In dit werk gebeurt toch iets meer naar het schilderen zelf toe.'

Geil. Heeft niets met erotische kunst te maken. Postmoderne kwalificatie voor brutaal, uitdagend werk dat de hebzucht opwekt (zie *vies*).

Gelaagd. Sinds Roland Barthes & Co mag kunst niet meer te letterlijk zijn. Polyinterpretabel, meerduidig, opgebouwd uit betekenislagen, associatieniveaus, allemaal gunstig.

Gelikt. Stond ooit voor 'onoprecht', 'oppervlakkig', 'behaagziek'. Maar kunst moet concurreren met andere communicatievormen en aangezien die steeds gelikter worden – reclame, tv, film – moet de kunst mee.

Glad. Niet goed. Te veel vorm, te weinig inhoud. Vrijwel uitsluitend gebruikt in combinatie met 'te'. Kunst mag wel letterlijk glad zijn (zie *huid*), maar niet figuurlijk.

Goede smaak. Niet over beginnen.

Handschrift. Vrij universeel gebruikte term voor het eigene van de kunstenaar, vooral wat uitvoering en techniek betreft. 'Ik zie hier toch wel een authentiek eigen handschrift ontstaan.'

Huid. Omdat het zo moeilijk is geworden over inhoud te praten, wordt in de beeldende kunst van nu veel belang gehecht aan de afwerking, de finish van een werk. De huid.

Integer. Ai. Kan zeer hatelijk bedoeld zijn. Als het de gunstigste kwalificatie is die een schilder krijgt, moet hij misschien een ander vak zoeken, want eigenlijk betekent het gewoon saai. Integriteit is niet waar het in de kunst van nu om gaat.

Mager. Ander woord voor teleurstellend, mislukt, slecht. Ook het werkwoord: 'Die blauwe serie is nog wel wat, daarna vermagert het toch wel sterk.'

Mooi. 'Mooi' in de galerie is als 'lekker' in een viersterrenrestaurant: te simpel. Er moet gepraat kunnen worden en met 'mooi' is het gesprek te snel afgelopen. Als bondigheid vereist is, wordt 'mooi' vervangen door 'sterk'. 'Een sterk werk.' (Verwarrend genoeg is het alternatief van de foodies voor 'lekker' juist 'mooi'. 'Er werd mooi gekookt en we dronken er een mooie wijn bij.')

Plat. Pas op. Kan namelijk 'oppervlakkig', 'oninteressant' betekenen, maar toen Rob Scholte zei dat het 'platte schilderen' volgens een 'platte logica' juist de kracht van zijn werk was, werd het een soort geuzenterm.

Prikkelend. 'Prikkelend werk met een breed spectrum aan sluimerende mogelijkheden.' Er gebeurt iets, de kijker wordt geprikkeld. Waartoe blijft in het midden. Het *werkt.* 'En als het werkt, dan is het iets.'

Star. Betekenis onduidelijk. 'Er zijn misschien structuren van samenscholingen of clusters, lijnen van expedities en trek, incidentele optredens van individuen en stars' (Wim Beeren, directeur Stedelijk Museum). En: 'Zozeer zijn de visuele stimuli een amalgaam van hoogwaardige unica en populaire stars' (idem).

Vies. 'Een lekker vies werk.' Kan heel gunstig bedoeld zijn.

Volstrekt. Ook niet helemaal duidelijk. 'Tegelijkertijd bezit het een volstrektheid die het doet delen maar niet gelijk doet zijn aan de gestrengheid van Mondriaans werk' (Wim Beeren). Voor inlichtingen: Stedelijk Museum, Amsterdam.

Yo!

Neo-turbo, 1993

In Amerika wordt hiphop 'the black CNN' genoemd, alles wat zwart Amerika bezighoudt, is in de laatste rapteksten terug te vinden. Hiphop zoekt de confrontatie.

Het harde leven in de *hoods* (zwarte achterbuurten), werkloosheid, afwezige vaders, wanhopige moeders, *crackheads* en *pipeheads*, *dealers* en *clockers* (straatkoeriers), *hustlers*, *hookers* en *pimps*, en elkaar tussen de afgebroken huizen met mitrailleurs belagende *gangs*. Een jungle, waar het tonen van te weinig respect voor iemand (*to dis*, van *disrespect*) een doodzonde is.

'Nobody disses me and gets away with it!'

'I like my pockets fat, not flat.'

In de hood wil iedereen *fat* leven, fat and *large*, en wie dat doel in de weg staat, kan gecapt (vuurwapen), geshankt (mes), gecrashed, gewaist, gesuckerd of gerambod worden. Cold steel!

Maar de five-o slaapt nooit *and if you get popped they put you in the can*. Voor een *yard* of twee.

Een deel van de hiphoptaal is klassieke *jive*, de zwart-Amerikaanse straattaal, die teruggaat tot de jaren dertig.

Hét oerbegrip van de jive is *cool*. *Cool* staat voor alles wat deugt, vooral als het om *tude* gaat (attitude). Cool, calm en collected, dat hoort een *boy from the hood* te zijn.

'Big Daddy Kane is one cool brother.'

Logisch dus dat hiphoppers daarop doorgeborduurd hebben (bordurende hiphoppers!). Veel rappers heten Ice. Ice T, Ice Cream-T, Ice Cube, Smooth Ice, enzovoort. In plaats van cool kun je ook *chillin'* zeggen. Als iemand niet cool is, luidt het advies: '*Chill out, man.*' Of: '*Hey, take a chill pill.*' Zo iemand wordt dan misschien een beetje cool, maar niet *cold*, want dat is wel heel erg cool. Iets wat echt volkomen maar dan ook absoluut & *totally cool* is, noem je *cold chillin'*. Toen *chillin'* een paar jaar geleden te bekend werd, introduceerde Public Enemy *lampin'*.

Een goeie rapper is *a real bad dude on the mike*, want 'bad' is jive voor goed. Bad is cool, bad is all right. Maar het is een bijzonder soort goed. Moeder Theresa wordt in Harlem niet 'a real bad mama' genoemd. 'Bad' is goed in de zin van slecht. Het 'bad' van Michael Jackson betekent: 'was ik maar niet zo'n braaf jehovaatje', terwijl het 'bad' van His Royal Badness Prince het 'bad' is van: 'ik ben lekker stout'.

Cool, bad, in die sfeer moet meer te verzinnen zijn, hebben de taalmakers van de hiphop waarschijnlijk gedacht.

'Wat dacht je van death?' opperde iemand.

'Déath?'

'Ja. De nieuwe Ice T is waanzinnig death!'

Zo ontstond *def*.

Def is cool, def is bad, def deugt.

Maar eigenlijk moest er natuurlijk een woord komen dat de brave, blanke, Bush-stemmende burgertjes écht de stuipen op het lijf zou jagen.

'Wat dacht je van "dope"!'

'Straks. Nu eerst even nadenken.'

'Nee, dópe! Als woord.'

'Dus dat je zegt: this flow is real dope?'

'Ja precies!'

Een historisch moment, want 'dope' heeft het helemaal gemaakt.

'Die Timberlands zijn def, man!'

'Vind je?'

'Yo, echt beestachtig dope!'

'Word up!'

De Fantastic Freaks, een van de oer-hiphopgroepen, kondigde hun nieuwe nummers altijd aan met: 'This one's fresh out the pack.'

Zo raakte 'fresh' in zwang als universeel-positieve kwalificatie.

'En dat jek. Fresh!'

'Echte Carhartt.'

'Fly!'

'Su-per-fly!'

'Bij Straight From Harlem gekocht?'

'*In* Harlem, wat denk je?'

Als een hiphopper het ergens mee eens is, zegt hij 'word', of 'word up!' of hij is 'down'.

'The cops are just trying to stirr up something with the people who are down with them,' zegt Ice T over de rel rond zijn copkiller-teksten.

'Whack!' roepen zijn bandleden. (Klote!)

'Word up!' (Zo is het!)

'Check it out!' (Zeker weten!)

Ill en illin' hebben meer te maken met hoe je je voelt.

I got illin': ik voelde me klote.

He be illin': ik moet hem niet, hij werkt op m'n zenuwen. Die kromme vervoeging van *to be* betekent: het gebeurt vaker, het is een gewoonte, je kunt ervan uitgaan. Enkelvoud of meervoud, maakt niet uit. *I be illin', they be suckin'*. Maar *illin'* kan ook neutraal bedoeld zijn, in de zin van wild, vreemd, gek.

Van vrouwen heeft de Amerikaanse hiphopper niet zo'n hoge dunk. Meisjes, *skins, skeezers, stunts, hookers* zijn om mee te neuken, veel meer heb je er niet aan.

'Stunt get a job, from me you won't rob!'

Behalve de vrouw waar een *homeboy* uiteindelijk definitief voor kiest, die draagt hij op handen en vereert hij, die is zijn *queen*, zijn *earth*.

Zoals het een echte groepstaal betaamt, kan hiphop-turbo behoorlijk cryptisch zijn. Betekenissen worden als het ware associatief verschoven, niet één, maar meerdere keren achtereen, tot de nieuwe vorm in geen enkel opzicht nog aan de oude herinnert. Wie even niet oplet, is de draad kwijt. The four-one-one is hiphops voor: de laatste stand van zaken, naar het Amerikaanse inlichtingennummer. Nederlandse hiphoppers gebruiken dit ook.

'Yo! Wat is de four-one-one over de plane?'

'Ze zoeken nog.'

Iemand introduceerde de uitdrukking *knowin' what time it is* voor 'ergens van op de hoogte zijn'. Iemand anders maakte daar *clocking* van, wat sindsdien in hiphoptaal zoiets betekent als: op de hoogte, in de scene, goedgekeurd. Volgens sommigen is zo de hiphop-gewoonte ontstaan om een klok of wekker om je nek te dragen, maar er zijn anderen die het heel anders zien. Die beweren dat het daar juist mee begón.

Z'n naam kreeg deze muziekstroming van diskjockey Dj Hollywood en zijn vaste yell: 'To the *hip-hop*, the hippy hippy hippy hippy hop and you don't stop!'

Het bijzondere van Dj Hollywood en consorten was dat zij niet zomaar dansplaatjes draaiden, maar de ritmische, non-vocale tussenstukken (de *break beats*) van disco- en funknummers gebruikten om hun eigen muziek te mixen. Bij gebrek aan lyrics begonnen ze zelf dingen door de microfoon te roepen, de *rap.*

Dj Grandmaster Flash ontdekte dat je in plaats van twee verschillende, ook twee dezelfde *breaks* door elkaar kunt mixen: *cutting the record.*

'Flash will cut the record to the bone.'

Door een van de platen met de hand onder de naald heen en weer te halen kun je effecten plaatsen: *scratchen.* Hoe meer de dj scratcht en cut, hoe minder er overblijft van de oorspronkelijke *break.*

'Will you stop scratchin' and gimme a motherfuckin' break beat!?' (Neneh Cherry, 'Manchild')

Als er aan de beat veel rauwe bijgeluiden en tegentonen zijn toegevoegd, heet hij *noise*, naar de eerste plaat waar dat op gebeurde: 'Bring the Noise' van Public Enemy.

Omdat al dat cutten en scratchen en mixen veel concentratie vereist, begonnen dj's er iemand bij te nemen voor de rap: de *master of ceremonies* oftewel mc.

NCRV-omroepsters die al breiend een rijtje platen aan elkaar praten, willen dit nog wel eens uitspreken als *muk*, maar het is dus *em-sie.*

Een logische naam voor de dansstijl die zich tegelijk met hiphop ontwikkelde, was dus *breakdancing. Breakdancers* werden ook wel *break-boys* genoemd, en daaruit ontstond de naam die nu voor iedereen gebruikt wordt die iets met hiphop te maken heeft: *B-boys.*

Een enkele Engelse hiphopterm is in het Nederlands vertaald. 'Fresh' bijvoorbeeld.

'Jo, die nieuwe Nikes zijn vers!'

'Hé vogel, jij klokt niet.'

'Klopt, ik draag nooit een horloge.'

'Wat zei ik jongens? Die gast klokt niet.'

De Osdorp Posse, een Nederlandtalige rap-groep, mag graag met vertalingen spelen. Een van hen noemt zich DJ IJsblok en in plaats van *hardcore* spreken zij bijvoorbeeld van *haardkoor.*

> Ik had een dis
> met een feminis
> en nu is ze vermis

Of, in een ander nummer:

> Ik zag een gozer met een klok
> het was me neef, dj IJsblok
> Ik ben een zware jongen
> maar hij is nog veel zwaarder
> Ik ben een moordenaar
> maar hij is moordenaarder.

De droomclip

Het Parool, 20 mei 1989

'Oké jongens, Boy van Promotie is akkoord, we kunnen een clip maken.'

'Yo!'

'Cool!'

'Vers!'

'Dus ik had gedacht: we zetten jullie op een boorplatform in de Noordzee, en dan een camera op het platform en een camera in een helikopter erboven. En dan spelen jullie je nummer, maar zónder instrumenten.'

'Nèèèèèèèh!'

'Wack!'

'Not!'

'Word, check it out!'

'Nou, wat hadden jullie dan gedacht?'

'Iets met autowrakken lijkt me wel def.'

'Ja! Een brandend autowrak. In een doodlopende straat!'

'Dope! Met een beetje van dat blauwige licht.'

'En dan zo'n basketbalveldje ergens in de hood, met gaas eromheen en achter dat gaas staat een gang die ons probeert te fokken.'

'Maar jongens...'

'En dan sta ik ineens in een grote kooi.'

'Ja, met kettingen!'

'Een smoke, dat het ook in space zou kunnen zijn of zo.'

'En dan een jam, op straat! Met skins die helemaal stupid worden weggedragen.'

'Oké, en dan lopen we over een soort Albert Cuyp, en dan

omhels ik af en toe zo'n winkelend oud vrouwtje. Of ik ga even met 'r dansen.'

'En als ze dan wegloopt, stop je snel nog even een extra appel in haar tas. Dat ze ontroerd omkijkt.'

'Slam-mín!'

'En dan komt McSranan in beeld, om te laten zien dat we props hebben!'

'Ja maar, jongens, ik vrees toch echt dat...'

'Waar dan net iemand geshankt wordt.'

'En die ligt dan zo down op de grond...'

'En dan gaat z'n mond open...'

'En dan staan wij ín die mond te spelen!'

'Slam-bo-yant!'

'Jongens!'

'En dan iets met de leiders van Joegoslavië, die willen elkaar net een hand geven, en dan bevriest het beeld.'

'Of het wordt doorgescheurd, als een foto!'

'En dan zie je een rechter met zo'n pruik op, die met z'n hamer zit te slaan.'

'Want ze zijn aan het breaken in de rechtszaal.'

'Fly!'

'Jongens!'

'Yo, what's up, man?'

'Het spijt me, maar dat kán allemaal niet, wat jullie willen. Ik heb met veel pijn en moeite zéstienduizend gulden budget los weten te lullen en volgende week moet-ie klaar zijn.'

'Shit!'

'Wack!'

'Motherfucking kut, man!'

'Ja sorry, maar vandaar mijn voorstel van dat boorplatform. Ik heb het uitgerekend, twee camera's, die helikopter, het kan allemaal net. En volgens mij krijg je dan gegeven het budget een verdómd aardige clip.'

'Shit the fucking system kut man! Ik wil toch minimaal wat smoke hebben!'

'Sorry jongens, hoe zal ik het zeggen? No dead presidents.'

'...'

‘Maar eh, mag ik dan m’n nichtje meenemen?’
‘Hoezo?
‘Nou die zit op jazzballet, dus ik dacht dan kan zij eh, misschien eh…?

Licht! Rook!

de Volkskrant, 10 september 1998

Of het ook de bedoeling was weet ik niet, maar de maidenspeech van de nieuwe staatssecretaris van Cultuur, Rick van der Ploeg, vorige week bij opening van Het Theaterfestival, bevat een aantal mooie voorbeelden van hoe ook in de taal technieken uit het theater kunnen worden toegepast.

De meeste mensen die op een gegeven moment vaststellen dat ze hun culturele ontwikkeling een beetje hebben laten versloffen, nemen een abonnement op het Concertgebouw, de Openbare Leeszaal of de Schouwburg. Rick van der Ploeg liet zich tot hoofd van het nationale cultuurbedrijf benoemen.

Het liefst had Van der Ploeg natuurlijk pas bij zijn afscheid een beleidsvisie ontvouwd, eerst studeren, dan tentamen, zo is hij het gewend, maar in het openbaar bestuur is het gebruikelijk dat een bewindspersoon reeds bij zijn benoeming énig idee heeft van wat hij gaat doen.

Een van de theatertechnieken waarop je in zo'n situatie een beroep kunt doen, is het licht.

Zoals regisseurs weten is de grote kracht van theaterlicht dat het één ding verschillende gedaanten kan doen aannemen. Dat het iets, letterlijk, in een ander licht kan plaatsen.

Bestuurders apen niet graag hun voorgangers na, want dan 'passen ze op de winkel' en dat staat niet goed op een bestuurders-cv. Dus wat doet een bewindspersoon die geen eigen ideeën heeft? Die werkt met het licht.

Aad Nuis hechtte veel belang aan het steunen van jonge kunstenaars, 'de verkenners', zoals hij die noemde. 'Jeugd steunen = altijd goed,' zegt Van der Ploegs politieke boordcomputer, maar ja, om nu ook weer met die 'verkenners' van Nuis aan te komen, dat doorziet het publiek direct. Dus hij verhangt de spots, verwisselt wat kleurfilters en, simsalabim, de verkenners heten 'postiljons d'amour'.

Ook de rookmachine kan een politicus goede diensten bewijzen. Het best werkt dit apparaat als het publiek niet weet waar de rook vandaan gaat komen. Men heeft weleens eerder een rookmachine aan het werk gezien, dus men houdt met een half oog de orkestbak en de voorste coulissen in de gaten, want als er gerookt gaat worden, begint het meestal daar. Van der Ploegs adviseurs weten dit en kozen juist voor een stevige openingsstoot pal midden op het toneel. 'Ik wil een dansende overheid, een overheid die beweegt op de verschillende ritmes van de tijd, met wisselende contacten,' sprak Van der Ploeg.

De verwarring in de zaal was groot. De staatssecretaris zat alweer in de dienstwagen naar Den Haag, maar onder het publiek gonsde het nog van de vragen. Die term 'wisselende contacten' was een andere belichting van wat Nuis 'flexibilisering' noemde, dat was duidelijk, maar wat was nu precies het verband met dat dansen en die ritmes? Een danser heeft geen 'wisselende contacten' maar 'partners', dus, zo vroeg men zich af, werd hier misschien toch iets speciaals aangeduid? Meer seks in de kunst? Of was het slechts een grapje? En die dansende overheid, hoe moest men die zich precies voorstellen? Blijft zij keurig op de dansvloer tot haar partner wordt afgetikt, of voert zij hem al zwierend mee naar de tuin, voor een 'wisselend contact'? En dat 'dansen' en dat 'ritmisch bewegen', ging het daarbij nu om twee verschillende bezigheden, of bedoelde hij met het één het ander?

'Ik denk dat de staatssecretaris daar één en hetzelfde mee bedoelt,' sprak een woordvoerder van zijn ministerie.

Wij begrijpen er niets van.

'Kwestie van beeldspraak.'

Dansen op verschillende ritmes? Dat kan toch niet?

'Nou, dan heeft u staatssecretaris Van der Ploeg nog nooit zien dansen.'

Stijl

De snelle sector

Turbotaal, 1987

'Ik vond die Marc echt waanzinnig.'

'Fantátsy, dat werk. Weird type trouwens, om te zien...'

'Die satépennen... kinkyyyyy.'

'Wat vond je van die beelden van die Van Tol?'

'Te-nen-krom-mend slecht! Disgusting. Vond je niet?'

'Pijnlijk. Zo gratuit.'

'Die man ook. Zo artistiekerig. Interessant-willen-doenerig.'

'Ja, zo goddelijke-inspiratie-op-tochtige-zolderkamer-achtig. Zo... loyaal. Hou ik helemáál niet van.'

'So much for mister Van Tol, zou ik zeggen. Maar die schilder.'

'Perfecto, dacht ik.'

'Weet je wat het briljante is aan dat werk? Het is hermetisch, en toch ópen. Mark my words: die jongen heeft een waanzinnig potentieel.'

'Ook omdat-ie qua markt right-on-target zit, volgens mij.'

'Absoluut.'

'Hij moet alleen wel oppassen dat hij té intueel wordt. Te meta.'

'Ja maar dat is nu juist het geniale: het is wild en gestileerd tegelijk. Het is oer én meta.'

'Ja nee, ik bedoel: het wordt al gauw méta-meta.'

'Dat is waar. Daar moet-ie voor uitkijken.'

Hoewel splinternieuw, doet de gelegenheid waar dit gesprek plaatsvindt sterk aan een ijssalon uit de jaren vijftig denken. Er hangen geen vitrages achter de ruit, de tapkast is in pasteltinten gelakt, en de vloer en het blad van de bar bestaan uit granito, een materiaal dat de meeste aanwezigen hier nog kennen in de vorm van een gebarsten keukenaanrecht, waar ze als kind hun wang weleens tegenaan legden omdat het zo lekker koud voelde. Hier mag dat niet. Het meubilair heeft niet die nostalgische, roodbruine gezelligheid die doorgaans met cafés geassocieerd wordt, maar is van staal en strak van vorm, de buismeubeltjes die sommigen onder de aanwezigen als kind zagen in het huis van een excentrieke tante die pluche, bolpoten en vitrages 'burgerlijk' vond, en die ze nu zelf ook rond hun eettafel hebben staan. Het licht komt uit zwarte, op dunne sprieten gemonteerde bolletjes. Als je hier een broodje kaas bestelt, wordt er even later een bord voor je neergezet waarop een stuk Frans stokbrood ligt, belegd met minstens maaslander maar waarschijnlijk camembert, omgeven door een kleurig palet van slabladeren, plakjes augurk, tomaat en worteldraden.

Welnu, zoals dát broodje kaas zich verhoudt tot hét broodje kaas, zo ongeveer verhoudt de taal die hier gesproken wordt zich tot het ABN. De meeste mensen die dit café frequenteren, behoren tot de crowd die er zijn hobby en in veel gevallen zijn beroep van heeft gemaakt uit te zoeken en uit te dragen wat gewone mensen nu weer moeten gaan doen. Wat ze moeten gaan dragen, gaan rijden, gaan eten, gaan drinken, gaan horen, zien en lezen, wat ze moeten gaan vinden en zeggen.

Zoals dat in de jaren zeventig bepaald werd door de -logen en -gogen, door de tegencultuur van de bewustmakers en tegenbewegers, zo wordt de toon nu aangegeven door de 'meecultuur', door de carrièremakende 'voorbewegers'. De 'zachte sector' bestaat nog, maar als cultureel trendsetter moest hij zijn plaats laten aan een nieuwe generatie van snelle maar brave, hardwerkende maar genotzuchtige carrièremakers, die kekke geuzennamen dragen als 'yuppies' (een letterwoord dat volgens het briljante Londense vrouwencabaret Fascinating Aida 'young uninspiring people with irratingly excessive salaries' betekent) of 'dinkies' (dual income no kids). Meestal zijn ze werkzaam in de disciplines die dezer jaren zeer in aanzien staan: de semi-zakelijke, semi-artistieke, trend-aangevende metiers: de reclame, de mode, de media, het kunstmanagement en de vormgeving. Niet de harde, niet de zachte, maar de 'snelle' sector dus.

Vanzelfsprekend praat de snelle sector ook anders dan de zachte. In de esthetische jaren tachtig gaat het niet zoals in de ethische jaren zeventig om wát je zegt, maar om hóé je het zegt. Het is het verschil tussen: 'Nou eh, ik weet niet hoor, maar ik vind dit café er eigenlijk wel een beetje somber uitzien, misschien moeten we nog even een stukje verder zoeken of zo, tenminste, wat vind jij eigenlijk?' en: 'No way dat je mij die depri tent in krijgt, amigo.'

Spraak is altijd een melange, samengesteld uit talloze verschillende grondstoffen. Trendsetters maken net zo goed gebruik van vergadertaal, zakentaal, tienertaal, cross-overs en afko's. In het onverhoopte geval dat een trendsetter een gesprek over iets van persoonlijke, emotionele aard moet voeren, ontkomt hij er zelfs niet aan zich van de gehate zachtesectortaal te bedienen, een feit dat alleen al reden genoeg is om die onderwerpen maar te mijden. Doet het zich onvermijdelijk toch voor, dan bézigt de trendsetter de zachtesectorfrase niet, hij citéért, zoals zoveel, zo niet alles wat hij zegt eigenlijk een citaat is.

Dankzij hun dynamische werk en royale salaris kómen de nieuwe trendsetters nog eens ergens, en als stofzuigers pikken ze overal wat op. Met leuke nieuwe woorden of uitdrukkingen stoeien ze een tijdje, en als de innovatie aanslaat, begint ze aan een opmars waarvan het verloop nauwelijks te voorspellen valt. Die kan al vrij snel tot staan komen, waarna het woord in beperkte kring nog een lang leven kan leiden, maar de reis kan ook voeren tot de diepste diepten van de sociale piramide, tot ook de minst modieuze taalgebruikers ('laggards' noemen marketingdeskundigen ze, een woord dat klinkt als een onderaards griezelwezen en de gevoelens van de marketeers voor deze consument dus goed weergeeft) het hebben overgenomen.

Het cryptische achtervoegsel '-mans' is een voorbeeld van het eerste geval. '-Mans' dook een paar jaar geleden ineens in het Amsterdamse persmilieu op en terwijl ik dit schrijf, hangt aan de muur naast mijn tekstverwerker een vel papier met daarop het 'Tikmans!!' waarmee mijn chef zijn scribenten in die jaren aan het werk zette. Zo zijn er ook 'fietsmans', vooruit, fietsen maar, en 'Drinkmans?', ga je mee wat drinken? '-Mans' mocht ook aan een bijvoeglijk naamwoord geplakt worden en zo ontstond het 'sombermans' waarnaar Remco Campert nog eens een hoofdpersoon zou vernoemen. Even bloeide '-mans' veelbelovend op, maar echt doorgebroken is het nooit.

'Het wel zien zitten', dat zo'n vijftien jaar geleden ineens opdook, is een voorbeeld van een innovatie die het na een gestage opmars vanuit het trendmilieu tot nationaal taalbezit geschopt heeft. In modieus taalgebruik weerspiegelt zich het normen- en waardenpatroon van het tijdperk waarin het bloeit. Hoorde je aanvankelijk vooral 'ik zie het wel zitten', halverwege de jaren zeventig, toen de oliecrisis en het beleg van Dennendal definitief een einde maakten aan het eufore optimisme van de jaren zestig en de tobberige, mopperige jaren zeventig inluidden, begon vooral de negatieve variant, 'het niet zien zitten', opgeld te doen.

Het eind van de jaren zeventig en de jaren tachtig brachten tal van verwarrende ontwikkelingen. De revival van de no-nonsense-gedachte, een restauratie van oude burgerlijke waarden, viel samen met een drieste ontmanteling van de laatste taboes. Zelfmoord, euthanasie, transseksualiteit, SM, pedofilie, incest – even wankelde de intellectuele voorhoede onder haar eigen morele vermetelheid, maar al snel hervond zij haar evenwicht met 'moet kunnen'.

Ook voor de taal geldt dat 'moet kunnen'; de enige regel die de trendsetters van nu lijken te hanteren, is dat er geen regel is. Zoals het welzijnsethos van de jaren zeventig resulteerde in een zacht, wollig, verhullend en zo uniform mogelijk taalgebruik, zo brachten de no-nonsense jaren tachtig een scherpe, efficiënte, cynische en bovenal gedereguleerde spreektrant met zich mee.

Het volledig negeren van de grammatica moet immers ook kunnen. Te veel regels verstikken het persoonlijk initiatief. Het resultaat is een vorm van kromspraak. Wie de taal der trendsetters wil leren spreken en verstaan, doet er dan ook verstandig aan zich er goed in te verdiepen, want niets is zo pijnlijk als iemand corrigeren die met opzet iets fout zegt. Dat is namelijk precies waar het om gaat: trendy kromspraak is een test, zoals een opzettelijke fout in een gecodeerd spionagebericht. Het is het koketteren met godslastering van de jezuïeten.

'Qua' is een van de bekendste voorbeelden. 'Ik kan maar beter niet meer drinken, qua morgen vroeg dag.' Krom Nederlands, maar trek het u niet aan, het mag. Hetzelfde geldt voor 'want' en 'wegens'. Zeg niet: 'Kees is ontslagen omdat hij altijd dronken is', zeg: 'Kees is afgevoerd, want altijd dronken.' (Merk en passant op hoe het cynische 'afgevoerd' hier meteen het neutrale 'ontslagen' vervangt.)

Zeg niet: 'Ik kom wat later omdat ik vannacht ben doorgezakt', maar: 'Ik ben wat later, wegens doorgezakt.'

'Ik moet ophangen, wegens gekkenhuis, qua maandag' betekent dus: 'Ik moet ophangen, want het is hier een gekkenhuis, zoals meestal op maandag.'

Ook het bijvoeglijke gebruik van zelfstandige naamwoorden is gepermitteerd. 'Men vond het bij nader inzien toch niet vox populi genoeg,' zegt een VARA-radiomedewerker over een programma dat niet platvloers genoeg was. 'Ik vind de *Mini Playback Show* érg KRO,' zegt Joop van den Ende in een televisie-interview. Of een collega zegt: 'Het is allemaal een beetje... jasbeschermer.' Hij stelt niet de ware aard van het zwarte gruis vast dat hij onder in zijn broekzak heeft aangetroffen, hij brengt zijn visie op de uitstraling van minister Van Dijk onder woorden. Ook met zegswijzen gebeurt het steeds meer. Over een oppervlakkig werkstuk: 'Ik vond het een beetje grote stappen gauw thuis.'

Zo kan iets dus ook 'een beetje grachtengordel' zijn (zeg maar incrowd-achtig, navelstaarderig), 'nogal Veluwezoom' (stijf, puriteins) of 'té Kinkerstraat' (ordinair). Doe-het-zelven met woorden moet kunnen.

Ook de non-zin is in. 'Kortom: onzin,' vat iemand de vorige spreker samen. 'Wapenbeheersing dus,' zegt de nieuwslezeres na wat inleidende beelden van een ontwapeningsconferentie. 'Maar... Gorbatsjov,' onderbreekt Harry Mulisch Adriaan van Dis. De zin wordt niet onderbroken, de spreker lijdt niet aan vallend geheugenverlies, nee, de zin is klaar. Einde verhaal.

Want: genoeg geluld. Dus: een pilsje. Kortom: cafémans.

Er is natuurlijk ook veel argeloze kromspraak in omloop. Richard Schoonhoven van de KRO noemt ons huidige omroepbestel een 'dwaalsysteem', aids-coördinator Van Wijngaarden noemt de Engelse aids-voorlichtingsaanpak een 'drogmanier', Ruud ter Weijden heeft het tijdens Avro's *Sterrenslag* over een 'medeteamgenoot', de directeur van de Amsterdamse VVV verwacht dit jaar 'zeven miljoen gulden omzet éxtra méér' te zullen maken. Koos Postema schat de duur van het komende programmaonderdeel op 'pakweg zeven à acht minuten', Ronald van den Bogaard van de VPRO rekent daarentegen 'op ongeveer zoiets als'. 'Onze kracht,' vat een automatiseerder het allemaal nog eens perfect samen, 'is tailor-made maatwerk'.

De geavanceerde taalgebruiker neemt zulke kromspraak graag ironiserend over, temeer omdat het een natuurlijke camouflage biedt voor de échte fouten die hij niet mag maken. Zo zet het maandblad *Intermagazine* 'Moderne Hedendaagse Eigentijdse Muziek Van Nu' boven een bespreking, iets dat alleen een taalgebruiker die boven verdenking staat zich kan veroorloven. Het Amerikaanse quote-unquote-gebaar (even bewegen met twee vingers rechts en links van het hoofd) valt in trendy milieus dan ook steeds vaker waar te nemen, al heeft de vaardige spreker ook wel andere manieren om duidelijk te maken dat er met zijn 'beste medecollega's' en 'uitstekende na-service' ironie in het spel is.

De huidige trendsetter is immers zeer taalbewust. Veel van zijn taal is daarom metataal, taal over taal, vaak over de gruweltaal van anderen. Het duidelijkst blijkt dat uit de modefrase 'dat je zegt'. 'Ik vond het nou niet dat je zegt een prettige vergadering.' 'Nou, het was echt dat je zegt gezellig.' Hier wordt een wollige taalmisbruiker geciteerd, maar tegelijk wordt zijn misbaksel dankbaar gebruikt. Het is als met de volksmuziek die Strawinsky vaak citeerde: vond hij het echt mooi of was het commentaar? In dat licht moeten ook de trendy tussenwerpsels 'dácht ik wel' en 'dácht ik niet' begrepen worden: het is een aperte ontkenning, respectievelijk bevestiging, in de vorm van een parodie op het slappe jarenzeventig-'slag-om-de-arm'-spraakje.

Het understatement is in Nederland nooit erg populair geweest. Des te opmerkelijker was de opmars, een paar jaar geleden, van 'een beetje'. Iemand die naar bed ging, zei: 'Ik ga een beetje slapen.' In dat geval kan de mededeling theoretisch nog juist zijn: spreker heeft last van slapeloosheid en weet dat hij ook vannacht niet meer dan een beetje slaap zal krijgen. Maar 'een beetje' werd al snel overal voor gezet. 'Ik ga eens een beetje weg.' 'Ik ben al een beetje op vakantie geweest.' 'Een beetje' is een anomalie; understatements horen thuis in de zachte, niet in de snelle sector. Het overstatement daarentegen rukt op.

'Waar is Frits?'

'Frits zit momenteel in het verre Italië.'

Beamingen als 'zeer!', 'precies!', 'exact!', 'zeker weten!', 'correct!' en 'perfect!' tieren welig, evenals het Engelse 'you bet!' en 'sure!'.

Of 'perfecto': 'Kijk, vernieuwde Ariel heeft het er wél uit gekregen,' kirt een reclamedame. 'Perfecto!' kraait haar man en spoedt zich heen om het hemd weer vuil te maken.

Dat het sterkste al gauw niet sterk genoeg meer is, blijkt duidelijk uit de laatste aanwinst aan het front van de overstatements: 'absoluut', dat in trendy kringen de plaats heeft ingenomen van 'ja' of 'uhu'.

'Het is geloof ik wel een aardige jongen.'

'Absoluut.'

'En z'n vriendin leek me ook best leuk.'

'Absoluut.'

'Jij zegt wel erg vaak absoluut.'

'Absoluut niet.'

In postmoderne kringen vigeert het vergelijkbare 'maximaal!'. Als het 's ochtends mooi weer is, roept een 'pomo': 'Het wordt vandaag weer een mák-simale dag!'

Een gevoel heet steeds vaker een 'oergevoel', echt is 'bloedecht' en een bruin café is pas echt een bruin café als het een 'donkerbruin' café is. Daar is het niet gezellig, nee, daar is het 'wáánzinnig gezellig'.

Lastenverlichtende maatregelen zijn niet 'hard', nee 'keihard' nodig, de VVD-fractie dient niet 'snel' maar 'razendsnel' een tegenmotie in – Erica Terpstra stuift in joggingpak en atletiekschoenen met een vel papier in de hand door de wandelgangen – en de partijen in het stukgoed onderhandelen volgens de journaalverslaggever niet 'hard' maar 'bikkelhard', ieder vechtend voor 'een zo optimaal mogelijk' resultaat. Het is niet uitgesloten dat ze lijsten bij zich hebben waarvan niet de bovenste drie maar álle 'items' prioriteit hebben. Als het met die onderhandelingen misgaat, zijn de partijen volgens de kranten niet 'ontstemd' (jaren vijftig), niet 'verontwaardigd' (jaren zestig), niet 'boos' (jaren zeventig), maar 'woedend' (jaren tachtig) en bij een beetje conflict is een beetje partij toch al gauw 'furieus' (jaren tachtigst).

Woorden die daar helemaal niet voor in aanmerking komen, krijgen er een adjectief bij. 'Geflopt' wordt 'vreselijk geflopt' of 'waanzinnig geflopt', of, nog erger, 'redelijk geflopt'.

'Deze maatregel werkte dermate averechts dat het resultaat uiteindelijk het tegenovergestelde was.' U ziet wel, de mogelijkheden zijn onbeperkt, geen woord is heilig. 'Ik vind die feedback erg essentieel, maar de levertijd vind ik toch essentiëler.'

'Oké, die is essentiëler, maar de prijs vind ik toch het essentieelst.'

'Kunnen jullie daarin meegaan?'

'Ik ga daar voor honderd procent onstuimig in mee. Zonder meer.'

'Ik ook, want ik geloof hier vréselijk heilig in. Absoluut zeker weten.'

Het einde van de ontwikkeling laat zich voorstellen. Een man die naar zijn secretaresse loopt en zegt: 'Ik zou gestenigd moeten worden voor de brute wijze waarop ik je onderwerp en uitbuit, maar als je me geen paperclip geeft, is mijn leven verder zinloos en maak ik er hier en nu met deze Magnum .44 een einde aan.'

Ook cynisme moet weer kunnen. Het aanwijzend voornaamwoord 'die' is een klein, veelzeggend voorbeeld. De trendsetter zegt niet: 'We moesten Wim de Vries eens bellen', hij zegt: 'We moeten die Wim de Vries eens bellen.' Wim de Vries is een mens, 'die' Wim de Vries is een van de meerdere Wimmen de Vries, een inwisselbaar object dus. Ook 'een' wordt wel gebruikt, als ironisering van sportjournalistentaal weliswaar, maar toch. 'Ik noem een Wim de Vries.' Dezelfde vervangbaarheid spreekt uit het trendy gebruik van 'die dingen' voor mensen. 'Tamils, Tamillen, Temmils, hoe heten die dingen?' 'Maar hoeveel van die dingen kómen er in godsnaam?'

We zeggen niet: 'Is Wim de Vries goed in zijn vak?', we zeggen: 'Die Wim de Vries, is dat wat?' In het negatieve geval luidt het antwoord dan ook niet: 'Nee, Wim de Vries is niet goed in zijn vak', maar: 'Nee, die man is niks' of, nog efficiënter: 'Nee, da's niks.' Een stel snelle types aan een cafétafel. 'Daar zit Wim de Vries,' zegt een van hen. De ander kent hem niet. Hij vraagt echter niet: 'Wie is dat?', nee, hij vraagt: 'Is dat iemand?' Moet kunnen. Subtieler is het echter iemand genadeloos af te doen en de verdenking van harteloosheid direct weg te nemen door juist gevoeligheid te veinzen. Kraak iemand dan af met 'pijnlijk', 'gênant gewoon', 'tenenkrommend', of 'plaatsvervangende schaamte'. Betrokkene is afdoende de grond in gestampt, de spreker heeft de fijngevoeligheid zijner inborst nog even onder de aandacht gebracht.

Een brandende vraag: bestaat er zoiets als yuppie-speak?

Als er zoiets bestaat als yuppie-speak, dan is het: taalgebruik dat voortspruit uit de ijskoude constatering dat de mens een hebberd is en de hebberd de hebberd een wolf. Yuppie-taal is darwinistisch: hard, lelijk. Yuppies koketteren graag met de slechtheid bijvoorbeeld. In plaats van 'dit is mooi' zeggen ze 'oh, hier word ik hebberig van'. Of 'ik ben stinkend jaloers op je' in plaats van 'goh, wat leuk voor je'. Iemand die eerlijk en integer is, noemt een rechtgeaarde yuppie een 'zendeling'. Een ondergeschikte heet daarom denigrerend een 'onderknuppel', 'waterdrager' of 'ballenjongen', en de ambitieuze directiesecretaris betitelt zichzelf sarcastisch als 'potloodje'.

Daarom ligt de taal van het volk dat als geen ander de dingen tot zijn materiële kern reduceert – het Amerikaans – de yuppie ook zo goed. Het is dat je er in Nederland nog niet goed mee wegkomt, maar wat zou het heerlijk zijn als je mensen eenvoudig kon kenschetsen in de ronde getallen van een jaarsalaris.

‘Five years ago I had a $40 000 a year junior executive who is now a $100 000 vice-president,’ zegt zo’n Amerikaan gewoon. Dat zou hier ook moeten kunnen. Maar we komen in de buurt, getuige het yuppie-woord ‘tonloos’ ter aanduiding van schlemielen die geen ‘feestinkomen’ van meer dan een ton genieten. Het spreekt vanzelf dat zo’n ‘tonloze’ stumper ook ‘turboloos’ is. Dat zal wel verband houden met het feit dat hij niet lekker ‘draait’, in elk geval te weinig ‘in de kijker loopt’, waarschijnlijk omdat hij niet genoeg ‘prestatiegericht is’.

Ook houden de yuppies ervan merknamen te gebruiken in plaats van soortnamen. Je Cartier is je horloge van Cartier, de B&O is de geluidsinstallatie, je regenjas is je Burberry, je koffertje heet je Samsonite of, beter nog, je Halliburton, je Dupont is de 21-karaats gouden aansteker, de Dunhill zo’n zelfde aansteker, dan wel een kostbare pijp, de Magimix of – even naar de States geweest – de Cuisinart is de keukenmachine, je whisky heet Chivas Regal, Black Label of Glenfiddich en de auto heet geen auto maar de Saab, de BMW, de Mercedes of de Alfa, al dan niet voorzien van de toevoeging ‘turbo’. Het spreekt vanzelf dat de echte yuppie in zijn sprookjesachtige bestaan niet meer toe kan met eenvoudige Nederlandse bijvoeglijke naamwoorden als ‘leuk’, ‘lekker’ en ‘gezellig’, maar is aangewezen op met-koper-ingelegd-marmeren adjectieven als ‘delicaat’, ‘exquis’, ‘chic’, ‘gedistingeerd’, ‘eminent’ en ‘elegant’. Want ‘kwaliteit’, ‘kaliber’ en ‘klasse’, daar gaat het om. En dat moet kunnen.

Furineus

de Volkskrant, 9 december 1999

> *... de partijen in het stukgoed onderhandelen niet hard maar 'bikkelhard', ieder vechtend voor een 'zo optimaal mogelijk resultaat'. (...) Als het misgaat met die onderhandelingen zijn de partijen volgens de kranten niet 'ontstemd' (jaren vijftig), niet 'verontwaardigd' (jaren zestig), niet 'boos' (jaren zeventig) maar 'woedend' (jaren tachtig). En bij een beetje conflict is een beetje partij tegenwoordig toch al gauw 'furieus' (jaren tachtigst).*
>
> Uit: *Turbotaal*, 1987.

Toen kwamen de jaren negentig en de vraag was: hoe nu verder? Kan het nóg bozer? Bloedrode woede, withete razernij, toorn van tornadokracht – haal de vazen van de kast, leg de staartklok plat en klem uw hoofd tussen uw knieën. In de privésfeer kent de meteorologie van het gemoed geen grenzen, maar het uitdrukken van zakelijke verontwaardiging, hoever kun je dáárin gaan?

'VVD-top rabiaat over uitstel lastenverlaging. Dijkstal opgenomen.'

'Melkert gooit fractieassistent uit raam over WAO.'

'Kok stuurt Bolkestein semtex-brief.'

Met 'furieus' was het hoogtepunt in elk geval nog niet bereikt, want begin jaren negentig deed 'ziedend' zijn intrede. Volgens *Het Parool* was een Amsterdamse wethouder 'ziedend' over het in de la houden van een belangrijk rapport en *NRC* berichtte dat Ed van Thijn 'ziedend' was over de rol van zijn collega Hirsch-Ballin in de IRT-affaire. Verontwaardigd is bozer dan ontstemd en boos is weer bozer dan verontwaardigd, maar hoe hoger we komen op de ladder der cholerica, hoe moeilijker het wordt om een rangorde aan te brengen. Is ziedend de overtreffende trap van furieus?

'Hels' wordt in zakelijke context zelden gebruikt, misschien omdat het door zijn éénlettergrepigheid iets minder de aandacht trekt. Het ambtenarenapparaat was woe-dend, de onderwijsinspectie is fu-ri-eus. *Ta-dam, ta-da-dam*, trochee, dactylus. Zacht galoppeert het drama naderbij.

'Des duivels', ook mooi. 'Gerrit Zalm was des duivels over een provocerende witregel in het verdrag van Maastricht.'

Maar dan? Is dat het? Nee, gelukkig, er is hoop voor het nieuwe millennium. Gisterochtend, op de voorpagina van *de Volkskrant*: een anonieme buitenlandse belegger (aangeduid als 'regisserende partij'), aast op zes 'slapende' Nederlandse beursfondsen. Waaronder nota bene Calvé-Delft. (Onbegrijpelijk trouwens. Calvé, een slapend fonds? Píndakaas?) Dan komt het. Directeur W. Brounts van Calvé-Delft, meldt de krant, 'is laaiend dat hij op deze manier is overvallen'.

Begrijpelijk.

De Calvé-fabriek, gisterenochtend. Op de achtergrond zien we de enorme pindaketel die nog door de oude meneer Calvé uit Amerika werd gehaald, dan de pers-, maal- en zeefstraat, uitlopend op de verpakkingslijn, waar de arbeiders nog steeds het bekende turquoise, met goud bestikte uniform met witte tulband dragen, en waar de juist gevulde potten met het bruine goud in een eindeloze stoet voorbijschuifelen, op weg naar de keukenkasten en kindermagen van Nederland. Op de voorgrond, in de deuropening van zijn kantoor, dat de hele productiehal overziet, staat W. Brounts, directeur.

Calvé, in buitenlandse handen.

Wat is hij. Boos? Hels? Woedend? Ziedend? Furieus?

Nee, *laaiend*.

Daar staat hij. De laaiende directeur van een slapend beursfonds, overvallen door een regisserende partij. 'Arretje Nof,' mompelt hij, 'waar ben je, nu we je nodig hebben.'

Introducing: de afko!

Turbotaal, 1987

'Hee Pee! Kom je eten?'

'Shit nee, Moon...'

'Hoezo? Problemibo?'

'Nèh, ik voel me niet opti...'

'Wie wel Pee, wie wel. Wat is er aan de hand?'

'Nèh, ik weet niet, beetje depri.'

'Depri, depro, bullshit. Weet je wat ik doe als ik depri ben? Eet ik twee zakken friet leeg, met veel mayo. 's De beste therapie...'

'Hé Moon, even niet zo ordi, wil je...'

'Hè toe Pee, kom nou even. Er komen nog twee theo's, echt hele sympa gasten.'

'Shit Moon, je wéét toch dat ik gefokt raak van reli's?'

'Het zijn katho's dus het valt best wel mee. Doe trouwens niet zo arro. Alsof jij soms spectaculo gezelschap bent met je depri shit.'

'Relax Moon, relax. Hoe ben je trouwens aan die weirdo's gekomen?'

'Gewoon, tegengekomen in de disco.'

'Zozoooo...'

'Nee, cool it Pee, ze zijn ho.'

'Fuckaduck, ook dat nog. Wat een combi. Het leven kan jou ook niet deca genoeg zijn hè? Bel me nog eens als je een stel sado-maso soefi's op bezoek hebt, oké?'

'Shit Pee, wat ben jij vandaag saggo.'

'Relax Moon, don't do it. Ik kom wel effe. Maar één limo en dan moev ik weer oké? En zeg tegen die creepo's dat ik iets besmettelijks heb.'

'Bingo. Tot zo Pee.'

Er moet nog wel iets heel vreemds gebeuren, willen de jaren tachtig de taalgeschiedenis niet in gaan als het decennium van de afko. De afko is dé taalgimmick van het moment, maar waar hij precies vandaan komt en waaraan hij zijn plotselinge populariteit dankt, is nog niet onomstotelijk vastgesteld.

Een definitie voor de afko is moeilijk te geven. Soms is het een afkorting, soms ook niet, soms is het een samentrekking, soms ook niet, soms is het een fantasiewoord, soms ook niet. Eén ding staat vast: een afko is kort en eindigt op een rinkelende klinker, een i, a of o. (Een u rinkelt niet.) En de e dan? Dit is een van de vele raadsels die de afko nog omgeven, al zou een verklaring kunnen zijn dat de e een te gewone klank is om als slotklinker van een afko te dienen. Hé, tjee, oké, o nee, we hebben er al zoveel.

Waar de afko vandaan komt, is niet helemaal duidelijk. We kennen afkortingen als 'lab' voor 'laboratorium', 'bios' voor 'bioscoop', 'biep' voor 'bibliotheek', maar dat zijn geen afko's. Indonesische Nederlanders (indo's) korten namen af, Herman wordt Her, Maya wordt Ma. Ook dat zijn geen afko's. Surinamers (suri's) zeiden vijftien jaar geleden al 'demo' tegen een demonstratie en 'revo' tegen een revolutionair. Omdat ze eindigen op een rinkelende klinker, voldoen die afko's wel aan de definitie.

De Fransen zeggen al sinds bijna twintig jaar 'extra' als ze 'extraordinaire' bedoelen, zoals ze 'manifestation' tot 'manif', 'faculté' tot 'fac' en 'St. Tropez' tot 'St. Trop' afkorten. Behalve 'extra' zijn dat strikt genomen geen afko's. De rinkelklinker is essentieel, woorden die er van zichzelf geen hebben krijgen hem te leen, 'depri' en 'depro' bijvoorbeeld. Sommige zijn weinig meer dan rinkelklinker met een verzinsel ervoor, zoals 'dopo' (domkop), 'dulli' (saaie piet) en 'rufto' (wind, windenlater).

Ook in het Duits komt de afko voor; in het burgerlijk vocabulaire, denk aan *Alu-folie* en *Profi*, maar ook in de subversieve sfeer, zie de *Sponti's*, de *Anarcho's*, de *Softi's* en de *Realo's*. Toch heeft de huidige afko-rage waarschijnlijk zijn wortels in het Engels. 'Easy on the mayo' zeggen de Amerikanen als ze weinig mayonaise op hun broodje willen, een alcoholist noemen ze een 'wino', een domoor is een 'dumbo', een zonderling een 'weirdo' en een verkrachter een 'rapo'.

De etnische minderheden van Amerika beginnen de laatste jaren steeds meer hun eigen taal te spreken; Spaans begint een serieuze concurrent te worden van het Engels en heeft als tweede taal van steden als New York en Los Angeles een sterke invloed op het Amerikaanse slang.

Of is het 't internationale toerisme? Brengen we behalve een bruine toet, wijn en olijven ook het kruidige klankbeeld van rond de Middellandse Zee mee terug van vakantie? Italië, waar de meeste woorden op i, e, a of o eindigen, is sinds het begin van de jaren tachtig een trendy vakantiebestemming, op Nederlandse kantoren is het pseudo-Italiaans en quasi-Spaans ('il commissio heefto besloto') na de zomermaanden niet van de lucht, en ook dat kan van invloed zijn.

Jongeren zijn de meest fervente afko-gebruikers, maar zeker niet de enige. In hoog tempo is de afko bezig de leeftijdscategorie twintig-dertig te veroveren en ook boven deze boomgrens wordt hij nu en dan waargenomen. Het wie, wat en waar van de afko mag daarmee ruwweg verklaard zijn, de intrigerendste vraag blijft het waarom. Zoals veel turbotaal is het vermoedelijk een reactie. De afko is alles wat het dominante taalgebruik van de jaren zeventig niet is. Die taal is omslachtig en grauw, de afko is bondig en fris. Jarenzeventigtaal solidariseert, probeert eerlijk en objectief te zijn, turbotaal mystificeert, zodat hij zich uitstekend leent als geheimtaal om anderen mee buiten te sluiten. De afko heeft dezelfde functie als de Universal Trade Code (UTC) die koopvaardijschepen vroeger hanteerden bij hun radioverkeer: het besparen van tijd bij het overbrengen van bekende boodschappen. Zoals in de UTC van de Amerikaanse Tanners Council de lettercombinaties 'abiga' (of, nog cryptischer, het getal 00108) staat voor: 'nothing can be done in absence of...', zo staat 'buma' voor 'zo'n zielig, verachtelijk burgermannetje dat in een Opel Kadett rijdt en om zes uur aan de gehaktballen gaat'.

Precies zoals de leerlooiers (*tanners*) behoefte kregen aan een eigen telegraafcode, zo schermen groepjes jongeren met afko's.

Altijd proberend, *tjak-tjak*, elkaar een tik voor te zijn.

De huidige stand – in alfabetische volgorde – der afko's, gangbare en minder gangbare

Afro. Oer-afko voor 'Afrikaans'. Ook het woeste kroeskapsel dat roots-bewuste Amerikaanse negers als Angela Davis en de Jackson Five in de jaren zeventig droegen.

Anarcho. Afko voor 'anarchist' en 'anarchistisch'.

Arro. Afko voor 'arrogant type', vermoedelijk voor 't eerst gebruikt door Kees van Kooten en Wim de Bie.

Arti. Kan zijn: 'artiest'. Maar ook: artistiek dan wel gekunsteld, zoals het Engelse 'arty' of 'artsy'. Iets dat een bepaald soort modieuze kunstzinnigheid aankleeft, heet in het Engels 'artsy-fartsy', ook wel vernederlandst tot 'arti-farti'.

Aso. Asociaal, zowel bijvoeglijk als zelfstandig. 'Bah, wat een aso.'

Beni. Iemand van wie je je kunt voorstellen dat hij naar Benidorm op vakantie gaat.

Bi. Oer-afko voor 'bijzonder'. 'Ik vond die soep niet zo bi.' Ook: biseksueel, zowel zelfstandig als bijvoeglijk.

Bio. Bioloog, biologiestudent, of, bijvoeglijk, biologisch, bijvoorbeeld 'bio-yog' voor biologische yoghurt.

Bla. Blank, van bla-vla voor blanke vla.

Brabo. Persoon uit Brabant.

Buma. Burgermannetje. Alsof de gebruikers van het woord zelf geen burgermannetjes zijn, respectievelijk hoogstwaarschijnlijk worden.

Ceku. Fono-afko voor c.q.

Claustro. Claustrofobisch. Een ansichtkaart van de Mont Blanc. De afzender schrijft: 'Een flinke tunnel, Marianne werd er claustro van.'

Combi. Afko voor combinatie. 'Sorry hoor, maar oesters met ananas vind ik géén combi.' 'De Braun Travel-combi, een onmisbare reispartner met twee praktische functies.' Ook: een bestelbusje met zowel zit- als laadruimte.

Compi. Compact disc.

Deca. Een van de oudste afko's, voor 'decadent'. Vooral bijvoeglijk gebruikt. 'Leek me zéér deca type.' Sporadisch als zelfstandig naamwoord. Dateert van begin jaren tachtig. Dat het woord inmiddels nauwelijks meer gebruikt wordt, is niet omdat decadentie en decadent gedrag afnamen maar omdat het taboe erop werd opgeheven.

Demo. Demonstratie (in de zin van betoging). Ook: demonstratieopname van muziekgroep. Nu ook: demonstratie van een computerprogramma of iets dergelijks.

Depri. Ook een classic. Afko voor 'gedeprimeerd' of voor 'deprimerend' (somber, treurig, morsig). 'Wat een depri tent, zeg.' Ook wel: 'depro' en 'depi'.

Disco. Een proto-afko. Afgeleid van een afkorting voor discotheek, dat begin jaren zeventig 'dancing' verving. Zelfstandig naamwoord voor het type jongere dat veel disco's bezoekt, en bijvoeglijk gebruikt ter aanduiding van zijn/haar levensstijl.
'Wat vind je van die rode Nikes?'

'Bah, disco.'

Flexi. Zelfstandig naamwoord: flexi-disc, oprolbaar grammofoonplaatje. Bijvoeglijk voor: flexibel.

Fluo. Fluorescerend. 'Een ongelofeloos jack in heavy fluokleuren.'

Gewono. Geen echte afko, meer een rinkelverklinkering van het gewone gewoon.

Gezelli. Neo-afko van Theo en Thea, voor gezellig.

Giga. Gigantisch.

Heavo. Zware jongen, agressief type, krachtpatser. Afgeleid van het Engelse 'heavy'.

Hippo. Lomp, zwaarlijvig persoon. Afgeleid van hippopotamus, nijlpaard.

Ho. Afko voor homoseksueel, zowel zelfstandig als bijvoeglijk. 'Volgens mij is-ie geen ho. Meer bi, dacht ik.'

Hori. Horizontaal. Zelfstandig voor leden van de 'horizontale stroming' binnen de CPN. Ook bijvoeglijk. Brigitte Kaandorp houdt van mannen die 'verti' zijn, dat wil zeggen: die niet meteen 'hori' met haar willen.

Jazzo. Een jazz-liefhebber, wat anders?

Karbo. In Leidse studentenkringen al jaren de weinig appetijtelijke afko voor de eveneens zelden smakelijke 'karbonade'. Leidse slagers adverteren ermee.

Kriepo. Naar het Engelse 'creep', naarling, engerd.

Lesbo. Afko voor lesbisch en lesbienne. 'Lesbo? Wims moeder?'

Limo. Afko voor limonade. 'Doe mij maar limo.'

Mayo. Mayonaise. Bracht het vooral tot afko wegens zijn prettig afhakbare eerste helft, eindigend op o.

Meli. Neo-afko naar Theo en Thea's 'gezelli'.

Micro. Afko voor microcomputer, alweer enigszins uit, daar microcomputers steeds meer 'personal computer' genoemd worden, ofwel 'peecee'.

Midi. Aanduiding voor hifi-componenten van beperkte omvang, bijvoorbeeld 'midi-set'. Niemand schijnt te weten waar het precies vandaan komt. In de (pop)muziek ook: voorziening in synthesizers die aansluiting op computer mogelijk maakt.

Moderno. Quasi-afko. Rinkelverklinkering van het moderne 'modern'.

Nonchi. Nonchalant. Ook: noncha. Alleen door kenners te onderscheiden van quasi-nonchi/noncha.

Opti. Optimaal of optimistisch. Betekent ook: goed, deugt, in orde.

Ordi. Ordinair.

Pedo. Pedofiel, zowel zelfstandig als bijvoeglijk.

Pomo. Mooie afko van postmodern. Ook weer zowel bijvoeglijk als zelfstandig. In enge zin voor 'postmodern' kunstenaar, in ruimere zin voor iedereen die hoe dan ook erg bij de tijd overkomt.

Popi. Populair. Maar ook: van een verkeerde, al te jofele tofheid. Harry Vermeegen is wat je noemt een 'popi'. Een popi roept: 'Zo, ouwe reus!'

Prof. Professioneel, 'profvoetballer', 'profvoetbal'. Soms ook: profi.

Prulli. Neo-afko voor prullenmand, naar Theo en Thea's gezelli en meli.

Revo. Revolutie, revolutionair (in politieke betekenis). Populair onder activisten en de Duitse Grünen.

Saggo. Afgeleid van chagrijnig. Zowel bijvoeglijk als zelfstandig. Nurks of nurks type.

Senti. Sentimenteel. Ook zelfstandig: 'Hè jakkie, dat meisje vind ik zo'n senti.'

Softi. Persoon geassocieerd met de zachte, ook wel 'softe' sector. Ook: persoon die lankmoedig, niet-agressief gedrag vertoont.

Sponti. Oorspronkelijk Duitse term voor mensen die spontaneïteit tot levensleer of zelfs ideologie verheffen.

Suri. Surinamer/Surinaamse. 'Probeer jij maar een tentamen antropologie in je kop te krijgen met zes suri's boven je.'

Techno. Zelfstandig: afko voor technicus, techneut. Bijvoeglijk: afko voor technisch, technologisch, bijvoorbeeld: 'de techno-sociale aspecten van de snorfiets'.

Turbo. Afgeleid van turbine, de gasturbine die benzinemotoren harder laat lopen, een voorziening die sinds een jaar of tien op duurdere personenauto's wordt toegepast en sindsdien een geheel eigen leven leidt. Als zelfstandig naamwoord: een turbo is een auto met gasturbine maar meer nog: een zeer dure auto. Bijvoeglijk: er zijn nu turbo-ovens, turbo-föhns, turbo-stofzuigers, turbo-brommers, turbo-wasmachines, turbo-centrifuges, turbo-drogers en turbo-sportschoenen. *Cosmopolitan* lanceerde onlangs zelfs de turbo-vrouw, die zich onder andere van de gewone vrouw bleek te onderscheiden doordat ze 'actief slaapt'. Turbo betekent vooral: beter kan het niet.

Lullo

Het Parool, 14 augustus 1996

De telefoon ging.

'Met Kalff spreekt u, het gaat even om het volgende...'

('Het gaat even om het volgende.' Ik wacht op de dag dat er iemand opbelt en zegt: 'Het ging even om het vorige.')

De heer Kalff trad op namens de makers van *Jiskefet*, die een rechtszaak gingen aanspannen om een plaatje over de 'lullo' uit de handel te laten halen. In het desbetreffende nummer waren complete tekstregels uit *Jiskefet*-uitzendingen verwerkt en ook hun stemmetjes werden geïmiteerd, en dat ging de *Jiskefet*-mannen te ver. Advocaat Kalff wilde het zekere voor het onzekere nemen en ook een soort auteursrecht op individuele woorden uit het *Jiskefet*-vocabulaire claimen. Op het woord 'lullo', maar ook nog op een paar andere. Hij vroeg zich af of ik daar als 'getuige-deskundige' dan wellicht een verklaring over kon afleggen. Het trof. In *Nieuwe Revu* van die week beweerde de zakelijk leider van *Jiskefet* dat de woorden 'lullo' en 'ballo' van *Jiskefet* waren, en ik had me afgevraagd of dat wel waar was. (Ik kon het me eerlijk gezegd niet voorstellen. De afko raakte midden jaren tachtig in de mode, zou het tien jaar geduurd hebben voor iemand op dat thema de varianten 'lullo' en 'ballo' bedacht? Een kennis uit Leiden vertelde me dat nuldejaars daar al minstens tien jaar 'nullo' worden genoemd, wat de kans dat 'lullo' pas onlangs bedacht werd, wel heel klein maakt.)

Ik stelde voor dat ik het zou uitzoeken en, als de claim terecht bleek, mijn bevindingen tijdens het proces bekend zou maken. De advocaat ging akkoord en faxte het lijstje. 'Lullo' stond erop, 'ballo', maar ook termen als 'rugtoerist', 'komertje' en 'opleuken'.

Wat 'lullo' betreft was ik er snel uit. Dat wordt al vermeld in het in 1991 verschenen boek *Jongerentaal*: 'Wat een lullo dat-ie jou zonder iets te zeggen heeft laten zitten.' Ook 'ballo' staat erin. (Waaruit overigens maar weer eens blijkt dat echt niet alle jongeren-turbo om het halfjaar verandert, zoals wel beweerd wordt.)

'Rugtoerist' is een oeroud scheldwoord voor 'homo' dat ik in wel vijf boeken terugvond, en ook 'komertje' bestaat al lang. Het hardst moest ik lachen om 'opleuken'. Advocaat Kalff wilde dat ik onder ede verklaarde dat *Jiskefet* in 1996 een woord bedacht heeft dat ik in 1989 voor het eerst hoorde van de copywriter Eugene Roorda en kort daarop zelf in de *Haagse Post* gebruikte.

Ik belde de advocaat en bracht verslag uit. Hij zuchtte.

Onnodig, want vanwege die stemmetjes en die gepikte regels had hij sowieso een sterke zaak, ook zonder mijn getuigenis. Ze wonnen dan ook glansrijk.

Maar dus niet omdat 'lullo', 'ballo', 'rugtoerist' en 'opleuken' uitvindingen van *Jiskefet* zijn.

Archaïseer!

Turbotaal, 1987

Een probaat en populair middel om afstand te nemen van al te snel taalgebruik, is het archaïsme. ('Verouderde uitdrukking of zinswending, verouderd woord, inzonderheid opzettelijk als zodanig gebezigd als stijlmiddel', zegt Van Dale.) Af en toe een gekruld smeedijzeren woord tussen al die uit rinkelende klinkers en afko's opgetrokken design-taal is hét middel om duidelijk te maken dat je weliswaar je turbotaal spreekt, maar er toch ook aan hecht niet als, parbleu, 'platte kracht' te boek te staan.

Archaïsch woordgebruik is van oudsher in zwang onder studenten, die onder elkaar graag aspirant-heer-van-stand spelen. Een archaïsme suggereert immers belezenheid; hoe 'mitsgaders' precies gebruikt wordt, zul je niet snel ergens horen, dat moet je gelezen hebben. En wie 'eeuwig mooie gymnastiekpantoffeltjes' zegt in plaats van 'blitse trimmers' of 'gave gympies', is niet alleen origineel maar geeft daarenboven subtiel te kennen *Kees de Jongen* te hebben gelezen. We zien de spreker als het ware al zitten in zijn met boekenwanden gestoffeerde studeerkamer, verdiept in een hoogstaand literair werk. Pionier op het gebied van de modieuze archaïsering was Marten Toonder, geestelijk vader van de vleesgeworden archaïsering Olivier B. Bommel, maar ook de *HP*-scribenten (het woord 'scribent' op zich al) van de jaren zeventig gebruikten hem graag, John Jansen van Galen met zijn uitgesproken Tachtigers-taalgebruik voorop.

Behalve belezenheid suggereert archaïsch taalgebruik ook: een goede komaf. Producenten van luxe goederen maken er graag gebruik van en spreken ons in hun advertenties van achter uit de keel toe, in die wat langdradige, bedaagde spreektrant die we met de adel en de upperclass associëren. Nergens lees je zoveel 'doch' als in reclameteksten. 'Waarom nu al die drukte om uw schrijven als het u toch door allerhande moderne machinerieën uit handen wordt genomen?' vraagt een copywriter retorisch namens pennenfabrikant Parker. Wel, volgens de firma Parker, die 'heden ten dage' overigens 'beduidend meer' ballpoints dan vulpennen verkoopt, is ons handschrijven onderhevig aan 'verregaand' verval, een verschijnsel dat geen 'betoog behoeft', 'doch' wel een analyse. Men ziet de Parker-gebruiker als het ware al in het half schemerige landhuis aan het uiteinde van zijn oneindig lange, gepolitoerde eettafel zitten, woorden sprekend die al even lang meegaan als de meid die opdient. Woorden als gekoesterde familiestukken.

De upperclass-uitstraling van archaïserend taalgebruik verklaart de tegenwoordige populariteit van het archaïsme in yuppie-kringen. Een tweedehands horloge met buffelleren bandje, enkele Ralph Lauren *turn of the century* kledingstukken (of een door HIJ bij tienduizenden gefabriceerd familiewapen op de blazer) plus een mondvol archaïseringen, dat is alles wat je nodig hebt om voor de oppervlakkige toeschouwer door te gaan voor 'old money'. En dus zegt Jacques niet: 'Flip is aafgetoaid', maar: 'Philippe is zijns weegs gegaan', ook al zal Jacques, als hij zich thuis zo uitdrukt, van zijn vader of moeder waarschijnlijk 'asjeblief Sjoak, spreek je moerstoal, kapsoneslijer' naar zijn hoofd krijgen.

Kortom: wanneer te veel mensen in uw omgeving de modewoorden 'razendsnel', 'pijlsnel', 'als een speer' of 'subito' bezigen, gebruik dan 'ijlings' of 'spoorslags'. Zeg niet 'een prima auto', zeg: 'een opperbest automobiel'. Pas echter op: 'courant' in plaats van 'krant' is net óp de oubolligheidsgrens, 'koetswerk' in plaats van 'carrosserie' is er net overhéén (zeker sinds Rudi Falkenhage in *Dossier Verhulst* een beklemmend platte autoverkoper neerzette die dat woord ook nog dubbelzinnig gebruikte).

Tot slot vatten we het geleerde samen in een oefenvoorbeeld. Bestudeer de volgende dialoog aandachtig en maak een zo archaïstisch mogelijke vertaling.

'Lig je soms nog in bed?'

'Ja, vannacht tot vijf uur in de kroeg gezeten.'

'Toch niet in Het Houten Hoofd, hè?'

'Tuurlijk man.'

'Jesus Christ! Smerige tent.'

'Weet je trouwens wie ik daar tegenkwam?'

'Geen idee.'

'Jo Kneep!'

'Kolere, die weirdo. Da's sterk. Ik dacht dat die dood was.'

'Niks dood. Tijdje in het buitenland gezeten, meer niet.'

'Die Kneep was altijd wel een geestig tiep. Hoe gaat-ie?'

'Hij zag er een beetje afgetrokken uit. Zijn vriendin had hem er weer eens uit gesmeten.'

'Nou nou nou, het blijft een vreemde vogel. Trouwens, wat betreft onze afspraak, hoe wil je daarheen gaan? Met de trein? Of zullen we de fiets nemen?'

De juiste oplossing:

'Zo, nog ter sponde?'

'Ja, ik was vannacht tot vijf uur in het drinklokaal.'

'Toch niet in Het Houten Hoofd, hè?'

'Vanzelfsprekend, amice.'

'Heremijntijd! Een uitgesproken onappetijtelijk etablissement.'

'Weet je overigens wie zich daar onder de clientèle bevond?'

'Waarlijk niet.'

'Jo Kneep!'

'Waratje, die dekselse vent! Dat is kras. Was die niet reeds lang verscheiden?'

'In 't geheel niet. Hij heeft enige tijd in den vreemde doorgebracht, da's al.'

'Ik herinner me hem als een koddig personage. Hoe vaart hij?'

'Nou, ik moet zeggen, hij oogde wat geprangd. Zijn verloofde had hem zojuist andermaal de deur gewezen.'

'Me dunkt, een schilderachtig heerschap. Overigens, à propos ons rendez-vous, hoe wilde je daarheen gaan? Per spoor? Of moesten wij wellicht eens het rijwiel bestijgen?'

Oubollica voor beginners

Oubotaal, 1999

In zijn ene hand houdt hij een glas bier, met de andere pakt hij de knoop van zijn das beet en laat zijn hand dan langzaam naar beneden zakken, als om het ding nog eens duidelijk te maken hoe hij geacht wordt te hangen.

'Hoe oud ben jij eigenlijk?' zegt de man naast hem.

'Ik ben van bouwjaar negentien-vijftig, dus reken maar uit.'

'Negenenveertig.'

'Volgens Bartjens.'

'En wat weeg jij nou zo ongeveer?'

'Tweeëntachtig kilo, schoon aan de haak.'

'Echt waar.'

'Zowaar ik hier sta.'

'Goh.'

'Man, ik ben een jonge god.'

'En wat zei je nou dat je deed?'

'Ik zit bij RecraFlex, ken je dat?'

'RecraFlex voor flexibel recreëren? Jazeker. Van de plastic tuinstoelen.'

'Precies.'

'O, en wat doe je daar.'

'Daar mag ik een stukje sturing geven aan de afdeling sales, marketing en nog wat andere takken van sport. Leuke job, echt een people-job, uitdagend, afwisselend. Een hoop aan de hand in die recra-markt. Voortdurend in beweging. Je maakt je eigen opportunities, dat is het leuke.'

'Verdient dat nou een beetje?'

'Mwah, de emolumenten zijn nou niet echt om over naar huis

te schrijven, als ik heel eerlijk ben. Maar ach, het houdt een mens van de straat.'

'Nog wat drinken?'

'Graag.'

'Wat mag het zijn?'

'Ik hoor veel goeds over bier.'

'Alsjeblieft. Proost.'

'Ja, prut.'

'Hmmm, dat smaakt.'

'Ja, een spaatje geel met slagroom gaat er altijd wel in. En nu ga ik even kijken of ik nog een jongetje ben.'

Een paar jaar geleden woonde ik bij een omroep een brainstorm bij. Een van de aanwezigen was een oudgediende, een man van ik schat een jaar of vijfenvijftig. Hij droeg een blauwe blazer met zilveren knopen, met daaronder een gestreept hemd zonder das en een donkergrijze flanellen broek. Zijn ooit blonde maar nu iets verschoten haar hing over zijn boord, hij kettingrookte Camel. De manier waarop hij de vergaderzaal binnen liep en zich neerliet in een van de stoelen, wekte de indruk dat hij dat meerdere malen per dag deed. De trage, routineuze motoriek van een bouvier op leeftijd.

Er kwam een plan op tafel en een van de vergaderaars liet weten dat hij beschikbaar was om het verder uit te werken. Even was het stil. Toen zei de Camelroker in de blazer: 'En dat geldt voor deze jongen idem dito met een sterretje.'

En even later, over een voorstel waar hij weinig fiducie in had: 'Dat lukt van ze lang zal ze leven niet.'

In de auto terug schreef ik ze op. Als je dat eenmaal gedaan hebt, ga je vanzelf meer horen. Boven aan de bladzijdes van mijn notitieboekje zet ik graag over welk onderwerp het gaat. Handig later, bij het sorteren. Wat moest hier komen te staan? 'Idem dito met een sterretje', van z'n lang zal ze leven, hoe noem je dat? Wat ís het? Turbotaal met een kamferluchtje, was het eerste dat in me opkwam. Oubollige turbotaal. 'Oubotaal'.

Een tijdje geleden sprak ik per ongeluk in op mijn antwoordapparaat: 'Spreek na de boodschap uw pieptoon in.' Dat moet er zo langzamerhand weer 'ns af. Niet dat mensen erover klagen, integendeel, iets in mij wéét dat die grap z'n beste tijd gehad heeft. Het negeren van dat signaal, per ongeluk of doelbewust, is de oorsprong van veel oubotaal.

In Amsterdam is een broodjeszaak waar een van de buffetbedienden, als je bij hem een glas melk bestelt, door het luik naar de keuken roept: 'Eénmaal runderrrcocktail!' Kenners verzekeren mij dat hij dat al zeker dertig jaar doet. Het zintuig dat een signaal geeft als een grap afgezaagd begint te worden, werkt bij deze man blijkbaar niet.

Mode, zou je kunnen zeggen, is de collectieve uitdrukking van het menselijk oubolligheidszintuig. Om de zoveel jaar besluiten we dat iets mooi is wat we eerder lelijk zouden hebben gevonden en iets dat we kortgeleden nog mooi vonden bij nader inzien lelijk is. Wie geen modezintuig heeft hoeft maar om zich heen te kijken om te weten wat er verwacht wordt. Het is haast onmogelijk níét mee te doen. Het enige modeartikel waarvoor dat niet geldt, is taal. Woorden en uitdrukkingen kunnen altijd weer opnieuw gebruikt worden, hoe gedateerd hun ontwerp ook is. Zo kun je oubotaal ook zien: als stil verzet tegen de maalstroom van de mode.

Om de omschrijving 'turbotaal met een kamferluchtje' te begrijpen moet je weten wat turbotaal is. Turbotaal is in feite alle taal die mensen gebruiken om in een groep aanzien te verwerven. Taal die je helpt bij je klim naar de top van de pikorde. Overdreven medisch Latijn onder jonge arts-assistenten is ook een vorm van turbo, het troebele gebrabbel van ambtenaren kan ook turbo zijn, maar oorspronkelijk werden er meer modieuze vormen mee bedoeld, de taal waarmee mensen elkaar laten weten dat ze bij de tijd zijn.

Je hebt turbotaal die na een tijdje weer verdwijnt ('stijl' en 'gaaf' zijn bijvoorbeeld gebleven, maar 'gers' is weg), je hebt turbotaal die klassiek wordt, dus wel herkenbaar afkomstig uit het verleden en toch niet gedateerd (bijvoorbeeld Wim Kok die 'vibraties' zegt in de zin van 'sfeer', 'stemming'), en je hebt turbotaal die eenvoudig weigert in te zien dat er behalve een tijd van komen ook een tijd van gaan is. Die zich hardnekkig van de domme houdt en geleidelijk aan getekend raakt door het patina der oubolligheid. En daarmee in zijn tegendeel verkeert. Turbotaal die vooral duidelijk maakt dat je niét bij de tijd bent.

Dat is oubotaal: omgekeerde turbotaal.

Taal die ooit op de lachspieren werkte, maar nu vooral op de teenspieren.

Veel mensen schrijven en zeggen *oudbollig*, met een d, maar etymologisch klopt dat niet. 'Oubollig' stamt af van het Middel-Nederlandse 'abolgich', 'verbolgen', van 'belgen'. (Je boos maken over oubolligheid is dus een vorm van oubo[2].) Het betekent volgens Van Dale: 'koddig, komiek, zonderling', dan wel 'boertig, min of meer ruwkomisch' en 'opzettelijk komisch en daardoor juist flauw'. Hier hebben wij het vooral over dat laatste. Iets kan dus oubollig zijn zonder oud te zijn. Een goed voorbeeld is de vaste groet waarmee TROS-discjockey Adje Roland vroeger zijn radioprogramma afsloot, 'Bye-bye, zwaai-zwaai!', die was oubollig op het moment dat hij werd verzonnen.

'Ik kende hem niet, moest er zelfs om lachen,' merkt een briefschrijver op, 'en toch herkende ik hem meteen als oubo. Een collega van mij noemt een broodje filet américain een "broodje treinongeluk". Idem dito.'

Iets dergelijks had ik zelf met 'ik hoor veel goeds over bier'. Toen ik die voor het eerst hoorde moest ik erg lachen, ook veel briefschrijvers noemen hem als voorbeeld van nog-niet-afgezaagd-en-dus-oké, maar aan de manier waarop de spreker hem bracht, kon je horen dat het een beproefd onderdeel van zijn kwinkslagenrepertoire was. En zo gauw de woorden 'kwinkslagen' en 'repertoire' bij elkaar in de buurt komen, bevinden we ons in de oubo-gevarenzone.

Een wijdverbreide uitdrukking kan oubollig zijn zonder dat ze in de praktijk veel gebruikt wordt, een originele vondst kan oubollig worden doordat de geestelijke vader of moeder haar te vaak gebruikt.

Het is een soort burn-outeffect: des te intensiever het gebruik, des te sneller wordt iets oubollig. Neem 'dat wil je niet weten', of 'dat schiet niet op'. Allebei nog vrij jong, maar door hun grote populariteit al behoorlijk oubollig.

Hij geeft nog maar een rondje. Vanavond is hij toch 'met de benenwagen'. Hoewel, misschien wordt het toch tijd om naar huis te gaan. Het was een zware dag.

'Ik zak zowat door m'n hoeven.'

'Bob?' Hij wenkt de kastelein. 'Hoeveel bedraagt de schade vanavond?'

'Negenentwintig florijnen en vijftig cents meneer.'

'Valt me mee.'

'Nee, daar kunt u het zelf niet voor maken. Mag ik u van het huis een laatste aanbieden?'

'Eentje dan, om het af te leren.'

'Wat mag het zijn?'

'Eh... ik hoor veel goeds over bier.'

Hij weet het. Hij zou er eigenlijk mee moeten ophouden. Meer dan een obligaat glimlachje weet hij met al die versleten grapjes niet los te maken, maar ja, ook obligate glimlachjes kunnen op den duur verslavend zijn. Soms zit er nog weleens een oprechte lach tussen, van iemand die ze echt nog nooit gehoord heeft. Iemand die een jaar of dertig met z'n hoofd onder water heeft gezeten of zo.

'Klassiek geval van jenever can tell.'

Hij sjort de ceintuur van zijn jas bijeen, steekt een arm in de lucht en zoekt met zijn andere de gleuf in het cafégordijn.

'Dames, heren ook, auf wienerschnitzel!'

De per ongeluk expresse verbastering

Turbotaal, 1987

'Jongens hou me ten goede, ik heb niks tegen homosuelen maar de heren vragen wel astronautische bedragen!'

'Maar Frits, daar heb je dan ook wel iets heel sultureels voor. Ik heb er laatst een vidéo van gezien maar ik moet zeggen: het is fantátsie wat die lui doen.'

'In de vrijdagbijlaazje van de *NRC* stond ook een juichende recensie.'

'En toch ben ik in duplico. Ik vraag me af, willen de mensen niet gewoon dicso?'

Het verschijnsel zelf is niet nieuw, denk maar aan 'spychiater', 'weps', 'pampiertje' en 'monumentje' (voor momentje), maar als eenvoudig en doeltreffend middel om je taal weer nét even te onderscheiden van die anderen beleeft de verbastering niet alleen bij tieners maar ook bij de trendsetters een hernieuwde populariteit. Verbasteringen zijn vaak in-jokes, waarin wordt verwezen naar eerdere gebeurtenissen, de situatie waarin zij voor het eerst ontstond of werd opgemerkt, een gezamenlijke herinnering die wordt opgeroepen door dat woord. Wie er niet bij was, begrijpt de grap niet. Het is ook vaak een vorm van bluf: je daagt de ander uit te denken dat je een fout maakt, terwijl je het met opzet doet.

Verbasteringen zijn metataal: het gesprek gaat niet over het onderwerp, het gesprek gaat *over* het gesprek *ove*r dat onderwerp.

Op de redactie waar ik werk wordt weleens van de *angel* gesproken (Engelse uitspraak). Dan gaat er een select gegniffel op, als men zich die allang weer vertrokken collega herinnert die het woord 'angle' (journalistenjargon voor 'invalshoek') niet kende. Telkens als iemand *angel* zegt in plaats van *angle*, gaat het gesprek even niet meer over de invalshoek maar over hém.

'Is uw kind een trage eter?' luidde de kop boven een advertentie die ik als kind in een damesblad las. 'Mam,' vroeg ik, 'ben ik een trage etter?' Sindsdien wordt bij ons thuis soms etter gezegd in plaats van eter, en dan lachten we even.

Een paar opzettelijke, humoristisch bedoelde verbasteringen: 'Almère', 'construkkie', 'entrecôté', 'fundamenteren', 'homoviool' ('een homoviole man'), 'hypokritisch', 'de heren kritikie' (of juist 'de heren critisji' als in 'De Medici'; dit kan ook met 'technici', 'politici', 'musici', enzovoort), 'interlektuelen', 'kopje koovie', 'propaganderen', 'psychiator' (Wim T. Schippers), 'taggi' (voor 'taxi', zoals mensen 'meggiko' zeggen tegen 'Mexico'), 'whipsy' ('Doe mij maar een whipsy met ijs') en 'whiskas' ('Glaasje whiskas graag').

Een andere functie van de verbastering kan zijn: verwarring zaaien. De verbastering is de dumdumkogel van onze woordenschat: als gewone woorden onze tegenstander niet uit zijn evenwicht krijgen, lukt het misschien met een verminkt exemplaar. *Stopping power* heet dat in de munitieleer. 'Moooo-numentje,' zegt de ambtenaar en benut de verwarring om zich uit de voeten te maken.

De per ongeluk expresse verhaspeling

Oubotaal, 1999

Laatst zei de nieuwslezer dat Boris Jeltsin een zwarte haaraanval gehad had.

Zoiets werkt op de lachspieren. Iedereen verhaspelt zijn woorden weleens, iedereen weet dat het vaak grappig is, en dat zal de reden zijn dat de per ongeluk expresse verhaspeling zo'n enorme populariteit geniet. Je hoeft ze niet eens te bedenken, dat wordt voor je gedaan, door je haperende hersencellen. Zoals in *Het Bureau* van J.J. Voskuil, waar Maarten de Koning en zijn collega's op een dag de slappe lach krijgen als iemand 'de lappe slag' zegt.

Leuk, grappig, maar vooral als het spontaan gebeurt. Voor sommige mensen maakt dit niet uit. Die vinden haspelen zo leuk dat ze in plaats van 'beetje scheef' áltijd 'scheetje beef' zeggen en het woord 'Sportfondsenbad' eenvoudig niet uit hun mond krijgen zonder het te verhaspelen tot 'Spatbordenfonds'.

'Ja of Badsponsenfort natuurlijk.'

Die nooit in dubio staan, maar 'in duplico' (Koot en Bie). Die boterhammen met cervelaatworst, komijnekaas en een blaadje sla maken, alleen maar om 'sterfopstraatworst', 'khomeinykaas' en 'slaatje bla' te kunnen zeggen.

'Hoewel, een lekker bord Nazi Göring is ook niet te versmaden.'

'En anders maar een eenvoudig kroodje oude baas.'

'Of een bakje aambeien met geslachtsroom.'

'Zeg, trouwens, wat denk je, is het kraken van een onverklaarbaar bewoonde woning ontslag voor reden op staande voet?'

'In de gemeenten Varken en Molendam geloof ik wel, maar het lijkt me geen wet van meten en persen.'

'Ik ben onder de drukinkt van je parate kennis.'
'Ach man, al die kennis, dat zet toch geen doden aan de zijk?'
'Ga je nog naar het ministerie van Wonderijs en Schetenwap?'
'Nee, ik ben m'n slietsfeuteltje kwijt.'
'Ga je toch even met de benenwagen?'
'Man, het steelt regenpijpen!'
'Zeg jongens, hou eens op.'
'Maarwee?'
'Met dat gehaspel.'
'Gehapsel? Dat zijn oprechte vergipsingen hoor.'
'Jullie ook altijd met je grauwe flapjes.'

Mensen die ook altijd zeggen dat ze 'hier gaan balen' als ze in werkelijkheid gewoon bier gaan halen. Wat ze verder nog nodig hebben, zetten ze op een schoodbappenlijstje (fles kutchep, pond lamhappen, klein stiefbukje, zak friense fratjes, etc.). Dit omdat ze vanavond gaan barbeknoeien. Tenminste, als ze de stierepis niet vergeten.

'Dit initiatief heeft mij helaas hardhandig de ogen geopend,' schreef een *Volkskrant*-lezeres in reactie op het stukje over verhaspelingen. 'Ik heb het nooit zo genoemd, maar ik heb een zeer oubollige vriend! Minstens de helft van de genoemde uitdrukkingen wordt door hem gebezigd.' Als bijlage stuurde ze zijn Verhaspel Top 5.

1: pandjes toetsen
2: zeeteefje
3: zeetakje
4: mijn jeus neukt
5: Klaas Nikkelsint.

Verwisselingen als 'Dat hotel was een beetje vergloorde ganie', 'Ik hou van liederlijke geesten' of 'Die man liep in zijn klote bont neukebootjes te zoeken' worden ook wel *Spoonerisms* genoemd, naar de Oxfordse dominee Archibald Spooner, een nerveuze man die zich vaak versprak en dingen zei als: *It was a blushing crow* en *I have a half-warmed fish in my mind.* Na het inzegenen van een huwelijk zei hij tegen de bruidegom: *It is kistomary to cuss the bride* (*to cuss*: vervloeken).

Een bekend Nederlands voorbeeld, toevallig (?) ook afkomstig uit de kerkelijke sfeer: Monseigneur Beckers die het op de radio een keer over 'aan God gewaagde meiden' had.

Een van de bekendste (en meest afgezaagde) is 'met verkrachte eenden', afkomstig uit een soort Haspeldicht dat populair was in de jaren vijftig en zestig:

Geachte Haren van de Reed,
Wij vinden het steen gijl dat de hoeren van Bolland met verkrachte eenden en gespeende lullen de bok van het dak af neukten.

Er zijn natuurlijk vele varianten. Soms wordt nog gespecificeerd waar die bok nu precies vanaf geneukt werd (een 'harig kutje'), soms is hier nog een 'prul van een ledikant' bij aanwezig, en soms ook nog een 'boere stink' die deze en gene met een 'stoombam' bewerkt.

Een ander bekend Nederlands Haspeldicht:

De gadbasten streken elkaar kak in het gelaat
ze kakten hun poffers, kakten zalm uit het raam
en wuchtten vleg op pissersvinken,
want scheel Heveningen was een vlooi der prammen.

Verhaspelde eigennamen, ook een bron van vermaak. Geen Henny Huisman zeggen, maar Henny Huilman. Ivo Niehe Nivo Nihil noemen. Henk van der Meyden van *De Telegraaf*: Henk te Vermeyden van De Telebraaf. Die laatst een interview had met Annie Temeier met Seth Gaaptumaar. Of waren het Simca Marina en Julio in z'n Regenjas?

Allemachtig, wat is dát oubollig.

Kwalitatief

de Volkskrant, 8 juni 2000

'Zeg.'

'Ja?'

'Als jij op de speelplaats van een school een kind ziet dat door een ander kind heel gemeen beledigd wordt, omdat het dik is bijvoorbeeld, of omdat het een brilletje heeft, en dat kind dat loopt dan met gebogen hoofd weg en gaat stilletjes staan huilen in een hoek...'

'Ja...?'

'Raak jij daar dan emotioneel ontroerd door?'

'Ja, wie niet?'

'Juist. Nog iets. Risotto...'

'Ja?'

'Dat kun je maken met kippenbouillon of met runderbouillon...'

'Ja, en?'

'Wat gebruik jij?'

'Meestal kippenbouillon. Is iets lichter van smaak, komen de kruiden beter uit.'

'Dus dat vind jij culinair lekkerder?'

'Ja.'

'En qua prijs? Wat is financieel goedkoper, kippen- of runderbouillon?'

'Geen idee, het zal niet veel schelen denk ik.'

'Juist. Enneh...'

'Ja?'

'Als iemand heel zacht stoute woordjes in je oor murmelt hè, word jij daar dan seksueel geil van?'

‘Come again?’

‘Als iemand stoute woordjes in je oor murmelt, of jij daar dan seksueel geil van wordt.’

‘Eh ja, daar word ik wel geil van, geloof ik ja. Het is trouwens niet seksueel geil, maar gewoon: geil. Seksueel geil is een pleonasme. Je kúnt alleen maar seksueel geil zijn, op een andere manier geil zijn is een biologische onmogelijkheid.’

‘O ja.’

‘Zoals risotto ook niet culinair lekker is, zoals jij net zei, maar gewoon, lekker.’

‘Iets kan toch ook bijvoorbeeld seksueel lekker zijn?’

‘Ja, maar risotto niet. Althans, bij normaal gebruik. Of wat je net ook nog zei, financieel goedkoop. Dat is net zoiets als duur kosten. Iets is goedkoop of iets is financieel aantrekkelijk, maar financieel goedkoop is onzin.’

‘Haha.’

‘Waarom lach je?’

‘Ik deed het expres.’

‘Wat?’

‘Die dingen verkeerd zeggen.’

‘O? Waarom?’

‘Om te kijken of het je opviel.’

‘Je denkt toch niet dat ik gek ben?’

‘Nee, maar het is soms net alsof niemand het meer hoort. Alsof het de normaalste zaak van de wereld is om te zeggen dat iets kwalitatief goed is, of dat het kwalitatief beter moet, omdat het kwalitatief slecht is.’

‘Ah, dat bedoel je. Ja, vreselijk is dat.’

‘Nog even en zelfs Jan Mulder zegt het!’

‘Dus die zegt het nog niet?’

‘Ik kan het me niet voorstellen, maar het begint wel akelig dichtbij te komen hoor. Barend en Van Dorp zeggen het bijvoorbeeld wel, en Paul Witteman hoorde ik het laatst ook al zeggen. “Kwalitatief goede opvang” had-ie het over. En die Trip, van *Nova*, die zegt het ook. “Dus u zegt, er moet een kwalitatief betere procedure komen? Want de huidige procedure is dus gewoon kwalitatief slecht?” Ik kan er niks aan doen, maar als ik het hoor krijg ik fysiek de rillingen.'

'Wie het ook vaak zegt, is Annette van Trigt.'

'O ja. Het is echt een Van Trigtiaanse zegswijze, op een of andere manier. Ik zie er zo'n horloge bij zonder cijfers op de wijzerplaat, ken je die, en dan op de plaats van de 12 een heel klein briljantje.'

'O ja, die. De gsm met verwisselbaar kleurfrontje heeft er ook iets mee te maken, volgens mij.'

'Het optioneel-verwisselbare gsm-frontje. Kek, kittig, en toch koket.'

'Ik vermoed eigenlijk dat het vrij sterk postcode-gebonden is, het gebruik van "kwalitatief goed". In Eemnes zitten hele clusters kwalitatief-goed-zeggers. En Alphen, Alphen aan den Rijn, ook echt zo'n plek ervoor.'

'Plaatselijk-geografische factoren, ik denk het ook. Maar weet je wat nog erger is?'

'Nou?'

'Als ze denken: wacht even, kwalitatief-goed, dit klopt niet, dit is dubbelop, hier moet iets weg.'

'Nou, dat is toch juist goed?'

'Jawel, maar dan halen ze het verkeerde weg! In plaats van "kwalitatief" laten ze juist dat "goed" vallen. Dan krijg je dingen als: "In deze woning zijn uitsluitend kwalitatieve materialen verwerkt."'

'Ja da's nog erger, ja.'

'Of: "Wij hopen op een kwalitatief toernooi."'

'Je hebt gelijk, dat hoor je kwantitatief steeds vaker.'

'Hou op.'

'Het zou juridisch verboden moeten worden.'

'Hou op! Ik word er gek van.'

'Ho ho, psychisch gek, zul je bedoelen.'

De gabbercorrectie

Hedenlands, 1996

'Zeg jij eens: De organisator van het filmfestival bleek verwikkeld in een seksschandaal.'

'Waarom?'

'Zég nou 'ns.'

'Eh, de organisator van het vilmvestival bleek verwikkeld in een zekszchandaal.'

'Ja kijk, jij doet het ook.'

'Wat doe ik?'

'Je zegt "vilmvestival" in plaats van "filmfestival", en "zeks" in plaats van "seks".'

'Hm... jij hebt ook wel altijd wat te zeiken, hè?'

'Ja nee, schat, het kan mij niet schelen, hoor. Praat gerust zoals je wilt, ik zeg het alleen maar even.'

'Oké. Nou, dank je.'

'Je bent echt niet de enige, hoor.'

'O?'

'O nee, je hoort het overal. Het is een trend.'

'O?'

'Heinze Bakker, die sportcommentator, die is erg. *Goh, het regent eezes in deze vase van de wedstrijd. Het zweertje begint hier trouwens lekker op gang te komen, ja, vergeleken met het zaaie zchouwsbel van gisteren op het zenter court is dit een vraaie wedstrijd overigens. Derde zet, Agassi aan zurf.* Zo praat die man. En steeds meer mensen. Theo Reitsma ook, die heeft het over "Vinidi George" en "Van der Zar".'

'Goh...'

'Zeg jij eens: fase.'

'Fvvvffvvvaze.'

'Zie je? Je kunt het al haast niet meer. "Fiets", ook zo'n woord. Ben je lopend? Nee, meddevietz. Probeer eens: ffffiets.'

'Vffvvffvvffvv...'

'Ja zie je, dat wordt niks. Het is de stemloze medeklinker, die raken we kwijt. Nog even en het is net zo'n tongtwister als th in het Engels. Trouwens, ken je dat nummer *Candlelight* van Vanessa?'

'Ja?'

'Moet je eens opletten, als je dat hoort. Vanessa heeft waarschijnlijk heel lang geoefend om die Engelse th goed te krijgen, en ze is zó blij dat ze hem heeft, dat ze hem nu ook zingt waar in het Engels gewoon een t staat. Dus ze zingt: "Can I get there by candlelight? Thripping through the empty night?" Geestig hè?'

'Hou op, da's zielig.'

'Ja, vooral omdat het het refrein is, dus dat komt telkens terug. Can I get there by candelight? Fripping froe-hoe the empty night?'

'Maar wat heeft dat met die viets en die vaze te maken?'

'Dat is ook een vorm van hypercorrectie. Je bent bang om het verkeerd te doen en daardoor ga je fouten maken. Je weet dat het "houden" en "zouden" moet zijn in plaats van "houen" en "zouen", en van de weeromstuit zeg je dan: "We gaan het huis verbouden."' Of Roedie Fuchs. Je weet: het is geen fuks maar foeks, en dan neem je onwillekeurig ook die voornaam mee. Een Schlimmbesserung noemen de Duitsers dat. Mooi woord hè? Schlimmmmmmbesserunggggg.'

'Je lult wel leuk, maar wat dat nou met die vilm en die viets te maken heeft?'

'De vinanciële zerviceverlening. Dat is dus net zoiets. Het stemloos uitspreken van stemhebbende médeklinkers geldt als ordinair. Dus dat je van de z een s of van de v een f maakt. Wat Amsterdammers doen: "Ik hep de son in de Suidersee sien sakke", dat werk. Een Amsterdammer die hogerop wil, leert dat dus af. Maar dan ontwikkelt hij een soort schrikreflex voor die klanken, terwijl ze soms natuurlijk wél goed zijn. Dan gaan ze in plaats van "persoon" "berzoon" zeggen, of ze hebben het over "velle kritiek". Of Jacques d'Ancona, moet je eens op letten, die zegt "kordom" in plaats van "kortom". Het is de plat-Amsterdamse hypercorrectie. Oftewel de gabber-correctie. Van de week hoorde ik op tv iemand zeggen: "En terwijl jij in Barijs zit, breekt de Viod je zeef open."'

'Dus eigenlijk zou je nu een soort omgekeerde variant van "ik heb de son sien sakke" in omloop moeten brengen. Dat ze erop gaan letten.'

'Ja, zoiets.'

'Iets met een vietsvabriek of zo...'

'Ja, of een vilozovievaculteit...'

'Wacht even... eh... uit het huis tussen de vietsvabriek en de vilozovievaculteit...'

'Eh... klonk zenzuele zakzovoonmuziek.'

'Dat is 'm. Uit het huis tussen de vietsvabriek en de vilozovievaculteit klonk zenzuele zakzovoonmuziek.'

'Misschien moeten we hem aan *Jiskefet* geven.'

'Nee joh, dan praat binnenkort iederéén zo!'

Petsjwurk

Het Parool, 21 juni 1995

'Sjaak?'
'Hmm?'
'Kijk eens.'
'Hmm?'
'Zie je niks aan me?'
'Eh… naar de kapper geweest?'
'Nee, lager.'
'Nieuwe schoenen?'
'Omhoog.'
'Je bedoelt…?'
'Híér…'
'Dat vest?'
'Ja! Hoe vind je het?'
'Eh… bijzonder.'
'Zelf gehaakt.'
'Ah juist. Op de cursus Textiele Werkvormen.'
'Ja precies.'
'Nou, het ziet er heel apart uit. Wat is dat nou, dat groen-met-gele?'
'Zie je dat niet? Dit is een stijgbeugel, en daar zit dan zó een posthoorn doorheen.'
'Goh, origineel.'
'In het patroon stond stijgbeugels óf posthoorns, maar ik dacht, ik doe het allebei. De leidster vond het een erg charmevolle combinatie, zei ze.'
'Charme-wat?'
'Charmevol.'

'Schat, alsjeblieft.'

'Wat is er?'

'In godsnaam, charmevol is geen Nederlands.'

'O? Mart Smeets gebruikt het anders ook hoor.'

'Charmevol?'

'O nee, sorry, dat was klassevol. Maar goed, net zoiets.'

'Dat die woorden in het Smeets bestaan wil ik graag aannemen, maar in het Nederlands bestaan ze niet.'

'Ik zie niet wat er mis mee is.'

'Wat is er mis met *charmant*? Dat is toch een uitstekend woord? Ik zie geen reden om dat af te danken, en zeker niet voor een gedrocht als *charmevol*. Charmevol... mijn god. Dat roepen ze diep in Groningen tegen de barman, als ze dronken zijn. *Huuh, Sjeng-Gait, sjar me vol!*'

'Nou goed, ik zal het nooit meer zeggen.'

'Risicovol, dat hoor je ook steeds meer, de laatste tijd. Zal ook wel Smeets zijn. Ri-si-co-vol. *Riskant*, noemen we dat. *Gevoelvol*... zeggen ook steeds meer mensen. Of *spanningsvol*. Of *humorvol*, nog erger. *Het slachtoffer heeft een bijzonder dramavolle jeugd gehad*, las ik laatst ergens.'

'Ja maar wat moet je dan zeggen, in plaats van klassevol? Klassiek?'

'Nee, da's niet hetzelfde.'

'Eh... *klassemant*?'

'Dat is helemáál geen woord.'

'Ik zie het bezwaar eigenlijk niet, tegen charmevol. Je hebt toch ook hoopvol, en zinvol?'

'Ja maar om nou zelf een beetje met die uitgang te gaan fröbelen, ik weet het niet. Straks gaan mensen nog *irritatievol* zeggen, in plaats van irritant, of *frappevol* in plaats van frappant. Ik bedoel, je kunt toch net zo goed *stijlvol* zeggen?'

'Nee, ik heb het niet over stijl, ik heb het over klasse.'

'Klasse. Hmm, ook al zo'n dubieus begrip. Wat betekent het eigenlijk? Dat iets van een klasse is. Tja, iets dat heel slecht is is ook klasse, namelijk láágste klasse. Dan kun je ook wel *-rangs* gaan zeggen. Die Anita Meijer, die is echt *rangs*. Hoevéélste rangs, daar gaat het om. Of mensen zeggen: dit-of-dat is *grote* *klasse*, ook zoiets. Dus: het zit in een hele grote klasse. Nou, dat voorspelt meestal niet veel goeds.'

'Ja god, als je zo gaat beginnen. Dan kun je ook wel zeggen dat een werknemer eigenlijk werkgéver zou moeten heten, want hij gééft zijn werk, en een werkgever eigenlijk werknémer, want hij néémt jouw werk.'

'Daar zeg je iets.'

'Ja maar iedereen weet toch hoe het bedoeld wordt?'

'Oké, maar het spijt me, *klassevol* gaat me toch echt te ver. Voor je het weet gaan mensen het over de *klassevolheid* van 't een of ander hebben.'

'Nou, wat is daartegen?'

'Klassevolheid? Dat is... dat is...'

'Nou?'

'Dáár is dat tribunaal in Den Haag nou voor opgericht! Klassevolheid, dat is een bloedbad, dat is het Srebrenica van de semantiek!'

'Kom kom, niet overdrijven. Iedereen weet toch wat je ermee bedoelt?'

'Schat. Luister. Stel: het regent, maar jij vindt het niet erg om nat te worden. Wat doe je dan? Knip je dan gaten in je paraplu of laat je je paraplu thuis?'

'Ja hèhè, je laat hem thuis.'

'Precies. Dus. Stel, je maakt een zelfstandig naamwoord bijvoeglijk. Van smaak maak je laten we zeggen *smaakvol*. Als je dan even later weer het zelfstandig naamwoord wilt hebben, dan ga je er toch niet weer een nieuwe uitgang aan vastplakken? Dan haal je dat *vol* toch weg, zodat je weer *smaak* hebt? Ik bedoel, iedereen weet misschien wel wat je met belangrijkheid bedoelt, maar wat je met belang bedoelt weet helemáál iedereen.'

'Helemaal iedereen kan niet. Iedereen is iedereen, meneer de taalexpert.'

'Nou goed, je begrijpt wat ik bedoel.'

'Kijk, dat bedoel ik.'

'Wat bedoel je?'

'Ik bedoel, jij zeg ook: je begrijpt wat ik bedoel.'

'Oké. Touché. Maar als we gewoon vasthouden aan het uitstekende woord *belang*, waar na al die eeuwen nog steeds helemaal niks aan mankeert, dan kunnen onze kinderen straks ook nog gewoon Mulisch of Hermans lezen. *Pap hier staat be-lang, wat is dat? O, da's een oud woord voor belangrijkheid. Vroeger zeiden ze ook zin als ze zinvolheid bedoelden, en inhoud in plaats van inhoudelijkheid, en risico in plaats van risicovolheid. Gek hè?* Nog even en iemand heeft het over de *zinvolheidelijkheid*.'

'Leuk hoor. Altijd als ik iets wil vertellen begin jij komma te neuken over taal.'

'Te kommaneuken, bedoel je. Sorry, wat wou je zeggen?'

'Nou gewoon, weet ik veel, iets onbenulligs, over die cursus.'

'Nou goed, vertel dan.'

'Volgende week gaan we petsjwurken.'

'Goh. Leuk. Dat je uit kleine aparte lapjes iets groots maakt.'

'Ja precies.'

'Een beetje zoals met die woorden.'

'Huh?'

'Zin, zinvol, zinvolheid, zinvolheidelijkheid... telkens een lapje d'r bij. Ook een soort patchwork eigenlijk.'

©Een™stukje®

de Volkskrant, 4 februari 1999

'Wat doe je?'

'Ik brei.'

'Wat wordt het?'

'Een vestje.'

'Goh, leuk. En dat rode, wat is dat nou?'

'Dat is Po. Die Teletubbie waar Lena zo gek van is.'

'Zeg, ik weet niet of dat een goed idee is, hoor.'

'Waarom niet?'

'Heb je dat gecleard?'

'Gewat?'

'Gecleard. De merchandising van de Teletubbies is door Ragdoll Productions© Ltd. via The itsi bitsi Entertainment Company® gelicenced aan BBC Worldwide, hoor.'

'Och jeetje. Wat denk je, moet ik ze bellen?'

'Zou ik maar doen. Straks loopt Lena in dat vest op straat – wordt ze opgepakt.'

'Kom nou toch.'

'Schat, er is een nieuwe wet gekomen, en daarin staat dat als jij het in je hoofd haalt een Nijntje-trui te breien, zónder dat je daar een contract voor hebt met de copyrighthouder, dat je dan in overtreding bent.'

'Absurd.'

'Pas maar op. Je weet niet half hoe ruig die merchandisers dat tegenwoordig aanpakken. Betaalde verklikkers, eigen opsporingsteams, noem maar op. Ik denk ook weleens als je weer berichten leest over vermiste kinderen: wat hadden ze áán? Was dat allemaal wel gecleard?

'Wat denk je, uithalen?'

'Zou ik maar doen. Ja of je faxt het patroon even. Kan ook. Hoewel, nee, doe maar per aangetekende post. En als je dan een halfjaar niks hoort, mag je hem op de markt brengen.'

'De markt?'

'Nou ja, dan mag je hem aan Lena geven.'

'Dan is ze d'r al helemaal uit gegroeid.'

'Geef je hem aan Juliette.'

'Die ís helemaal niet op Po, die is op Laa-Laa. Ik vind het allemaal een beetje overdreven, hoor.'

'Ik ook, ik ook, maar ja schat, dat zijn de realiteiten van de moderne informatiesamenleving. Amusing ourselves to death en voor niks gaat de zon op.'

'Jesses, gaat m'n wol weer. Pak hem eens even. Hij ligt achter de bank.'

'Zeg dat nog eens.'

'Achter de bank.'

'Ja oké. Niks aan de hand.'

'Hoezo niks aan de hand?'

'Ik dacht even dat je *De* bank© zei, en dat mag niet meer.'

'Wat krijgen we nu?'

'Nee nee, is van ABNAMRO©. Ik stel voor dat wij voortaan *sofa* zeggen, zijn we d'r van af. Of *zitbank*, kan ook natuurlijk.'

'Zeg, heb je gelezen over die plannen van de publieke omroep? Wat was het ook alweer? Ons Net, Mijn Net en...'

'Ho!'

'...Het Net?'

'Zegt ze het tóch.'

'Wát?'

'Het N... – shit, zeg ik het zelf ook bijna. Net met een bepaald lidwoord ervoor, dat mag niet meer, dat is een handelsmerk van KPN©, wat trouwens ook een handelsmerk is. *Achter het net vissen* wordt *achter Het Net© vissen.*'

'Je denkt toch niet dat ik gek ben, hè?'

'Nee schat, maar het is de wet. Trouwens, met "ben" zou ik voortaan ook oppassen, dat is sinds kort ook een handelsmerk. Weetjewel, Ben©, mobiele telefonie? *Ik denk dus ik ben*, dat moet je binnenkort ook juridisch clearen, als je dat wil zeggen.'

'Ja 't is goed met de heren, ze kunnen m'n rug op met hun copyrights.'

'M'n rug... m'n rug... Nee, dat is nog niet gedeponeerd geloof ik. Trouwens, help me onthouden dat ik met Michiel praat, die zei vanochtend dat hij een stanleymes in z'n jeep had liggen, maar dat mes ís helemaal niet van Stanley©, en die jeep is ook geen Jeep©. Ik wil niet dat hij daar gedonder mee krijgt.'

'Zeg dat dan zelf maar, daar komt-ie net aan.'

'Hallo Michiel.'

'Hi.'

'WAT ZEI JIJ?'

'Jezus, ik zeg hi en het is al niet goed!'

'Rustig maar jongen, je vader is een beetje overstuur.'

'Wat is er gebeurd?'

'Mamma breit een Nijntje©-vest.'

Wetenschap & onderwijs

Lege doosjes

de Volkskrant, 28 september 2000

Hoe leert een kind zijn taal? De geleerden zijn het er niet over eens, één school denkt dat ons taalsysteem bij de geboorte al helemaal klaarligt en als het ware alleen nog hoeft te worden gedownload, de anderen denken aan een snel, grotendeels onderbewust proces van informatie, imitatie, deductie, repetitie, experiment, kortom, van al die dingen die tezamen een leerproces heten.

Ik heb hier weinig verstand van en ook geen mening over, behalve dan misschien de weinig opzienbarende gedachte dat het natuurlijk ook een combinatie van die twee zou kunnen zijn. Dat er bij de geboorte misschien niet zozeer een compleet systeem klaarligt, maar een uitgekiend gereedschapskistje waarmee dat systeem zelf te bouwen is.

Hoe het proces in de praktijk verloopt, is iets dat ik nu alweer zeven jaar van nabij kan bekijken. Dat er deductie aan te pas komt, werd duidelijk toen kleine J. haar wollen tweevakshandbeschermers 'wanden' noemde in plaats van 'wanten'. Kennelijk had zij al geleerd dat het meervoud van wand 'wanden' was, en daar een conclusie aan verbonden. Dat een kind zich informeert, is natuurlijk ook evident – van elke twee zinnen die een jong kind uitspreekt, begint er één met 'wat' en eindigt met een vraagteken. Wat ik me tot voor kort niet realiseerde, is dat een vraag nog niet altijd wordt gevolgd door een antwoord. Voor gegevensoverdracht zijn twee partijen nodig, een vrager en een antwoorder, en als de laatste niet reageert, gebeurt er niets. Het ligt voor de hand, maar toch.

Het was in de verfwinkel. Ik werd geholpen, toen een moeder

en twee kinderen de winkel betraden, twee meisjes, van ongeveer zes en acht. Ze kwamen verf en behang voor de kinderkamer uitzoeken. Er werden wat behangboeken en kleurstalen doorgebladerd, wat combinaties vergeleken en na een tijdje bepaalde de moeder: 'Dit behang, dit voor het bed en dit voor het kozijn.'

'Wat is dat, kozijn?' vroeg het meisje van ongeveer zes. Kleine J. stelt dat soort vragen ook geregeld, en onwillekeurig formuleerde ik in gedachten een antwoord. 'Het kozijn is de rand van het raam,' zou ik gezegd hebben. Raam is bekend, rand is bekend, de rest is een beetje voorstellingsvermogen.

'Voor het raam,' zei de moeder half-afwezig, alweer verdiept in iets anders. 'Het raam' zou een antwoord geweest kunnen zijn. Een slordig antwoord, maar een antwoord. Maar ze zei '*voor* het raam'. Ze gáf geen antwoord, ze amendeerde de opmerking die de vraag had opgeroepen, tot een zin die dat niet deed. Ze vatte de vraag van het meisje kennelijk niet op als een poging haar woordenschat uit te breiden, maar als een teken dat er iets geschort had aan haar mededeling. Als je een vraag even opvat als een leeg doosje, zag deze moeder lege doosjes niet als iets waar iets in kan, maar als iets dat geen nut heeft en kan worden weggegooid. Ineens begreep ik het verschil tussen leren en dom houden: wie leert voorziet de vraag van een antwoord, wie dom houdt ruimt de vraag op.

'Maar wat is kozijn?' herhaalde het meisje. De moeder bestudeerde een kleurenwaaier en antwoordde niet.

'En die moeder is als kind waarschijnlijk precies zo behandeld,' zei mijn vrouw toen ik het haar vertelde. Dat was scherp opgemerkt, want dit was precies wat het vervolg van de scène, dat ik nog niet verteld had, leek te suggereren.

Ik moest me bedwingen om het meisje zelf antwoord te geven, want mannen die tegen vreemde kinderen praten, daar houden moeders niet van. Het meisje begreep dat haar moeder de zaak als afgedaan beschouwde en wendde zich tot haar zus. Mooi, dacht ik, komt het toch nog goed.

'Kozijn, wat is dat?' vroeg ze. Maar het zusje keek even naar de moeder, volgde haar voorbeeld en zweeg. Zoals ik al zei, leren is ook imiteren, en door goed naar haar moeder te kijken had het oudste meisje geleerd om niet te leren. Dat vragen er niet zijn om op te helderen, maar om op te ruimen.

Dhatsj

de Volkskrant, 5 oktober 2000

Rus over de vloer. Sergej, vriend van in Rusland wonende vrienden.

Hij spreekt een beetje Engels, een klein beetje Duits en een heel klein beetje Nederlands, en wil van al die drie talen meer leren. 'Jan teacher of language,' zegt hij telkens. Leuk, maar ik spreek geen Russisch; de enige taal die wij gemeen hebben is de taal die hij wil leren. Het lijkt op een gesprek tussen een blinde die spreekt en een stomme die alleen gebarentaal kent.

'Make and do,' zegt Sergej, 'what is difference?'

Goede vraag, nu het antwoord.

'Eh... making is... working,' probeer ik, 'working has result, doing is just... eh, doing...' Niet sterk, Sergej kijkt nog net zo vragend.

'Of nee: doing is action, making is construction.'

'Ahhh,' zegt Sergej. 'Thank you, teacher.'

Zoals een aap achter een typemachine vroeg of laat Genesis 1 tikt, is elk woord uiteindelijk met het andere in verband te brengen, de kunst is de kortste route te vinden.

Sergej wast de glazen af met Jif.

'No no Sergej,' zegt H. en geeft hem de Dubro. 'Use this.'

'Why not this?'

'Eh, not suitable.'

'Soetebul, what is soetebul?'

'Eh... ask Jan.'

'Jan, soetebul, what is soetebul?'

'Suitable means: something that suits.'

'What is suit?'

Oeps. 'Suit' is pak, zou dat een ingang zijn? Er is geen pak in de buurt, ja boven in de kast, maar ik kan wel aan de gang blijven.

'You know, suit. Pants, jacket and vest.'

'Ah, clothes.'

'Yes, suit of clothes.'

'Suitable is clothable?'

Mislukt.

'To suit is to fit.'

'Fit, what is fit?'

'Fit is... eh... car fit in garage, bulb fit in socket...'

'What is bulb?'

In het programma *Hints* zie je soms al lang van tevoren dat de gekozen uitlegstrategie gedoemd is te falen, en zo weet ik nu eigenlijk ook al dat we op een dwaalspoor zitten. Handenwapperen en iets anders proberen, of nog één poging?

'Bulb is lamp. Lamp?'

'Lamp yes.'

'Okay, lamp fit in socket.'

'Lamp in sock. Why?'

'Socket. Hole for lamp.'

'Plafond?' (Dat woord heeft hij gisteren geleerd.)

'No. Eh... Foot, you know foot.'

'Yes.'

'Foot... fit in shoe.'

'No feet, only one foot!'

Er ligt een schroevendraaier op tafel, en een paar schroeven.

'Look, screwdriver fit in screw.'

'Ah yes, I understand.'

'Okay, now: screwdriver suitable for screw, but not for nail.' Er moet ook ergens een spijker liggen.

'Wacht, ik zoek een spijker.'

'Zoek, what is zoek?'

'Look, I look for nail.'

'Look is zoek?'

'Yes, more or less.'

Sergej moet lachen.

'Why you laugh?'

'Zoeken, koeken, loeken. Deutsch is simple.'
'Dutch, you mean.'
'Yes, Deutsch.'
'No, *Dutch*. Not *oi* but *ah*. Dhhátsj.'
'Dhatsj. What is Dhatsj?'
'Language of Holland!'
'Ah. You learn Sergej language of Holland?'
'Yes!'
Sergej lacht.
'I think you learn Sergej Deutsch, language of Germany.'
'No!'
'But is Dhatsj, language of Holland.'
'Yes!'
Dat soort misverstanden. Heerlijk. Gekmakend.

Sergej heeft intussen twee biertjes uit de ijskast gehaald en trekt een kruk bij.
'What this in Dutch?'
'Kruk.'
'Kroek.' Hij wijst naar mijn stoel. 'And that?'
'Stoel.'
'Yes, but in Dutch.'
'Stoel.'
'Stoel is "stoel"?'
'You mean in Russian stoel is "stoel"?'
'Стул, yes! And English?'
'Chair.'
'Chair.' Hij wijst naar de kruk. 'And this?'
'Kruk.'
'Krrrrruk. And English?'
'Stool.'
'No this.'
'Yes. Kruk is stool.'
'Jan make joke.'
'No.'
'Language make joke.'
'Yes, language makes jokes. All the time.'

Een ander verhaal

NRC Handelsblad, 4 november 1991

Een van de hoofdpersonen in de soapserie *Spijkerhoek* is een garagehouder. Tegen een klant die zijn auto komt brengen, zegt hij: 'Laat de auto daar maar even staan.' Tegen een klant die opbelt zegt hij: 'Als u om vijf uur komt, zorg ik dat de auto klaar is.' Na zijn middagpauze staat de garagehouder op van tafel en zegt tegen zijn vrouw: 'Ik moet nog een auto repareren.'

Drie keer het woord 'auto'. De scriptschrijver denkt: in een garage gaat het om auto's, dus dat woord gebruikt een garagehouder vaak. Maar als deze scriptschrijver een middagje zijn oren de kost gaf in een garage, zou hem opvallen dat het woord 'auto' daar juist heel weinig wordt uitgesproken.

De verklaring is simpel: de meeste gesprekken die in een garage gevoerd worden, gáán over auto's, dus dat hoeft er niet telkens opnieuw bij gezegd te worden. Een garagehouder zegt: 'Zet 'm daar maar even neer.' Of: 'Om vijf uur is-ie klaar.' Dat het om een auto gaat, is duidelijk. 'Heb jij Hendriks al gedaan?' vraagt hij aan zijn monteur, die dan echt niet aan meneer Hendriks denkt, maar aan diens auto.

Die scriptschrijver zegt zelf toch ook niet: 'Schat, ik ga ophangen want ik moet een scène gaan schrijven'? Hij zegt: 'Ik moet door', 'Ik moet aan het werk' of 'Ik moet een beetje verder' – dan weet zijn vrouw genoeg.

Er zijn ook situaties waarin woorden niet worden weggelaten vanwege de doelmatigheid, maar omdat mensen ze liever niet horen. Deze opmerking bijvoorbeeld, van een begrafenisondernemer die ik ooit interviewde: 'Als je in Groningen op visite bent en je woont in Amsterdam, dan word je aangegeven in Groningen.' Hij bedoelde: 'Als je in Groningen op visite bent en je woont in Amsterdam *en je gaat dood*, dan word je in Groningen aangegeven.' Het doodgaan was weggelaten. Uit piëteit, vermoed ik, maar bovendien: zolang er geen sterfgeval aan de orde is, kan een begrafenisondernemer net zo goed z'n mond houden; alleen het feit al dat hij spreekt, impliceert een lijk, zou je kunnen zeggen, dus dat hoeft hij niet apart te vermelden.

Ingewikkelder wordt het als de toehoorder op de lege plek iets anders invult dan de spreker wegliet. In het kunstprogramma *Atlantis* zei jazztrompettist Chet Baker ooit: 'Ik heb het gevoel dat er hier veel meer vrijheid is. Mensen doen hier niet zo opgefokt over onbenulligheden, zoals in andere landen. De Zwitsers bijvoorbeeld, (*blik vol diepe afkeer*), en Duitsland. Frankrijk is een beetje onberekenbaar, en België is ook verschrikkelijk. Nederland is een heel ander verhaal. Het is alsof je in een land komt waar het 24 uur per dag feest is, weetje, het hele jaar rond.'

Toen Willem Breuker afgelopen zomer Zomergast bij de VPRO was, vroeg hij om een stuk van dat filmportret. Breuker bewonderde en hield van Baker, zei hij na afloop, maar dat over die landen begreep hij niet helemaal. Iemand die Nederland haast adoreerde, hoe kon die zo'n hartgrondige hekel aan België hebben, vroeg hij zich af. Zo groot was het verschil toch niet? Breuker hoorde niet wat Baker wegliet. Misschien luisterde hij naar Baker als collega-reizend-jazzartiest, maar in die hoedanigheid sprak Baker niet. Hij sprak als heroïneverslaafde. Aldus beluisterd – als opsomming van hoe er in die verschillende landen op heroïnegebruik en -gebruikers gereageerd wordt – klopt zijn opmerking perfect. Want er mag in het algemeen dan niet zo'n enorm verschil bestaan tussen Nederland en België, op dit punt is het beleid in België wel even wat scherper dan hier. Van alle landen die Baker noemt, is Nederland het enige dat een liberaal, tolerant harddrugsbeleid voert, en dat is dan ook het land van zijn voorkeur. Precies zoals hij zegt (zij het niet met zoveel woorden): 'Nederland is een heel ander verhaal.' Nederland, waar mensen niet 'opgefokt doen' (lees: optreden tegen) over 'onbenulligheden' (lees: heroïne).

Chet Baker is als trompetspeler vaak 'een meester van het weglaten' genoemd. Als spreker kon hij er ook wat van.

Blindspraak

NRC Handelsblad, 24 april 1989

'Meneer De Goede komt u zo halen,' zei de receptioniste van het onlangs geopende kantoorgebouw en wees me de zithoek aan de overkant van de hal.

Ik keek in een gang. Die na een paar meter nogal onverwacht eindigde in een witte muur. Althans, zo leek het. Ik liep erheen en zag dat de muur een wit scherm was, strak gespannen, op een raamwerk waarschijnlijk, ter afsluiting van de gang. Alleen aan de bovenkant was een opening, waardoor je een stuk van het plafond kon zien. Er hingen elektriciteitsdraden uit, in verschillende kleuren, en in de verzonken tl-bakken zaten nog geen buizen.

Van achter het scherm klonk een schuivend geluid, gevolgd door het klikken van een mechaniek.

Toen klonken er stemmen.

'Da's eigenlijk best mooi,' zei de ene.

'Wat bedoel je?' vroeg de andere.

'Dit zo hier,' antwoordde de ene.

'Ja ja, prachtig,' zei de andere.

'Schitterend, zo met hem daar.'

Ik probeerde door het doek te kijken, maar dat was onmogelijk.

'Dan zou híj eigenlijk weg moeten.'

'Ja, dat je dat contrast krijgt, met die rand.'

'Precies, maar ja... kom je weer met die te zitten.'

'Ja.'

Zeker een halve minuut was het stil. Er klonken voetstappen van iemand die bedachtzaam rondliep.

'Ja... ja... ja...'

'Nou, wacht eens... Kijk, déze kan natuurlijk gewoon hiérlangs, zoals we oorspronkelijk van plan waren, zodat je daar een soort ruimte krijgt... waar je hém dan zo... gewoon... hop! in schuift...'

'Ja. Ja. Ja. Maar ja, dan krijg je dit. Dan gaat híj weer zo overheersen. Plus dat je díé dan kwijt bent, terwijl je hém eigenlijk voor dáár bedoeld had.'

'Ja. Functioneel zit je dan beter, maar hoe zal ik het zeggen, esthetisch weer een stuk minder.'

'Ja maar wacht eens. Als je nou... zó?'

'Ja ja. Zodat dit als het ware dát wordt.'

'Percies.'

'Maar hij dan?'

'Hij kan natuurlijk net zo goed eh... tja. Ja nee, dat kan niet. Kom je weer met hem.'

'Maar als je hem nou eerst hier, nee, als we dat dáár zo laten en hem een beetje meer zó, zodat...'

'Ja nee, wacht even. Even recapituleren.'

'Voor we helemaal de kluts kwijtraken.'

'Precies. Dus: het enige dat vaststaat, is dat híj hoe dan ook zó komt, zodat déze enzovoorts...'

'Klopt.'

'Punt twee: dit hiér is goed zo.'

'Dit is zelfs erg mooi.'

'Dit is prachtig.'

'Die hoek bijvoorbeeld, in relatie tot dit hier ook vooral, met die overgang die dan... da's echt... maar goed, ik onderbrak je.'

'Punt drie: van hém heb je eigenlijk alleen maar last.'

'Ja. Hij drukt alles weg. Behalve dan in die andere opzet.'

'Welke andere opzet?'

'Die eerdere, waarbij we hún allemaal zó hadden en die andere zoals we net bedachten.'

'Ja nee, deze nu even los gezien van de rest.'

'Ja ja, dan kan het.'

'Goed, punt vier: híj kan nooit met hém, omdat je dan onvermijdelijk met die richel komt te zitten.'

'Je kunt dit wel doen, maar dan geef je hém op. Het is maar net wat je wilt: die richel hier, of die zwieper daar.'

'Ja, tenzij je natuurlijk dít doet, met die en die samen.'

'Zo dwars naar binnen!'

'Of zó. Dan heb je weer die lijn met hém.'

'Weet je wat het probleem is? Die vult hem aan, terwijl hij hem juist verzwakt.'

'Ja precies. Het zit qua sfeer ook niet lekker zo, ik weet niet.'

'Die linker domineert gewoon enorm...'

'Met dat geel.'

'En die schuine rand, slaat nergens op.'

'Ik heb van het begin af aan gezegd: jongens, hem zó, is vrágen om moeilijkheden. Maar ja...'

'Eigenwijs...'

'Weet je, ze kunnen me allemaal wat. We doen die, en die, en deze... gewoon helemaal weg, kan me niet schelen, anders blijf je frutselen, en we zetten alleen hem zo, *baf*, in het midden.'

'Verdomd.'

'Begonia d'r op en klaar is Kees.'

'Je hebt gelijk.'

Ik werd opgehaald. Blinden, dacht ik in de lift naar boven, horen voortdurend zulke gesprekken.

Wij praten ook met onze ogen.

Dictee

de Volkskrant, 17 december 1998

Heeft het Groot Dictee der Nederlandse Taal zin? Ja. Als het Dictee één Nederlander aan de buis heeft gekluisterd die anders op dat moment uit verveling een voorbijganger in elkaar getrapt had, heeft het zin gehad. Als Wim Dik en Annemarie Jorritsma afgelopen zaterdag niet in de Eerste Kamer hadden gezeten, waren ze misschien wel onder de tram gekomen. Om maar te zwijgen van Bart Chabot, die dankzij het Dictee al negen keer aan de dood ontsnapt is.

Dit is natuurlijk een onzinnige redenering, maar niet veel onzinniger dan de redenering dat als er dankzij het Groot Dictee één spelfout minder wordt gemaakt, het zin heeft. Terwijl dat toch ongeveer de gedachtengang achter deze exercitie is. Het woord 'gedachtengang' is op mijn beeldscherm nu rood onderlijnd. Dat betekent: verkeerd gespeld. Ik druk op de rechtermuisknop en daar staat dat het 'gedachtegang' moet zijn, zonder n. Nog een muisklik en de correctie is doorgevoerd.

Van wie moet ik correct spellen? Van mezelf? Ja. Van de mensen die mij lezen? Alleen de mensen aan wie ik direct schrijf, want op de redacties van kranten, tijdschriften en boeken zitten eindredacteuren en correctoren, en die maak ik niet graag werkeloos. (Nu mogen ze gaan opzoeken of het hier 'werkeloos' of 'werkloos' moet zijn.) Maar moet ik ook correct spellen van de Nederlandse Taalunie, de uitgevers van Van Dale en de oud-commissaris van de koningin van de provincie Groningen Henk Vonhoff? Nee. Van een nieuwslezer die het Nederlands een grotere dienst zou bewijzen als hij op de redactie van het journaal nu en dan het rode potlood ter hand nam, in plaats van ons jaarlijks een non-tekst te dicteren?

Nee.

Want hoeveel taalgezag ook deze keer weer rond die imposante tafel was verzameld, iemand die zag dat soap-opera's de televisiekijker niet '*anders dan* in marokijn gevatte boeken op zinnebeelden van het amoureuze leven trakteren', maar *evenals* (een zinnebeeld is een *ver*beelding, geen afbeelding), zat er blijkbaar niet bij.

Ik maakte het Dictee dit jaar op mijn computer, met MS Word '97.

Dat programma kan terwijl je schrijft de spelling controleren. Woorden met een fout erin markeert het met een rood kartelstreepje. Klik je erop, dan verschijnt het woord dat je waarschijnlijk bedoelt, correct gespeld.

Niet elk addertje haalt zo'n systeem onder het gras vandaan. Ik schreef 'te keer', twee woorden waar de *spellchecker* van MSW niets verkeerds aan ziet, terwijl het 'tekeer' moest zijn. Maar mooi dat hij 'tête-á-tête' in 'tête-à-tête' veranderde. En 'bon vivants' in 'bon-vivants'. Ik had een punt kunnen verliezen met 'chagrijnig', dat door MSW werd goedgekeurd, hoewel Freriks eigenlijk 'sacherijnig' bedoelde, maar hij sprak het onduidelijk uit en dus liet de jury het toe.

Zoals velen verstond ik eerst 'gagelheil', een woord waar MSW niets fouts aan ziet. Ziedaar de domheid van zo'n programma. Het denkt: gagel bestaat, heil ook, dus de samenstelling 'gagelheil' is correct. Maar toen ik bij de derde of vierde lezing begon te vermoeden dat Freriks misschien toch een ui-klank bedoelde, haalde MSW feilloos de fout uit 'guigelheil' (het is 'guichelheil').

Het enige woord in het Dictee dat MSW niet kende, was 'Morpheus', maar dat kende ik. 'Jan plezier' leest hij als een eigennaam gevolgd door een zelfstandig naamwoord, en daar ziet hij geen fout in. Maar als je dan 'janplezier' schrijft en MSW heeft ook dáár niets op aan te merken, dan weet je dat dat het bedoelde voertuig moet zijn.

Drie fouten hadden we, MSW en ik. Maar één meer dan de winnaar. Knap hè?

In de voorlaatste zin staat het woord 'maar' op mijn scherm groen onderkarteld. Dat is de grammaticacontroleur van MSW. Die werkt dus niet. Maar de ontwikkeling gaat snel, nog even en de spelling en de zinsbouw van wat we schrijven wordt verzorgd door het instrument waarmee we schrijven.

Dat is mooi, want dan kunnen wij ons gaan concentreren op waar het bij taal werkelijk om gaat: niet het spellen, maar het stellen.

Het Groot Dictee is een wedstrijd in tafelmanieren waarbij je wordt beoordeeld op wat je met je voeten doet. Het valt niet mee om een maaltijd lang je voeten in exact de juiste stand te houden, en het is reuze knap als je dat kunt, maar om nou te zeggen dat het ertoe dóét?

Spelling

Hedenlands, 1996

Vergeleken met andere Europese landen heeft Nederland nog maar kort een standaardtaal. Zo kort kennelijk, dat we er maar niet van af kunnen blijven. Als een zestienjarige die net een brommer heeft gekregen, zitten we eraan te prutsen en te poetsen, in plaats van erop te rijden. En dus werd op 1 augustus 1996 weer een officiële spellingherziening van kracht.

Paleizen, staatsieportretten, volksliederen, oorlogsmonumenten, munten en bankbiljetten worden door één man ontworpen, maar de spelling wordt uitbesteed aan een vaag Nederlands-Belgisch college van deskundigen. Deskundigen die tegen het eind van het werk, murw en ontgoocheld door de eindeloze stroom armzalige compromissen, alleen nog tegen elkaar konden prevelen: 'Gelieve te berusten.'

Het enige voordeel van deze misère is dat de tien-, misschien wel honderdduizenden Nederlandse gezinnen die nog een Groen Boekje van 1954 hebben, dat nu naar de rommelmarkt gaan brengen.

Koop het, gebruik het, en wees gelukkig.

Wat u dan aan nuttige informatie uit het nieuwe Groene Boekje mist, zet ik hier even op een rij.

- zeventig samenstellingen beginnend met 'moslim', bijvoorbeeld 'moslimaanval' en 'mosliminwoner'. Want moslimmensen eten moslimpap, met een moslimlepel uit een moslimnap (het aantal samenstellingen met 'christen': tien);
- het woord 'secretaressecongres';
- het woord 'niet-gemeenteraadslid'. En natuurlijk 'niet-mos-

lim' (vreemd, 'niet-paus' staat er niet in, terwijl er daar heel wat meer van zijn);
- het woord 'moederneukend'.

Heeft uw buurman wél een nieuw Groen Boekje gekocht? Laat u niet door hem van de wijs brengen. Integendeel: heb erbarmen, hij is, volgens zijn eigen spelling, een 'zielenpoot'.

Adolf & Elvis

de Volkskrant, 30 december 1999

Ze kregen volksstammen op de been, ze voerden een jeugdbeweging aan die de wereld in vlam zette, ze maakten platen die nog steeds verkocht worden, ook bij jongeren van nu vindt hun boodschap nog weerklank – nee, het zal niet meevallen te kiezen wie de persoon van de eeuw moet worden, Hitler of Elvis.

'Hitler is te pijnlijk, Jitschak Rabin is onzin, dus ik zou dan toch voor Einstein kiezen,' hoorde ik iemand op televisie zeggen. 'Daar zullen de joden ook mee kunnen leven.'

In een onbewaakt moment werd ook ik even in het journalistieke kielzog meegezogen en ik riep u op suggesties in te sturen voor het Beste en het Slechtste woord van de Eeuw.

Wat is dat nou voor een vráág! Zelfs Het Woord van de Eeuw, los van goed of slecht, het is niet te doen!

En wat ís een woord?

Als deze eeuw één thema had, ahum, denk ik, dan is het *emancipatie.* Van de arbeider, van de vrouw, van etnische, culturele, religieuze en seksuele minderheden, van de gehandicapte en op de valreep ook nog van het dier.

'Emancipatie' zou je met enig recht het woord van de twintigste eeuw kunnen noemen, maar het is toch meer een *begrip* dan een woord. Het was de eeuw van de psyche, kun je ook zeggen, of van de communicatie, maar voor die woorden geldt hetzelfde. En speciaal in Nederland?

'Zuil'?

'Inspraak'?

De KRO was er van de week ook mee bezig. Ze belden me op,

of ik het modewoord van de eeuw wist. Dat is net zoiets als vragen naar de voorjaarscollectie van de eeuw. Kees de Jongen zei 'eeuwig', Joop ter Heul zei 'mieters', Jan Cremer zei 'te gek', Walter Raam (uit Zwagermans *Gimmick!*) zei 'heftig' en op dit moment is ergens op een Nederlandse zolderkamer een romanheld in de maak die 'vet' zegt.

De reacties die ik ontving, weerspiegelen de onmogelijkheid van de vraag. Niet dat ze van slechte kwaliteit zijn, integendeel, maar er is zelfs geen begin van een lijn in te ontdekken. De nominaties variëren van 'gedogen' (typisch Nederlands, behoorlijk eigentijds en ook iets meer een *woord* dan bijvoorbeeld 'emancipatie') tot 'Jacques' (de grote liefde van een briefschrijfster). Inderdaad, waarom niet jouw Woord van de Eeuw?

Gart Zeebregts benadert de zaak ambachtelijk en nomineert 'minkukel', een vondst van Marten Toonder die zich als duurzame aanwinst voor de taalschat inderdaad op eenzame hoogte bevindt, samen met bijvoorbeeld 'frisdrank' (reclameschrijver Dick Schiferli), 'brommer' (???) en 'regelneef' (misschien de meest ingeburgerde van alle Koot & Bie-woorden).

Hans Maring steekt zijn nek uit door 'weekend' te nomineren en gezien de bloeiende importhandel die onze taal er altijd op na heeft gehouden, is dat wel een aardige suggestie. Maring bederft het weer een beetje door als slechtste woord 'Hedenlands' te nomineren, maar daar trekken wij ons niets van aan. Wacht maar tot het in Van Dale staat.

Het slechtste woord is 'etnisch', vindt Edo Gillissen, vooral omdat het zo vaak verkeerd gebruikt wordt, al kan dat woord daar zelf natuurlijk niet zoveel aan doen. Vermoedelijk wil Edo ook zijn afkeer uitdrukken van mensen die te veel met dat begrip bezig zijn. Als beste suggereert Edo 'totaalvoetbal'. 'Een puur Nederlands woord voor een puur Nederlandse vinding. Een woord dat in zijn vele vertalingen indruk heeft gemaakt in de wereld, en waarvan de bijbehorende beelden in ons geheugen gegrift staan.'

Een woord dat het zelfs onvertaald tot wereldwoord schopte, was 'apartheid', door S. Schotting geopperd als Slechtste Woord van de Eeuw. 'Hollanditis' nomineert hij als beste, waarmee we meteen een indruk hebben van meneer of mevrouw Schottings politieke voorkeuren. (En leeftijd, want Hollanditis, oef, wat is dat alweer lang geleden! Daarom misschien toch maar even een verklaring: Hollanditis was de Pentagonese benaming voor de ziekelijke onwil van Nederland om mee te werken aan de stationering van op Rusland gerichte kernraketten, begin jaren tachtig.)

En zoals het niet leuk is dat Hitler de man van deze eeuw is maar waarschijnlijk wel de realiteit, is 'apartheid' misschien geen gezellige maar wel een zinnige suggestie. Als ideologie deugt het niet, maar als woord heeft het een indrukwekkende staat van dienst.

'Ai,' schrijft Klaas op het Hout, 'die twee zou ik liever willen omdraaien.' Niet dat Klaas een negerhatende oorlogshitser is, maar omdat hij 'Hollanditis' 'zomaar een lelijk woord' vindt en het woord 'apartheid' juist erg goed, 'omdat het zo duidelijk is'.

U ziet het. Zo'n lijst, niet aan beginnen.

Het is Adolf met Elvis vergelijken.

Technologie

Peeceetje

Intermagazine, mei 1984

'Goedemiddag, wat kan ondergetekende voor u betekenen?'

'Eh... ik denk erover om misschien zo'n eh, zo'n microcomputer te kopen. Ziet u, ik...'

'Een mi-cro-com-pu-ter, 'ns even denken... Ach!, meneer bedoelt natuurlijk een personal com-pu-ter, oftewel een peeceetje! Ja sorry hoor, soms vergeet je weleens dat je in deze branche in een raketpunt bezig bent, hè? Dat je toch telkens weer moet terugkoppelen naar die uitgewijde toe.'

'Uitgewijde?'

'De niet-ingewijde dus, zeg maar. Dat is dan weer het leuke van het computergebeuren, je leert de dingen echt puur logisch te benaderen, en dan besef je ineens dat niet-in gewoon uit is! Vandaar ook dat wij hier bij Jota Data van raketpunt-technologie spreken in plaats van van speerpunttechnologie. Je hebt het tenslotte over hightech. Ik bedoel, u dacht toch niet dat ze daar in Genève over middellangeafstand-*speren* aan het onderhandelen zijn hè? Speerwerpen laten we graag aan Ria Stalman over, hahaha!'

'Maar dat is toch geen disk...'

'Ho ho, rustig aan, de diskdrives komen zo aan de beurt. Wie de computer wil leren begrijpen moet om te beginnen de meest logische volgorde aanhouden, anders wordt het nooit wat. Laten we eerst eens vaststellen wat u nodig hebt. Kijk, hier hebben we bijvoorbeeld de BC-45 van Compucom, net vanmiddag een beetje mee gestoeid. Echt een verdomde leuk, pittig machientje. Vrijpostig en toch gedistingeerd. Soepel, maar niet karakterloos. Alles d'r op en d'r aan. De hele romram, zeg ik altijd, hahaha.'

'Juist, eh...'

'Deze computer heeft trouwens geen floppy disks, maar *poppy* disks. Is het allernieuwste. Hebben we zelf rechtstreeks uit Silicon Valley gehaald. Zijn drie keer zo klein als gewone floppy's, én, ook een groot voordeel, overal tegen bestand. U kunt ermee zwemmen, paardrijden, windsurfen, bobsleeën, maakt niet uit. Kennis van me doet aan mudwrestling... houdt ze gewoon op zak. En de capaciteit. We hebben het hier dus over de hele Openbare Leeszaal op een schijfje ter grootte van een flinke riks! Kijk, dat komt, ik ken daar bij Compucom een paar jongens bij Research and Development, die aan deze machine gewerkt hebben. Die club hebben ze twee maanden in een oude mijnschacht opgesloten met de opdracht een machine te ontwerpen die de concurrentie in één klap terug naar het stenen tijdperk dreunt. Enneh... ik heb het idee dat ze daar aardig in geslaagd zijn. De oudste van die jongens is dertien geloof ik, echt ongelooflijk. Worden 's ochtends door hun moeder naar het werk gebracht.'

'Maar...'

'Meneer, u weet niet half waar ze daar in de Valley allemaal mee bezig zijn. Als ik op een verjaarspartijtje probeer uit te leggen wat er allemaal aan high technology aan zit te komen, beginnen ze na een tijdje aan m'n voorhoofd te voelen. Kun je de rest van de avond een beetje gaan zitten duimendraaien aan jouw kant van de infokloof. Maar eh... aan wat voor configuratie had u gedacht, qua applicatie?'

'?'

'Ah, juist, begrijpt u ook niet. Geeft niks, geeft niks. Leggen we het gewoon even uit. Hoort erbij. Let op: we vergeten even alles wat we ooit over computers gehoord hebben, ja? Dat is het beste, want er wordt de laatste tijd zoveel onzin verkocht over deze materie, daar hebben wij hier heel wat mee te stellen. Hebben ze net een IBM-folder gelezen die de computer met een auto vergelijkt, komen ze bij Rank Xerox waar ze hem voorstellen als een grote stad, haalt Chriet Titulaer er 's avonds op tv nog eens een Chinees telraam of een straatorgel bij... Om gek van te worden is het. Al-le-maal onzin. Kijk, wij hebben hier bij Jota Data een heel eigen filosofie over het computergebeuren ontwikkeld. Wij benaderen de computer eigenlijk als *mens*. De mens creëerde de computer tenslotte toch naar zijn evenbeeld? Het menselijk lichaam bestaat bijvoorbeeld uit het skelet, dat aangekleed is met weefsel en datzelfde zien we dan weer bij de computer in de combinatie van hardware en software. Begrijpt u?'

'Ja, dacht ik wel...'

'Oké, dan komen we dus allereerst bij het inputgebeuren. De input, dat is de mond, hè, in-put, dat betekent erin stoppen, dus dat gaat door de mond. En het voedsel is dan dus de data, de gegevens. Gegevens, gegeten, dat hoort u, dat zit er ook al een beetje in. Meestal worden de data dus ingebracht via het toetsenbord, waar dat eetbegrip "bord" ook weer in terugkomt. U ziet ook de gelijkenis tussen de toetsen en onze tanden. We hebben het hier over een flink bord vol tanden, hahahaha. Dan komt de gegevensverwérking, dat gebeurt in wat wij noemen de centrale verwerkingseenheid. Die kunnen we dan dus het beste vergelijken met...???'

'Eh...?'

'Percies, heel goed, het dármstelsel. Tot zover alles duidelijk?'

'Eh...'

'Akkoord. Dan blijft dus nog over het output-gebeuren. Die output gaat dus voornamelijk via het beeldscherm, en dat kunnen we dus het beste vergelijken met de ogen van de mens. De ogen zijn de spiegel van de ziel, zeggen we immers? De ramen van ons innerlijk? Nou, het scherm spiegelt ons dus als het ware het innerlijk van de computer voor. Duidelijk?'

'Ik dacht van wel.'

'Nou, daarna komt dan nog zeg maar het definitieve outputgebeuren...'

'O ja, met de printer.'

'Juist. Oftewel?'

'Eh...?'

'De *druk*-een-heid. Ziet u wel, daar zit dat drukken dus ook al in, van de grote boodschap, zal ik maar zeggen. En net als bij de mensen komt daar ook geperforeerd papier aan te pas, ziet u wel, en dat is natuurlijk ook geen toeval.'

'Goh ja. Nou, die BC-45 lijkt me eigenlijk wel wat...'

'Doet u een heel verstandige keus aan meneer, echt. Trouwens, ik heb hem thuis zelf ook staan.'

'Wat ik me nog afvroeg. Is-ie al zindelijk?'

De cross-over mens-machine

Turbotaal, 1987

Als geen ander apparaat heeft de computer zich omringd met antropomorf (naar de mens gevormd) taalgebruik. In *Personal Computer Magazine*: 'De IBM-pc weet niet wat muizen, pictogrammen (of iconen) en vensters zijn.'

Dat een computer consequent 'hij' genoemd wordt, is waarschijnlijk omdat het een mannelijk woord is, zoals je ook van een stoel zegt dat 'hij' stuk is. Maar van een stoel zul je niet gauw zeggen dat hij 'een poot gebroken heeft', terwijl een computer die een bewerking overslaat 'iets vergeet'.

Schootcomputers 'gaan slapen' als je langer dan een bepaald aantal seconden geen toets aanslaat, andere 'sluimeren', maar beide typen 'onthouden' wat het laatst werd ingevoerd. Een computer waaraan iets stuk is, 'doet vreemd' of 'raar', kortom, 'is in de war'. Met een computer die niet doet wat zijn eigenaar wil, wordt 'gebakkeleid', volhardt het apparaat in zijn onwillige houding, dan is er sprake van 'ruzie'.

'Sorry dat ik zo laat ben, ik lig echt vréselijk overhoop met m'n printer.'

'Och man hou op. Ellendelingen zijn het.'

In gesprekken over problemen met computers klinkt dan ook niet zelden verwijt door.

'Nu heeft-ie @$"!>ßÔ!!! al drie pagina's tekst weggemaakt!'

'En als je zegt: "Save onder nieuwe titel"?'

'Dat verdomt-ie!'

'Wacht eens, ik geloof dat je een tikfout maakt. Er hoeft geen spatie tussen die twee markers.'

'Hij is nog een pietlut óók!'

Parallel aan de cross-over mens-computer heeft zich de laatste tijd een beweging in omgekeerde richting ontwikkeld, de cross-over computer-mens. Getuige zegswijzen als 'stoom afblazen' vergelijkt de mens zichzelf al langer met apparaten, niet alleen met stoommachines, ook met motoren ('ik draai lekker'), met flipperkasten ('hij slóég me toch op tilt!') of met lampen ('dus ik zeg tegen die gast: effe dimmen hè, anders gaan je koplampen d'r uit), met elektrische circuits in het algemeen (waarbij het vreemd is dat 'kortsluiten' in de menselijke betekenis wordt beschouwd als een constructieve bijdrage aan het proces, terwijl het dat in de elektrische betekenis juist niet is), en de computer heeft dit type beeldspraak een krachtige nieuwe impuls gegeven.

Hij is ook zo menselijk!

De chip in een computer noemen we 'het brein', terwijl ons brein juist steeds vaker 'chip' genoemd wordt ('Even die chip op nul en lekker onderuit voor de buis'). Slachtoffers van sekten worden na hun bevrijding 'geherprogrammeerd'. Een organisatieadviseur legde me uit dat hij eerst even alles 'delete' voor hij over een probleem gaat nadenken, om zichzelf vervolgens weer op 'load' te zetten. En als er tussen mensen telkens misverstanden ontstaan, moet je volgens hem gewoon even 'resetten'. 'Die twee zijn geloof ik niet erg compatible,' hoorde ik onlangs iemand zeggen over mensen die niet met elkaar overweg konden.

Een kennis met wie ik door de stad reed, sloeg een verkeerde straat in. In plaats van 'oeps!' gebruikte hij het oeps! van de informatica. 'Ho! Syntax error!' riep hij en gooide het stuur om.

Dag zeik niet

de Volkskrant, 17 juni 1999

Kent u Philips FreeSpeech?

'Eindelijk kunt u de computer vertellen wat hij moet doen. Gebruik de kracht van uw stem om uw productiviteit te verhogen. Met Philips FreeSpeech 98 hoeft u de computer alleen nog maar te vertellen wat er gedaan moet worden en het is af. De software van FreeSpeech is makkelijk te installeren en eenvoudig in het gebruik.'

Ik citeer de doos. Dinsdag gekocht. 49 gulden, bij Dynabyte.

Ik heb de instructies opgevolgd, de computer voldoet ruim aan de systeemeisen.

Kortom: klaar voor de start. Dacht ik dinsdag.

Inmiddels is het woensdag, vertoont de pc alzheimer-symptomen (het kan ook korsakov zijn, de dokter is nog niet geweest) en tuur ik naar een dictaat dat afkomstig lijkt van een in zijn slaap sprekende afasiepatiënt.

Het plan was de werking van deze doorbraak op het gebied van 'user friendly speech recognition' aanschouwelijk te maken door mijn column van deze week ermee te dicteren. Ik wilde beginnen met de woorden: 'Dit stukje is een puinhoop.' Niet dat ik geen vertrouwen had in dit product, integendeel, maar na zo'n waarschuwing kan het alleen maar meevallen.

Ik pakte de microfoon.

'Dit stukje is een puinhoop.'

Op het scherm verscheen:

Dit stukje is wanhopig.

'Bijna goed.'

Wij 10 000 000.

'Hè?'

Er.

'Wat is dit?'

Nog iets te herinneren.

'Opnieuw.'

Opnieuw.

'Kijk eens aan, dat klopt.'

Bekken slaan, mat klopt.

Ik begon opnieuw.

'Dit stukje is een puinhoop.'

Dit stukje is een paar happen.

'Nee!'

Heeft!

'Niet heeft, néé!'

Annemie. Nee!

'Hèhè.'

Hij hem.

'Ja 't is goed.'

Jaar hoed.

'Goed, jaar hoed. Jij je zin.'

Hoed haar hoed, zei je ik.

'Beetje doof misschien?'

Eet je doos. Ik zien.

Op dit punt was het plan nog steeds om voor dit stukje alleen FreeSpeech te gebruiken en niets bij te werken of te redigeren, dus het leek me tijd worden voor een verklaring.

'Sorry lezers...'

Zou die lezers.

'Sórry.'

Zo'n 3.

'Sórrrry!'

Sorry.

'Oké.'

Hoofdpijn.

'Laat maar.'

Plaats waar.

Misschien deed ik te veel m'n best. 'Spreek vooral op normale conversatietoon,' zegt de handleiding. Ik sprak een hele zin ineens in.

'Ik AANHALINGSTEKENS OPENEN schrijf AANHALINGSTEKENS SLUITEN dit stukje met FreeSpeech.'

Ik 'schrijf' dit stukje met euforie Speech.

Bijna goed! Alleen die naam nog even corrigeren.

'Frree Speech.'

Wie fiets.

'Frrrie... spíétschj.'

Vies pies.

Hoe beter je articuleert, hoe meer fouten, lijkt het wel. Logisch misschien, als de tekst waarmee het systeem getraind is, wel op normale toon is ingesproken.

'FreeSpeech is een programma voor spraakherkenning van Philips,' ging ik zo terloops mogelijk verder.

FreeSpeech is een programma voor spraakherkenning van Philips.

'Het werkt!'

Bed kerk.

Stemverheffing is ook niet bevorderlijk.

Het systeem is ingesteld om de namen van leestekens om te zetten in het leesteken zelf. Je zult dus nooit teksten kunnen dicteren waar woorden als 'punt', 'komma' en 'aanhalingsteken' in voorkomen (welke gek wil dat ook), en omgekeerd kan 'komen' worden opgevat als 'komma', 'aansteken' als 'vraagteken' en 'maak die aanmaning even open' als 'aanhalingsteken openen'.

Het systeem heeft vaak lange denkpauzes nodig.

'Tering, wat duurt het allemaal lang,' mopperde ik.

De pc, na enig nadenken:

En de tering van duurzaamheid van Bach.

'Ja neem me niet kwalijk,' mopperde ik voort, 'nu articuleer ik toch heel duidelijk, spreek rustig en recht in de microfoon en er komt niets dan totale onzin uit.'

Helemaal niet kwalijk, nu particuliere toch heel huiselijk, lustig berechting microfoon en er komt iets van totale omzet aan.

Maar goed, misschien doe ik wel iets helemaal verkeerd.

'Ik hou u op de hoogte.'

En kou nu op hoop ze.
'Dat zéí ik niet!'
Dag zeik niet.

Pech in de mond

de Volkskrant, 15 juli 1999

'Ik heb erg moeten lachen om de Babylonische spraakverwarring van jouw computer,' schreef Florence Tonk, 'maar mensen kunnen er ook wat van.' Dat blijkt vooral uit de teksten die Florence in de VS, waar zij woont, op geïmporteerde artikelen tegenkomt.

Op een haardroger van Sears:
'Do not use while sleeping.'
Op een diepvriesmaaltijd:
'Serving suggestions: defrost.'
Op een kinderhoestdrankje:
'Do not drive car or operate machinery.'
Op een Rowenta-strijkijzer:
'Do not iron clothes on body.'
Op een Japanse keukenmixer:
'Not to be used for other uses.'
Op een Zweedse kettingzaag:
'Do not attempt to stop chain with your hands or genitals.'
Op een Superman-kostuum:
'Wearing of this garment does not enable you to fly.'
En mijn persoonlijke favoriet, op een zakje pinda's:
'*Warning:* contains nuts. *Instructions*: open packet, eat nuts.'

Zoals Florence schrijft zijn de meeste van deze teksten niet alleen het gevolg van slecht vertalen maar ook van wat in Amerika de *litigious society* genoemd wordt, de procesbeluste samenleving, waarin mensen elkaar om elk wissewasje voor de rechter slepen en waarvan we onlangs weer een sterk voorbeeld zagen toen een

Amerikaanse rechter de 'slachtoffers' van een auto-ontwerpfout enige miljarden dollars schadevergoeding toekende. Een vonnis dat op zichzelf misschien terecht is: General Motors was op de hoogte van het foutje maar besloot het te laten zitten om zes dollar per auto uit te sparen, en de beste manier om een vrek te straffen is via zijn portemonnee. Tegelijk wakkert zo'n vonnis de litigeergekte natuurlijk alleen maar aan. En daarmee de noodzaak voor dienstverleners en producenten om zich juridisch in te dekken met alle mogelijke vergezochte waarschuwingen. De dag komt dat in de loop van een Amerikaans jachtgeweer gegraveerd staat: 'When loaded, do not use as toothpick.'

Florence heeft ook nog een aantal voorbeelden van echte vertaalongelukjes.

De in Amerika erg succesvolle Ford Pinto werd in Brazilië een flop omdat 'pinto' daar in de volksmond 'piepklein piemeltje' betekent. Ford doopte de Pinto snel om in Corcel (= paard).

Ter gelegenheid van het bezoek van de paus maakte een winkelier in Miami T-shirts met de tekst 'I saw la Papa'. Dat had 'el Papa' moeten zijn; 'la papa' betekent 'de aardappel'.

Coca-Cola moest veertigduizend Chinese karakters testen om een goed fonetisch equivalent voor Coca-Cola te vinden. De eerste poging, 'Ke-koe-ke-la', betekende 'bijt het wassen kikkervisje' of 'vrouwelijk paard gevuld met bijenwas', afhankelijk van de uitspraak. Het werd uiteindelijk Ko-koe-ko-le, 'geluk in de mond'.

Ook Pepsi had problemen in China. De slogan 'Come alive with the Pepsi Generation' werd in de vertaling: 'Pepsi haalt uw voorouders terug uit het graf.'

Electrolux-stofzuigers begon z'n Amerikaanse marketingcampagne destijds met de slagzin 'Nothing sucks like an Electrolux.'

Een ander voorbeeld dat Florence geeft, is de Spaanse vertaling van de slogan 'It takes a strong man to make a tender chicken', die zoiets bleek te betekenen als 'Er is een opgewonden man voor nodig om een kip teder te maken.'

De vertaler van die tekst gebruikte waarschijnlijk een vertaalcomputer én FreeSpeech.

Hub

de Volkskrant, 8 maart 2001

'Egbert! Met Bob. Zeg, weet jij dat? Wat zeg je? Ja nee, zolang ik nog niks gevraagd heb, weet jij niet of je het weet, haha, dat begrijp ik. Maar goed, wat ik wou vragen: stel, je hebt een kabelmodem, en dat hang je aan een hub, en aan die hub hang je een stel pc's... dan kan toch iedereen in principe transparant naar binnen fietsen?'

'...'

'Ja nee, dat begrijp ik. Maar het punt is, je zit met je macadres. Die ADHC-server zoekt naar dat mac-adres, en als-ie dat niet vindt, gooit-ie hem in de foutmelding. Hij herkent hem wel, maar hij mag hem niet binnenlaten, want hij is dedicated voor één IP, dus wat ik dan denk is: je gaat hub-router, routerhub en dan hup naar een tweede netwerkkaart in je basismachine zodat je via een gateway verder naar buiten fietst. Zonder dat je transparant bent.'

'...'

'Nee, hup zei ik, niet hub. Ja d'r is wel een hub, maar ik zei nu even gewoon hup. Ja. Eh... nee. Die is met vakantie. Wat? Golfen in de Algarve geloof ik. Wacht ik krijg even een andere lijn, ik bel je zo nog. Doe-doei!

(*tuut*)

'Hein? Ja met Bob hier. Zeg, ik zit hier bij dat klusje van HTB, dat netwerkje weetjewel, en nu blijkt, dat is dus een kabelverhaal. Dus eh... Ja, op zich werkt het perfect hoor, je haalt een file binnen van 4 meg in vijftien seconden! Ja nee echt waar, da's echt lachengierenbrullen. Maar goed, je werkt hier dus niet met je externe toegangsadapter, want het is een LAN-gebeuren. En nu vroeg ik mij af of… o. Ja, ik wacht even. Wat? Oké. Ja 'sgoed, tot zo.'

(*ring-ring*)

'Mét Bob!… Ja… ja… ja… ja… ja… eh… nee. Oké. Doe-doi.'

(*ring-ring*)

'Hallo met Bob. Hoi mop, hoe'st met de kleine? Wat? Zés pond? Niet te geloven joh. Wat heb jij in die borstvoeding zitten? Kryptonite of zo? Hahaha!'

'…'

'Ja nee schat da's een grapje, maakt niet uit. Dus ze waren tevreden, nou da's mooi. Ja toch? Oké ik moet weer verder, moppie. Joi-doe!'

(*ring-ring*)

'Mét Bob. Ah, Hein. Ja. Nou ja, het meest voor de hand liggende is natuurlijk toch dat je zegt je gaat intern via een ander protocol, dat hang ik eronder, en dan loopt dat verder via dat nicadres. Hè? Ja nou ja nic, mac, da's hetzelfde. Wat zeg je? Nee niet nic-nac maar nic-mac. Nee nnnnic tweepoot en mmmmac driepoot. Ja precies. Jack? Nee, die is met vakantie. Wat? Canyoning in de Harz geloof ik, dus… KUT! Ja nee, sorry, die printersoftware hier, dat is echt een drama. Zo'n printmanager weetjewel, en als die niks te managen heeft, gaat-ie een potje lopen zieken. Ik bel je wel effe terug, want dit wordt niks. Do-doei!'

(*ring-ring*)

'Mét Bob! Ja nee… Wat? Ja nee… O. O. O. Ja da's effe klote natuurlijk. En boven? Ook niet? Da's vreemd. Zit de stekker er wel in? Doe eens even resetten. Ja, dat kleine knopje achterop. Wat? Lícht uit? Meen je dat? Wat is dat? Inbraakalarm? Jezus. Pas maar op dat de sprinkler niet aangaat. Wat? Ik zeg PAS MAAR OP DAT DE SPRINKLER… WAT? ACH NEE HÈ? O, ah, da's beter. Och man, wat wij niet allemaal meemaken met dat Windows 2000, dat wil je gewoon niet weten. Nee Jasper is er niet, die is met vakantie. Wat? Snowboarden in de Dolomieten, geloof ik. Ja oké. Doi-doe!'

(*ring-ring*)

'Hein? Ik dacht nog, kan ik er niet gewoon een splitter opzetten? Dan ga je heen en terug.'

'...'

'Ja nee, da's waar, dan kom je toch weer met je transparantie, dus dat lost niks op. Maar goed, uiteindelijk moet er natuurlijk een stukje firewall bij, en die houdt dan dat buitenverhaal tegen. En als die pc dan routert, moet de gateway dan in dezelfde range zitten? Ja ja, alleen als je een request krijgt om te sharen. Nee ik begrijp het. Dank je Hein! Marco? Nee die is er niet, die is met vakantie. Wat? Wadlopen in de Alpen, geloof ik. Ondertussen kan ik hier het werk opknappen.'

'...'

'Nee, dat komt ik ben net vader geworden, dus wij kunnen effe niet weg. Ja dank je. Ja nee, het gaat allemaal goed. Yvonne belt net, het kind is in drie weken zes pond aangekomen! Ja niet te geloven. Ik zeg wat zit er in die moedermelk van jou, kryptonite? Hahaha.'

'...'

'Nee niet Lipton Ice, kryp-to-nite. Da's een grapje. Uit Superman weetjewel. Nou ja, laat maar. Doe-doi!'

Jargonhang

de Volkskrant, 15 februari 2001

Bij welke generatie mobiele telefoons zijn we op dit moment? De derde? En met de fax? De vijfde, de zesde? Ik herinner me het reikhalzen waarmee in de jaren tachtig de wisseling der pc-generaties werd afgewacht, maar ik heb niet de indruk dat die telling nog wordt bijgehouden.

PC-TEST: de Vierentwintigste Generatie.

Nee.

O ja, het gaat nu per chip. De Pentium zoveel.

De elektronische klokthermostaat van Honeywell, de Chronotherm, beleeft intussen zijn vierde generatie. Chronotherm IV heet hij, Chronotherm de Vierde, zeg maar. Voor wie geen Romeinse cijfers kent staat op de verpakking ook nog eens een grote dikke Arabische 4. Vastgeplakt aan die vier zit het woord 'you'. 4YOU. Niets ten nadele van de Chronotherm IV – 't is een wonder van techniek – maar taaltechnisch gezien levert Honeywell hier half werk, want als we gaan soundspellen wordt *for you* natuurlijk *4U*.

Chronotherm IV zit aan de muur, tijd voor de gebruiksaanwijzing.

Kopje: 'Zelflerend aanwarmgedrag.'

'De Chronotherm IV zorgt er bij het aanwarmen voor dat op het door u ingestelde tijdstip de ingestelde temperatuur is bereikt. De thermostaat doet dit door iedere dag opnieuw de tijd te controleren die nodig is om uw huis aan te warmen.'

Aanwarmen?

'Aan de hand van deze gegevens berekent de thermostaat het tijdstip om de volgende dag te beginnen met aanwarmen. Het tijdstip waarop de thermostaat begint met aanwarmen verschilt steeds weer.'

Áánwarmen!?

'Het is dus niet nodig om zelf de aanwarmtijden te veranderen in de loop van het stookseizoen. Zodra de thermostaat is aangesloten, begint het dagelijkse correctieproces van het zelflerend aanwarmgedrag.'

AANWARMEN!?!?

Ja. De Chronotherm IV warmt niet op maar áán. Zou dat misschien het verschil zijn met de Chronotherm I tot en met III? Wat is dat toch, die hardnekkige neiging van mensen om voor de alledaagse woorden die zij bij hun werk nodig hebben iets anders te verzinnen? Het is net alsof ze denken: als wíj het over 'opwarmen' hebben, dan hebben wij het over iets oneindig veel gewichtigers en ingewikkelders dan als de kantinejuffrouw zegt dat ze de soep gaat opwarmen. En dat verschil moeten wij op de een of andere manier markeren, anders denken ze straks nog dat wij de zaak gewoon een beetje opwarmen, meer niet, en dan hebben ze geen ontzag meer voor ons, en voor je het weet heb je geen eigen parkeerplaats en gsm van de zaak meer. Dus weet je wat, wij zeggen geen 'opwarmen' meer, wij zeggen voortaan 'aanwarmen'. Daarom zeggen wij softwaremakers ook nooit dat de computer gaat 'starten', maar dat hij gaat 'opstarten'. En als de computer gaat bellen, dan zeggen wij niet 'de computer gaat bellen', of 'verbinding maken', nee dan zeggen wij: 'de verbinding wordt opgebouwd'. Dat ze wel weten dat het niet zomaar een telefoonverbinding is, en dat wij daar echt heel veel verstand van hebben.

Jargonhang, dat is het.

Aanwarmen!

Ik stel voor deze samenzwering te saboteren door alle voorzetsels voortaan volkomen willekeurig te gebruiken.

'Drink je koffie aan, dan gaan we de computer uitstarten.'

'Moet je het nummer niet inzoeken?'

'Weet ik door m'n hoofd.'

'Oké, anders zoek ik het even langs. Koffie over?'

'Ja, ik kom eronder.'

Verdiept in de handleiding van Chronotherm IV en het fascinerende begrip 'aanwarmen' vergat ik glad het journaal. Helaas, alleen nog het weerbericht.

'Vanwege de lage temperaturen bestaat er een kans dat natte weggedeelten plaatselijk aanvriezen,' zegt Gerrit Hiemstra.

Aanvriezen.

Gerrit Hiemstra, het weer, de thermostaat van de verwarming, er is een verband. Je vóélt het gewoon.

Rolbok met steeklip

Intermagazine, mei 1987

'Hoogstraten?'

'Zeg het eens, Nederveen.'

'Raad eens wat ik hier achter mijn rug heb?'

'Geen idee, Nederveen.'

'De nieuwe Vink-Lisse-catalogus, Hoogstraten!'

'Wat? Laat zien! Oooooohhh, die gaan we snel bekijken, Nederveen.'

'Dat dacht ik ook, Hoogstraten, schuif op. Tádààààààm! Daar gaat-ie. 'ns Kijken...'

'Zo, dát is een interessante stortgoedhefkipper.'

'Jaaaaaaaa... Gunstige zwaartepuntverplaatsing zo te zien.'

'Goed werkoverzicht ook, met die kleine voorstandmaten.'

'Even kijken wat-ie nog meer heeft. Traploze hellingshoekverstelling en plaatstalen kipbak met gefelste rand. Fantastisch ding, Hoogstraten.'

'Bestellen?'

'Kruisje d'r bij. Kunnen we straks nog zien.'

'Ho! Hefschamels. Ben benieuwd. Ik zoek al zo lang een beetje betaalbare hefschamel met kogelpen, drukveer en ringmanchet...'

'Ja, dat wil iedereen wel, Hoogstraten. Hier, staat er een. Kijk eens wat-ie kost.'

'Aiaiai! En dan heb je nog geeneens een tweevoudige kogelkrans, laat staan een geïmpregneerd beukentriplex laadbord.'

'Zie je, kom je tóch weer uit bij de dissel- en beugelhefschamels. Hier, deze...'

'Nou, da's een verrekte leuk schameltje, vind je niet? Is dat met of zonder domp?'

'Nee, zonder domp. Er staan dit jaar wel losse domps in, geloof ik. Ja, hier. Dubbelverzinkte, glijgelagerde dompwielen, met of zonder draadvangkappen.'

'Zwenk?'

'Of bok, wat je wilt.'

'Centerpen?'

'Verschroefd.'

'Hmmmmmm... kruisje erbij.'

'Hier, moet je zien, zo'n rongenwagen...'

'Wauw! Zie je dat? Fraaaaaai, die dwarstraversen!'

'Schitterend. Jammer dat die rongenbussen buitenstandig zijn.'

'Even kijken, dan kun je misschien toch beter een rongenpallet nemen. Ah, daar staan ze.'

'Ja, maar die hebben weer hijsogen en knikvaste schetsplaten. Hebben we nergens voor nodig.'

'Shit. Het blijft tobben met die rongenwagens.'

'Hier Hoogstraten, wat je altijd zo graag wilde hebben: een rolbok met valrem en draaibare vork.'

'Ja nee, het gaat om...'

'Met geslepen plunjer in de hydrauliek, Hoogstraten! Doorndragers of vatenklauw optioneel tegen meerprijs.'

'Ongelooflijk! Zet er maar een kruisje bij.'

'Leuke rolkoevoet hier, trouwens.'

'Hmmm. Ja. Toch een te smalle steeklip, vrees ik.'

'Zou je denken? Ja... misschien heb je gelijk, beetje mager steeklipje. Prachtige walswagens hier ook trouwens. Jammer dat we die nooit nodig hebben.'

'Hé, is dit een kek trogbandje of niet?'

'O jaaaaaa. Een leuk onderlossertje d'r bij en je hebt een fantastisch bulksetje. Wat vind je van die vatenkipper trouwens, Nederveen? Is wel iets voor ons eigenlijk...'

'Nééééhh... veel te korte vorksloffen.'

'Ligt aan je aanlegrand.'

'Nou, die moet je dan wel héél erg afkanten, wil je nog met je perronknik uitkomen!'

'Ja, da's waar. Trouwens, over perronknik gesproken. Hier, moet je dit zien.'

‘Die zwaarlast-diepheflader met hydraulisch bedienbare kantel-afdekhuizen?’

‘Neeeeee, die eronder. Universele trekker met hydraulische hef-zadelkoppeling en oplegger-beugelhefwagen met containeropname...’

‘Mét container-opname? Dat kan niet!’

‘Hou je vast, Hoogstraten: via een klemlijst!’

‘Ko-lere! Je houdt het niet voor mogelijk. Dat is de ideale beugelhefwagen, Hoogstraten.’

‘En we zijn nog niet klaar.’

‘Jawel hè?’

‘Nee hoor. Containeropname via een klemlijst... of halfautomatische kabellassing!’

‘Geef hier.’

‘Voorzichtig, hij scheurt...’

‘Ver... domd. Het staat er. Mijn god. Ik-ik-ik-ik-ik... Ik bestel hem!’

‘Hoogstraten, dat ding kost negen ton!’

‘Kan me niet schelen. Negen ton, negen ton... Nederveen, hoeveel is dat in maandelijkse termijnen?’

Sup

de Volkskrant, 15 maart 2001

>Mothafakarastaman: yo.
>billyandjanet123: sup.
>Hedenlands: sup?
>billyandjanet123: i Xed U first!
>Hedenlands: yeah but what does it mean.
>Mothafakarastaman: mf dont know what sup is!
>Hedenlands: is that bad?
>billyandjanet123: U aint bad, ur a sorryassed motherfucker is what U is.
***daniellefoucher (Cable) [sharing 113 files] has joined.*
>Daniellefoucher: hi there. anybody from canada?
>billyandjanet123: shut the fukup, U french cunt.
>Mothafakarastaman: never mind billyandjanet danielle, he's upset. hedenlands dude here dont know what sup is.
>Daniellefoucher: sup? What's 'sup'?

Welkom in de rap-chatroom van Napster.

Even uitleggen: chatten is schriftelijk babbelen op het internet, een chatroom is een kamer waar over een bepaald onderwerp gebabbeld wordt, Napster is een systeem waarmee je via internet muziekbestanden kunt uitwisselen, aan dat systeem zijn babbelkamers verbonden waar je een praatje kunt maken, bijvoorbeeld terwijl je op je download wacht. Downloaden is het via internet inladen van een computerbestand, in dit geval dus muziek. Muziek is, nou ja, dat zoekt u maar op in de Winkler Prins.

Terwijl ik dit schrijf, telt de *Dutch room* van Napster twee gebruikers, 'hedenlands' en 'thefamiliemaas'.

Hedenlands opent het gesprek.

>yo! sup?

Mevrouw Maas zit achter de gezins-pc om bij Wehkamp een set hoeslakens te bestellen. Plots verschijnt midden op haar scherm een chat-box:

>Hedenlands: yo! sup?

Mevrouw Maas begrijpt er niets van en haalt haar zoontje erbij. 'Michael! Wat is dit nou?'

'O, da's een Napster-chatter.'

'Wat wil-ie?'

'Gewoon, ouwehoeren.'

'Sup staat hier. Wat is dat, sup?'

'*What's up* betekent dat. Hoe gaat-ie, zeg maar.'

Leuk die chatrooms, dacht ik, een beetje van gedachten wisselen over popmuziek. Dat valt tegen. In plaats van aan een kamer waar gebabbeld wordt moet je meer denken aan een hok waar af en toe iets gebruld wordt. Een molestbestendige opvangruimte, wanden overdekt met graffiti en in de hoek, op een oude ribfluwelen bank vol brandgaten, een stel jongens die er een conversatiestijl op na houden die het best te vergelijken is met verbaal zweten. Een soort hoorbare acne.

Wassup?

Yo mothafucka.

Chill man, hes cool.

Any girls? Got me a boner.

Shut the fuck up or im coming over. Blow ur head off.

Eh eh eh eh eh eh eh eh eh eh!

'Eh' is niet uh, de aarzeling, maar èh, het verveelde lachje.

Prince was voor zover ik weet degene die begin jaren tachtig het alfanumerieke steno introduceerde dat inmiddels zo'n beetje de lingua franca van de chatbox is geworden. Klanken worden zo veel mogelijk gereduceerd tot de cijfers en letters waar ze fonetisch mee overeenkomen. For you: 4U. To be or not to be: 2 b or not 2 b. Why you: YU. See you: CU. CU l8er, see you later.

Prince op de Napster-pagina waar popmuzikanten hun adhesie met de digitale ruilbeurs betuigen: 'Y should the record company have such control over how he, the music lover, wants 2 xperience the music? (...) 4tunately 4 the music lover, there does not seem 2 b anything the old record companies can do about it.'

In het Nederlands kan het ook.

'Wat gaan jullie doen?'

'Wij gaan wat drinken met Ram6, Gke, Ma en 10eke.'

'O waarom?'

'Om het suc6 te 4en.'

'Waar?'

'In de 2e Kmer.'

πpπ Langkous = 1 @R

de Volkskrant, 22 maart 2001

Games 4 Girls = de titel van het nIuwe boek van Marion Bloem, lEs ik in de krant. Ons alfanumerieke, pardon, α-#-Ike steno hEft nu ook de Nederlandse literatuur bereikt, dus wij hebben dit onderwRp g1 momNt te vroeg aangeKrt.

WI wEt hoe het hEt, vroeg ik. 1 1duidig antwoord ontvingen we nIt. Het hEt 'soundspelling', schrEf Land Michiel. Soundsp Ling dus ygenlyk. Klinkt ADkwaat.

'Bestaat zeker al 6 jaar,' schryft Michiel, mAr dat hLpt ons nIt vOruit, integedEl, 8Ruit, want we waren al by begin jaren 80, toen Prince zijn songteXten zo ging opschrYven.

De vrAg =: zyn R nóg oudere vindplAtsen?

Dat zou bSt Ens kunnen, suggReert 1 mEltje van RenE JonkR. Vorige wEk woensdagavond las zij hAr dochtertje voor uit *Pippi Langkous gAt An bOrd* van Astrid Lindgren, NedRlandse vRtaling, dRtInde druk uit 1983. πpπ gAt nIt nAr school, dus hAr spLing lAt te wNsen over. Als zij 1 brIf schrijft, An zichzLf, zIt dat R zo uit:

> live pippi wees tog niet ver3tig wei hebben mooi weer giester heeft tony 1 reus8ige muis dootgemaakt nu 4en wei feest. groenten van pippi.

Vele vragen dringen zich op. Was Prince 1 πpπ Langkous-fan? Was de πpπ Langkous-vRtaler 1 Prince-fan? Ok nIt uitGslotN. Of zyn Astrid LindgrN & Prince bydN beïnvloed dOr 1 bron dI wy nog nIt kNN?

Wat vrAg 1 betreft: kNers van Prince & πpπ zullen het met mij

1s zijn dat Dze 2 pRsOnlYkheden het nodige met LKr gem1 hebben. BYden groeiden op zonder oudRs, bYden zyn stout & creatIf & bYden bezitten bovenmNselijke krachten. Er zyn nrs. van Prince dI zich moeilYk andRs laten omschrYven dan als het muzikAl optillen van 1 pArd.

Zo te zIn citeert RenE Jonker uit de vertaling van *Pippi Langstrump går ombord* door Lisbeth Borgesius-Wildschut uit 1952, dus de >vloed van Prince (1958) kan gevoeglYk worden uitgesloten.

Dat Astrid LindgrN zich van soundspLing bediend hEft, is bSt mogelYk, want het principe is al hEl oud. Theo Buijs suggereert dat het nIts anders = dan 1 variant op de *tradecodes* dI > de tijd van de TlegrafI gebruikt wRden om l@erTkens (lEs: gLd) uit te sparen. 1 standArdmedeDling als *payment received, goods underway* wRd ingekort tot PRGU, groeten wRden wErgeGven als '73's', mogelijk verwYzend nAr 1 ge#de codelyst, & soms ging het ook zuiver op klank. CU (voor *see you*) byvoorbEld wRd ynd 19e Euw al dOr Tlegraf=ten gebruikt, schrYft To.

De *tradecodes* leven voort in vElgebruikte >tRnet-acronImen als FYI (for your information), IMHO (in my humble/honest opinion), AFAIK (as far as I know), OMG (oh my god), LOL (laughing out loud) ROTFLMAO (rolling on the floor laughing my ass off), IRL (in real life) & de bekNde afscheper vOr mNsen dI domme vragen stLen: RTFM (read the fucking manual!).

Zoals wL vaker in dit sOrt gevallen hebben we dus wArschijnlijk nIt te maken met 1 systEm, mAr met 1 spontAn ontstAn amalgAm, het resultAt van 1 pro6.

Wat de nAm betrFt heeft Dorine Naalke nog 1 suggStI. 'Volgens mij is R in het Nederlands al een naam voor een geschreven taal met letters, cijfers & afbeeldingen,' schrijft ze. 'Het heet Rebus.' DAr zit iets >.

Dat je voor 'in' & 'uit'de tekens > & < kunt gebruiken & de klank 'et' kunt vRvangen door @, bedacht ik naar Anleiding van 1 mEltje van Rob de Vries, die voor 'pi' het symbool π gebruikt. Dit taaltje moeten we volgens Rob 'Sπd' noemen, oftewel *speed.*

Korthand

de Volkskrant, 5 april 2001

'Er zein in du needurlandsu taal 34 klangkun die voorgustelt wordun door 26-4=22 leturs. 22 klangkun wordun elk voorgustelt door 1 letur. 11 klangkun wordun voorgustelt door een saamunsteling van 2 leturs, die, elk afzondurluk, al een voorsteling van 1 klangk zein. Om het proobleem van du dieverzu uitspraak op tu losun, is het eigunluk noodig om voor elk van du 34 klangkun een "uunieku" letur tu maakun.'

Ik citeer Jan Carlier en zijn oplossing voor het 'probleem' dat één letter meerdere klanken kan hebben, afhankelijk van de context. Het alfabet wordt in zijn voorstel langer, maar de meerklanken verdwijnen.

'Probleem?'

Daar zegt u iets. Een argument dat spellingsvereenvoudigers vaak gebruiken, ook Jan Carlier, is dat een eenvoudiger systeem voor kinderen makkelijker te leren zou zijn. Ik vraag me dan altijd af waarom dat zo nodig moet. Loopt het uit de hand met de werkdruk onder zes- tot tienjarigen? Kan het zo niet langer? Is er een alarmerende toename van karoshi onder scholieren?

'Karoshi?'

'Da's Japans. Betekent dood door overwerk. Komt veel voor daar. Stresskipjes hoor, de Japanners.'

Als zo'n vereenvoudigd systeem tijd spaarde *in het gebruik*, zou er iets voor te zeggen zijn. Dan heeft iedereen er iets aan, en op langere termijn, maar als het alleen *leertijd* bespaart, geef je kleuters tijd cadeau om alle andere taalgebruikers tijd af te nemen. Tijdgebrek, stress en burn-out komen vooral voor bij mensen van middelbare leeftijd, en wie kunnen dat omschakelingswerk opknappen? Precies, zij. Die kunnen al die boeken gaan vertalen en corrigeren en opnieuw drukken, voorlichtingsmateriaal maken en verspreiden, lesprogramma's aanpassen, bijscholingscursussen geven, noem maar op. En dat allemaal om in hun tijd zwemmende kleuters een paar lesuurtjes te besparen!

Waar zijn we dan... (Maak deze zin zelf af.)

'Het heet natuurlijk sms-taal,' schreef onze vaste correspondent René Appel naar aanleiding van de stukjes over soundspelling. Ik heb groot respect voor het werk van professor Appel, maar hier moet ik hem toch tegenspreken. Sms-taal is een vorm van korthand, maar niet elke vorm van korthand is smstaal. Als Lewis Carroll in zijn brieven al elementen van soundspelling gebruikte, zoals briefschrijver Camiel Koomen opmerkt, als Astrid Lindgren het in de jaren vijftig al in haar Pippi Langkousboeken gebruikte en als the artist formerly known as Tafkap zijn lyrics begin jaren tachtig al zo noteerde, kun je toch moeilijk beweren dat het de taal van de *short message service* is. Maar goed, misschien bedoelde Appel dat de korthandcultuur door opkomst van de sms een sterke nieuwe impuls heeft gekregen, en dat kan ik onderschrijven. Zie bijvoorbeeld de website www.mobilefreaks.nl/smstaal/, waar een verzameling is aangelegd.

Mailer Jan Jansen uit Utrecht vindt het maar niks, al dit geknutsel. 'Hebben we na vele eeuwen spellingen met alfabetten, gaan jullie een tekenschrift ontwikkelen met tekens voor lettergrepen,' moppert hij. Toen Gerard Reve in 1970 het woord 'een' begon te vervangen door het cijfer '1', wist hij Jansen daarmee 'mateloos te ergeren'. De geconcentreerde opeenhoping van ditzelfde fenomeen in deze rubriek de afgelopen weken moet de heer Jansen welhaast tot razernij hebben gebracht. Lees het volgende versje dat een lezer stuurde dan maar niet, meneer Jansen, anders krijgt u nog *irritoshi*.

ik zie een eend
ik zie één eend
ik zie 1 eend
ik zie 1 1d
ik zie eeneend
ik zie 11d
ik zie elfd??

3sZT

de Volkskrant, 3 mei 2001

Gerard Reve, James Joyce, Lewis Carroll, Astrid Lindgren, het begint een eerbiedwaardig gezelschap te worden, de schrijvers die zich ooit van een of andere vorm van soundspelling bedienden.

Veel van deze korthandsystemen zijn ouder dan sms, maar het lijkt er toch op dat sms de katalysator is die ze nu tot één geheel smeedt. (Ja nee, een katalysator smeedt niet, maar wie van ijzeren consequentie houdt, moet maar naar een breimachine kijken.)

Soundspelling (T4U, tea for you), acroniemen (BMA, bel me alsjeblieft), emoticons (:-Q voor 'ik rook'), afko's niet te vergeten (arro, aso, etc.), in sms-taal kom je het allemaal tegen. De enige beperking aan sms-verkeer is dat je het zult moeten doen met de tekens die in je gsm zitten, terwijl je bij handschrift en drukwerk ook nog symbolen als hartjes kunt gebruiken (voor 'houden van'), of ogen voor 'ik', zoals Prince doet.

Uitgeverij Het Spectrum heeft een boekje over sms-taal gemaakt, getiteld *WAN2TLK? SMS-WRDNBKJE*. Die titel geeft al aan dat ook het weglaten van klinkers onderdeel is van sms-taal. Maar selectief, want zonder die a zou het onduidelijk zijn of de schrijver 'want' of 'wint' bedoelt.

Het systeem is: je schrijft het eerst voluit, en de letters die weg kunnen zonder dat de boodschap onduidelijk wordt, haal je weg.

Als je alle klinkers uit 'hartstikke bedankt' haalt, krijg je 'hrtstkkbdnkt', en als je hrtstkkbdnkt leest zie je dat het hartstikke bedankt betekent. Doe je hetzelfde met eigenlijk, dan krijg je gnlk; dat is minder duidelijk, dus de eerste e laat je staan: egnlk.

Ook maakt WAN2TLK? SMS-WRDNBKJE duidelijk dat sms-taal Engels en Nederlands door elkaar is. Voor wanneer je het een gebruikt en wanneer het ander, is geen regel; kwestie van hoe het uitkomt, en de lezer moet maar zien.

1ig is niet one-ig maar enig en 2day is geen twee-dai maar to-day. 2B is to be, Bst is beest, al zou het ook beast kunnen zijn. H8 is hate, HB is 'het beste'. L8er is *later*, maar LTR is later. No1 is volgens het boekje no-one, maar het zou natuurlijk ook nummer 1 kunnen zijn. T3O is trio. Scheelt één letter, maar alle beetjes helpen.

Als iemand nu LOL schrijft bedoelt hij dat ook ongeveer, al betekent het officieel Laughing Out Loud, maar SWALK, wat betekent dat in godsnaam? Sta te Wachten Achter Leusder Kazerne? Snel Wipje Aan de Lastmankade? Sjaak Werkt Aan Lekkende Kraan? Sorry Willem Alexander Laatste Kans? Allemaal mogelijk, maar volgens WAN2TLK? Moet het zijn: sealed with a loving kiss.

Het boekje is piepklein en allesbehalve compleet; in de inleiding wordt de lezer opgeroepen zijn aanvullingen te sturen (sms@spectrum.nl) en bij deze doe ik graag een paar suggesties, met name ten aanzien van de letter T.

N?T?: En? Thee?
T?: Thee?
TA: Thee ja.
OKFFT: Oké, effe thee.
ZLLT?: Zet Ellen thee?
3sZT. Dries zet thee.
AUBUT: Alstublieft, uw thee.
HT: Ha, thee.
A!: Aaaah!
TH8?: Thee heet?
H8+~ : Heet en slap.
OJ: O jee.

Economie

Work

Intermagazine, juli 1985

'Hé Albert, jij ook hier! Hoe 's 't, kerel?'

'Marcel! Sit down. Ik zie jou tegenwoordig ook alleen nog maar op workshops en seminars.'

'Verdomd. Goh ja, toen wij elkaar net kenden was het nog féést, een seminar...'

'Kocht je een nieuw pak voor.'

'Wat was dat ook alweer voor training waar wij elkaar leerden kennen? Was dat niet "Beleid, waarom eigenlijk?"'

'Neeeee... volgens mij was dat "De Taal Van Het Lichaam In De Offshore-industrie". Weet je nog, dat er drie met een handfractuur afgevoerd werden toen die inleider zich had voorgesteld?'

'Ik zeg altijd: de voornaamste charme van de workshop is dat het, in tegenstelling tot wat de naam suggereert, work noch shop is. En de kick natuurlijk dat er iemand is die er vijfduizend piek voor overheeft als jij je drie dagen in een te duur hotel opsluit om naar een of andere prettig gestoorde Amerikaan te luisteren. Ik bedoel semi-nar, het woord zegt het al.'

'Absoluut. Toch wel een goed verhaal hè, van deze Oshima. Herkenbare invalshoek.'

'Waanzinnig clevere mix van Pavlov en Zen.'

'Ik heb even uitgerekend dat je volgens zijn methode in één maand zo drie werkdagen wint. Wat trouwens goed uitkomt, want volgende maand doe ik "Representatie, lust of must?" Drie dagen in hotel De Toverberg bij Geldrop. Verdomd, nu heb ik het: wij kwamen elkaar voor het eerst tegen op "Winst, een nonprofit benadering" in centrum Het Oord.'

'Die sessie in Geldrop kan ik je afraden trouwens. Ik heb hem gedaan. Nogal mager programma.'

'O ja?'

'Geen video, 's avonds alleen een koud buffetje en een barkeeper die zich nerveus uit de voeten maakt als je een screwdriver bestelt om na tien minuten met een roestige nijptang terug te komen. Nee, dat was niks. Dan was dat seminar "Effectief Lunchen" van de gebroertjes Fagel in Wijk bij Duurstede wel even wat anders. Daar heb ik persoonlijk veel meer aan gehad. En was jij vorig jaar op die workshop van Jack del Prano, in Den Treek, over "Inversive Thinking"?'

'Gemist. Moest ik verdomme naar een belangrijke klant. Kwam ik daar, kon ik het met een of andere onderknuppel doen, want de baas had een belangrijk seminar. Driemaal raden waar. Als ik dat geweten had. Had ik die deal daar kunnen maken. Want daar zijn seminars toch wel geschikt voor, je pakt ze midden in die roes van: joho, morgen begint de Big Time, en dan zien ze zo'n voorstel toch even wat ruimer. Of was het misschien toch dat symposium van Ogem, "Blunders, Benut Ze"?'

'Ja, dat kan ook wel. Maar die Del Prano hè, die man is zo ongelooflijk verhelderend bezig, da's gewoon niet te befietsen. Zoals die man oogkleppen doorprikt, echt een enorme eye-opener.'

'Ogem was trouwens later, realiseer ik me, want ze hadden Udink op 't laatste moment van het programma geschrapt. Maar Del Prano, hoe werkt dat dan?'

'Het gaat erom dat je problemen niet meer als problémen ziet, maar als iets heel gewoons, als iets heel alledaags. Zodat je op den duur juist de afwezigheid van problemen als problematisch gaat ervaren. Kwestie van omdraaien. Eeuwenoud concept trouwens, dat vind je al bij Musashi en Edward de Bono.'

'Omdraaien?'

'Ja! Je ontdekt dat problemen maken veel makkelijker is dan problemen oplossen. En dan is het weer zo'n typisch westerse conditionering dat je het moeilijk wilt doen terwijl het makkelijk kan. In Japan hebben bedrijven die volgens die filosofie werken hun productiviteit in twee jaar met zestig procent verhoogd! Die maken nu ruim de helft meer problemen dan ze voor die tijd oplosten!'

'Overigens Marcel, je praat nogal hard. Ik zit vlak naast je.'

'Sorry, gaat vanzelf. Onlangs die training "Effectief Spreken In het Openbaar" gevolgd, van Stichting Bedrijfsbeeld. Verdomd leuk workshoppie hoor, maar zo gauw ik met een paar mensen om een tafel zit, begin ik onwillekeurig te loeien. Heb ik laatst nog enorm gelazer over gehad met Conny. Vond het overdreven dat ik een sprekerslijst aanlegde voor tijdens het avondeten. Gelukkig kon ik toen meteen doorprikken dat ze dat alleen maar zei omdat zij niets voorbereid had.'

'Ah! Jij bent ook naar "Minds, Meetings and Motivations" geweest.'

'Ja. Ik vond het boek beter.'

'Het blijft een tricky business met al die trainingen. Bij ons waren ze zo slim geweest om de directie vier dagen naar het Hilton Beekse Bergen te sturen voor "Ja, wie is hier nu de baas?", terwijl het lagere kader die week net op assertiviteitstraining gestuurd was. Dat gáf me toch een gedonder, jongen. Iedereen ruzie. De zwartepieten lagen opgestapeld tot in de gang. Toen hebben we Jerry Del Monte van SocioDynamics uit New York moeten laten komen om die assertieve chefjes te deprogrammeren.'

'Trouwens, wat staat er vanmiddag op het programma. Nog meer Oshima?'

'Dr. Minute Manager zelf? Nee joh, die zit allang weer in de jumbo, op weg naar het volgende zaaltje zielepoten. 's Kijken... hmm, een doctorandus geeft nog wat praktijkvoorbeelden...'

'Onzin dus.'

'Zullen we 'm gewoon smeren?'

'Spijbelen? Verleidelijk ideetje. Maar ja, blijft link. Je weet nooit wanneer Personeelszaken met een onverwachte overhoring komt.'

'Da's waar. Weet je wat, ik praat wel even met Achterhuis, mijn adjunct. Nemen we gewoon zijn notities over.'

'Oké. Ik wacht op je bij de fietsenstalling.'

'Fietsenstalling?'

'Eh, ik bedoel de parkeerplaats.'

Bisnis-babbel

Neo-turbo, 1993

Ik sprak een zakenman. Of liever: hij sprak mij.

Hij heette Koen, hij reed in een Mercedes van tweeënhalve ton en stond op het punt met zijn bedrijf een nieuw pand van zes verdiepingen te betrekken. Koen kwam net uit een 'boordvergadering', waar besloten was een onderdeel van een van zijn bedrijven 'in de vitrine te zetten'. Toen hij het vitrinebedrijf kocht, zat er nog 'een flink stuk groei en schwung' in, maar inmiddels was het 'niets dan narigheid'. 'Drie ton verlies per jaar,' zei hij, 'da's een bluddie sjeem. Evengoed, een drama van de bovenste orde.'

Het woord 'narigheid' bleek in Koens vocabulaire vooral een financiële betekenis te hebben aangenomen. Drie ton was nog niks, legde hij uit, in bedrijven kan 'voor miljoenen narigheid' zitten.

Ik had soms moeite hem te volgen, hij gebruikte wel meer woorden in een andere betekenis dan de gangbare. Als hij ergens 'scherp in ging', bijvoorbeeld, bedoelde hij: een lagere offerte uitbrengen dan de concurrent. Hij ging ook voortdurend 'ergens zitten', niet om uit te rusten, maar om te vergaderen, zaken te doen, afspraken te maken. 'Dus ik zeg: ga dan zitten met die mensen!'

Het duurde ook even voor ik begreep dat de begrippen 'interessant' en 'boeiend' voor Koen iets anders betekenden dan voor mij. In Koens vocabulaire stonden ze voor: potentieel winstgevend, lucratief. 'Da's een buitengewoon boeiend product. Fascinérend.' Zulke producten konden Koen 'erg blij' maken.

'Dat betekent toch weer tachtig K biobakken.'
'Tachtig K?'
'Dúízend. Tachtigduizend!'
'Goh.'
'Ja, da's leuk. Dat is ver-domde leuk.'

Terwijl ik m'n best deed het leuke van een biobak mee te voelen, wilde Koen al weer op een 'ander traject inschieten'. Namelijk: hoe je aan zo'n product 'een stukje sturing geeft'.

Soms gaf hij trouwens alleen maar 'een stuur'.

'Maar ik geef daar natuurlijk wél een stuur in.'

Verwarrend genoeg betrof al dat gestuur meestal zaken die Koen even tevoren nog 'op de rails gezet had'. Zou dat wel goed gaan?

Als Koen het over 'bestuurbare mensen' had, ging het niet over mensen die zich lieten besturen, begreep ik na enige tijd, maar over geneutraliseerde tegenstanders. 'Zo'n type gaat bij mij zó,' zei hij met een gebaar alsof hij een sigaar tussen zijn handen fijnwreef. 'Althans, hij is in elk geval redelijk bestuurbaar.'

Commercieel succes en spraakzaamheid, waarom zouden die hand in hand gaan, vroeg ik me af bij het gestage klateren van zijn stem. Praten kan een manier zijn om anderen de mond te snoeren. Ervan uitgaand dat mensen in principe niet door elkaar heen praten, betekent aan het woord zijn ook dat de anderen níét aan het woord zijn. Bij ruzies zie je dat ook. De ruziër blijft tieren en razen, begint in het wilde weg bijzinnen die allemaal weer afgemaakt moeten worden, rijgt lange snoeren van adjectieven en blijft, ook als zijn punt allang gemaakt is, tot in het oneindige argumenten aanvoeren. Want die ander zou één eenvoudige, dodelijke opmerking klaar hebben kunnen liggen. Die hij niet mag maken.

De verkoper begint te praten en zijn doelwit, zijn slachtoffer, denkt: wat moet ik met deze man? De verkoper heeft de taak die gedachte om te vormen tot de gedachte: duizend biobakken, of tweeduizend met extra korting?

Al te opzichtig trek- en duwwerk lokt verzet uit, het moet met kleine nauwelijks waarneembare stapjes gebeuren, en dat soort inpakwerk vergt heel wat woorden.

Inmiddels was er een vreemde aan onze tafel komen zitten, die zich met ons gesprek begon te bemoeien. Koen nam direct maatregelen.

'Hoor eens,' zei hij, 'ik wil geen toploze gesprekken horen.' De man ging door.

'Heeft u misschien nog een doel aan uw punt,' vroeg Koen, 'of communiceert u alleen holle lucht? Want u bent wel goed in het ontsporen van dit gesprek, maar ik wil nu graag de kern van uw eindpunt weten.' De man deed een poging, maar Koen had weinig geduld.

'In principe bent u een plezierige persoonlijkheid,' verklaarde hij, 'maar op deze manier kunnen wij natuurlijk geen bevredigende samenleving met elkaar construeren.'

Toen de lastpost was afgedropen, beter gezegd was weggespoeld op Koens onstuitbare woordenstroom, moest hij even opnieuw inschieten op zijn traject.

'Waar was ik?' zei hij. 'O ja, bij de convergentiepunten van de belachelijkheid van het spelen van een uitwedstrijd.'

Zou jij daar eens naar willen kijken?

Lijfstijl, 1990

'Wat is er?'

'Niks.'

'Je kijkt zo boos.'

'Ach.'

'Wat?'

'Ach, die Gemma. Ik krijg wat van d'r.'

'Wat nu weer.'

'Die rel met Jurriaans dreigt een beetje uit de hand te lopen, dus dacht ik vanmiddag: laat ik hem nog maar even een briefje schrijven voor de zitting. Ik zeg tegen Emma: Kun je dit voor het eind van de middag nog even tikken? Zegt ze: Nou, ik ben druk, hoor. Dus ik zeg: Het spijt me, maar dit moet echt vanmiddag nog even gebeuren. Zegt ze: Waarom doe je het zelf eigenlijk niet?'

'O jee.'

'Mijn eigen secretaresse goddomme!'

'Ja jongen... zo gaat het tegenwoordig.'

'Bij óns ja. Denk maar niet dat een secretaresse bij de ABN zoiets hoeft te proberen. Kan ze meteen d'r jas pakken.'

'Nou ja, je moet maar zo denken: die democratisering heeft ook z'n goeie kanten.'

'Waarom doe je het zelf eigenlijk niet. God, wat was ik kwaad.'

'Wat heb je gezegd?'

'Niks. Ik ben weggelopen. Ik was *flabbergasted*.'

'Je had moeten zeggen: Omdat jij dan straks geen baan meer hebt.'

'Ja precies, maar dat bedacht ik pas in de lift.'

Het wordt nooit meer zoals het geweest is, zei Joop den Uyl toen in 1973 de oliecrisis uitbrak. Die voorspelling is maar ten dele uitgekomen: de gordijnen gaan al weer jaren net zo laat dicht als vóór de oliecrisis en het autogebruik is alleen maar toegenomen. Maar de auto's zijn wel een stuk zuiniger gemaakt en achter die niet-gesloten gordijnen zit dubbel glas dat een hoop energie bespaart. Iets dergelijks geldt voor de crisis van het gezag. De democratiserings- en inspraak-rage is voorbij, veel van de vernieuwingen van toen zijn teruggedraaid of afgezwakt, maar de toestand van voor de jaren zestig keert nooit meer terug.

Een term als 'mindere' kan de moderne manager maar beter niet gebruiken voor zijn ondergeschikte, die hij trouwens ook maar beter geen 'ondergeschikte' kan noemen, zodat hij nog maar het beste van zijn 'medewerkers' kan spreken.

Maar die moet hij niet als 'zijn' mensen aanduiden, want ook dat wordt door de eigentijdse ondergeschikte niet geapprecieerd. Zo is het ook niet 'zijn' afdeling maar 'de' afdeling of, nog beter, 'onze' afdeling. Dat wil zeggen: in het bijzijn van zijn minderen, dat wil zeggen medewerkers. Onder zijn 'gelijken' heeft de manager van nu het gewoon over 'zijn' boekhouder en de mensen die hij 'onder zich' heeft. De moraal is op dit punt dus niet zozeer vernieuwd als wel gespleten, waaruit je zou kunnen afleiden dat de vooruitgang begint met hypocrisie.

Die omzichtigheid vind je ook terug in de manier waarop de moderne manager opdrachten geeft. Het gebruik van 'jij' en 'ik' roept al snel een sfeer van tegenstelling op, de moderne manager bedient zich liever van het meer saamhorig klinkende 'wij'. Als er iets mis is met de voorraden, zegt de moderne manager niet: 'Henk, wil jij eens iets aan die te hoge voorraden doen?' Hij zegt: 'Henk, die hoge voorraden, daar zouden we misschien toch eens iets aan moeten doen.'

Vervelende klusjes waardeert hij op door er een mooier woord voor te gebruiken. Zijn adjunct of assistent zal hij niet vragen 'even koffie te halen', maar om 'voor koffie te zorgen'. 'Halen' heeft iets loopjongerigs, terwijl 'zorgen' naar verantwoordelijkheid klinkt, en bovendien de mogelijkheid openhoudt dat de assistent die koffie niet zelf gaat halen, maar *ervoor gaat zorgen* dat iemand anders het doet.

De moderne manager vraagt zijn mindere niet om dit-of-dat te *doen*, maar om eens naar dit-of-dat *te kijken.* Als hij wil dat zijn sales-director maatregelen neemt om de ingezakte verkoopcijfers van regio Oost op peil te brengen, zegt hij niet: 'Frits, krik als de donder die cijfers van Oost-Nederland op', maar: 'Zeg Frits, die cijfers van Oost-Nederland, wil jij daar eens naar kijken?'

Op de volgende commissarissenvergadering zegt hij: 'Die cijfers van Oost zijn ons ook een beetje tegengevallen, maar daar wordt op dit moment ernstig naar gekeken.'

De adjunct-directeur van een onderzoeksbureau zegt niet tegen zijn senioronderzoeker: 'Ik wil dat jij dat onderzoek naar de zakgeldbesteding van middelbare scholen gaat opzetten', hij zegt: 'Zou jij zin hebben dat onderzoek naar de zakgeldbesteding van middelbare scholieren op te zetten?' Als de onderzoeker zich wel wat leukers kan voorstellen en de opdracht probeert door te schuiven, zegt de chef niet: 'Toch wil ik dat je het doet.' Hij zegt: 'Volgens mij zou je het ontzettend goed kunnen.' Werkt dat niet, dan zegt de chef: 'We hebben het er vanochtend met de directie over gehad en iedereen hecht echt enorme waarde aan dit project. Er wordt veel van verwacht.' Dit betekent: als je het doet, maak je een goede beurt bij de mensen die over jouw lot beschikken.

Pas als het volledige manipulatie-arsenaal zonder effect is gebleven, gaat de moderne manager op zijn strepen staan. Maar dat machtswoord kleedt hij in alsof hij zelf eigenlijk ook een beetje het slachtoffer van de omstandigheden is. Hij weet weliswaar zeker dat hij de onwillige medewerker op den duur zou kunnen overreden, maar daar is nu helaas geen tijd voor. *Hier sta ik, ik kan niet anders.*

'Oké. Jammer, ik had het leuk gevonden als je meteen enthousiast was geweest, en als je wilt moeten we over een tijdje misschien maar eens in het bos gaan zitten om het helemaal uit te praten, maar nu zou ik toch graag willen dat je dit gewoon dóét.'

Bij de formulering zorgt hij ervoor dat de woorden 'ik' en 'wil' door een aantal andere woorden van elkaar gescheiden blijven en niet de gelegenheid krijgen de licht ontvlambare combinatie 'ik wil' te vormen. Beter kan hij ze helemáál niet gebruiken, maar zeggen dat 'het toch moet gebeuren'. Alsof hij slechts het willoze instrument van een natuurwet is.

In de financiële wereld zul je dit soort situaties niet aantreffen. Daar is een secretaresse een secretaresse, die het best op haar plaats gehouden wordt door je stukken *baf!* op haar tafel te gooien en zonder iets te zeggen door te lopen. Om dezelfde reden verdiept deze baas zich op geen enkele manier in wat zijn secretaresse precies doet. *Juist* niet. Hij vindt het allemaal razend ingewikkeld, en verdomde knap, maar hij heeft geen idee wat zich in haar domein allemaal afspeelt, zodat hij zich ook niet bezwaard hoeft te voelen om haar iets onmogelijks te vragen. Weet hij veel?

'Pure magie!' zegt hij tegen een relatie als zijn secretaresse een compleet gebrocheerd en van grafieken voorzien rapport binnenbrengt.

Tegen zijn staffunctionarissen is hij aanzienlijk zuiniger met complimenten. Want wie zijn adjunct uitvoerig prijst, wekt daarmee licht het idee dat de tijd misschien rijp is voor nummer twee om nummer één te worden.

Bij de feestelijke opening van een nieuwe kantoorvleugel zijn het dan ook de mensen die voor de stoelen, het geluid en de hapjes hebben gezorgd, die de directeur omstandig lof toezwaait. Niet de adjuncts die een paar nachten hun bed niet gezien hebben om de hele organisatie op tijd rond te krijgen.

Niet zo aardig misschien. Maar eerlijk is eerlijk, door aardig te zijn is nog nooit iemand directeur geworden. 'Je weet wat ze zeggen: *nice guys finish last*.'

Vergadertaal

Turbotaal, 1987

Het VNO (CBS, ZWO of EZ) zou eens moeten onderzoeken hoeveel tijd wij besteden aan vergaderen. Maar vooral: hoeveel dat is vergeleken met dertig jaar geleden. Ik verwed er mijn linkerarm om dat het getal verdubbeld is. Minstens.

Een tijd geleden kreeg ik een bandopname in handen van een vergadering van een Commissie van Bijstand van de Amsterdamse gemeenteraad. Tweeënhalf uur duurde de opname en nadat ik enige tijd in de waan verkeerd had dat het moeilijk was te begrijpen wat er gezegd werd, drong de onontkoombare conclusie zich op dat er niets gezegd wérd. De secretaresse op wie de wrede taak rustte uit het gesprokene notulen te vervaardigen, bevestigde die conclusie. Wat zij opschreef was datgene waarvan ze wist dat de vergaderaars van haar verwachtten dat ze het zou opschrijven. En omdat het rondzenden van een A4'tje met daarop alleen de mededeling dat tijdens de laatste commissievergadering niets vermeldenswaard gezegd was, de ontvangers in een gevaarlijke staat van verwarring zou kunnen brengen, deed ze dus maar wat van haar verwacht werd.

Er heeft zich de laatste jaren in Nederland een heuse vergadertaal ontwikkeld. Het begint al bij het beleggen van een vergadering. De datum daarvoor wordt niet gekozen of voorgesteld maar 'geprikt', wat neerkomt op iets daar tussenin. De agenda's worden bij die gelegenheid niet gepakt of te voorschijn gehaald maar 'getrokken'. Merk op hoe hier voor onbeduidende, prozaïsche bezigheden dynamische, een zekere lenigheid suggererende termen geïntroduceerd zijn. Dit is omdat vergaderen een versuffende, zoutzakkige bezigheid is, die wel wat quasi-gymnastische opsmuk kan gebruiken. Vandaar dat in de vergaderwereld tegenwoordig ook veel sprake is van het 'exerceren' respectievelijk het 'doorexerceren' der 'marsroute'. Zingend, zwetend en fluitend zien we het vergaderpeloton de kazerneplaats rond stampen terwijl men onbeweeglijk rond de vergadertafel zit.

Er worden mensen 'onderuit gehaald' en 'platgewalst' en gedurig wordt 'met de vuist op tafel geslagen'. Bega echter nooit de fout tijdens een vergadering daadwerkelijk met de vuist op tafel te slaan. Dit gebeurt in de praktijk eigenlijk alleen nog in figuurlijke zin. Hetzelfde geldt voor 'roepen' en 'stoeien'. Neem deze dynamische vergadereufemismen voor 'zeggen' en 'overleggen' vooral nooit letterlijk, het zou u in grote moeilijkheden kunnen brengen. Nog enkele kwiek en fit klinkende eufemismen voor kantoorbezigheden waar in werkelijkheid weinig beweging aan te pas komt: 'gegevens boven water tillen/trekken/fietsen' (onderzoek doen), 'rollebollen' (discussiëren) en 'omspitten' (analyseren).

Geheel in lijn met de fitness-mode van het moment zijn vooral verwerkingen van het begrip 'fiets' de laatste tijd populair. Bas de Gaay Fortman verklaarde onlangs bijvoorbeeld dat de nieuwe PPR afscheid moet nemen van 'politieke luchtfietserij'. De zegswijze 'op die manier' kreeg in bepaalde kringen onlangs een variant in 'op die fiets', het synoniem 'fiets' voor bril maakt weer opgang, evenals het werkwoord 'fietsen', ter aanduiding van een geheimzinnige, zeer moeilijke activiteit waarvan de fietser de exacte aard liever niet onthult doch waarvan wij spoedig de indrukwekkende resultaten zullen aanschouwen. 'Daar kan ik nog wel een halve ton uit fietsen.' 'Ik fiets dat wel even voor elkaar.'

Mijn vriendin had niet lang geleden een collega die, als de behoefte aan bepaalde informatie rees, de opdracht deed uitgaan deze zo snel mogelijk 'boven water te fietsen'.

Zoals gymnastische eufemismen de conditieverwoestende werking van het vergaderwezen verhullen, zo wekt het voorvoegsel 'in' de schijn dat men de zaken niet oppervlakkig doch juist met een diepgravende intensiteit tegemoet treedt. Met andere woorden: de reden waarom het woord 'in' in is, is de reden waarom het woord 'uit' uit is. Schatten doet een stratenmaker als hij zand bestelt, voor 'inschatten' is een derdegraads opleiding en een flink salaris vereist. Men zegt dus ook geen 'huren' maar 'inhuren'. Voelen wordt volgens dit patroon 'invoelen'. Iemand op de hoogte stellen heet 'inseinen', iemand uitvoerig op de hoogte stellen heet 'inpraten'. Naast 'inverdienen' kunnen we nu ook geld overhouden door 'inbesparen'.

Het belang van 'in' blijkt echter het sterkst uit woorden waarbij het eigenlijk alleen om het voorvoegsel 'in' gaat, waarachter vervolgens een willekeurig werkwoord wordt geplakt. Het totaalwoord 'fietsen' leent zich ervoor ('infietsen'), maar ook valt aan de vergadertafel geregeld te horen hoe iemand hier toch nog wel even op wil 'insnijden', 'insteken', 'inpikken' dan wel 'inprikken'.

Omdat er zo vaak en zo lang wordt vergaderd, is de behoefte ontstaan aan veel verschillende manieren om hetzelfde te zeggen. Zeg dus niet telkens 'daar ben ik het wel mee eens', maar wissel dit eens af met: 'daar kan ik me wel in vinden', 'daar kan ik me wel in herkennen', 'daar kan ik een eind in meegaan', 'daar heb ik geen problemen mee', 'ik heb daar weinig op af te dingen', 'ik beoordeel dat positief', 'ik kom in grote lijnen tot dezelfde afweging', 'alles afwegende zeg ik: ik zeg daar geen nee tegen'.

Denk niet te snel dat woorden van eigen vinding in een vergadering niet kunnen. Het tegendeel is waar; onzinwoorden verhogen de vermaakswaarde van een bijeenkomst en dat zal u stilzwijgend in grote dank worden afgenomen, een dank die zich later zal uiten in een gretig gebruik van uw nieuwe woord. De vergaderpraktijk van nu geeft lichtende voorbeelden. Ooit moet iemand toch voor het eerst in een ogenblik van opperste vindingrijkheid of verlegenheid het woord 'terugkoppelen' uitgestoten hebben.

Happend naar een moment van aandacht en erkenning, stel ik me voor, wrochtte iemand in een vergadering het woord 'behappen', de rest is geschiedenis.

'Ik sluis dat wel even door,' versprak een vergaderaar zich ooit toen zijn gedachten van het onderwerp even waren afgedwaald naar het penibele moment dat hij die zondag met zijn pleziervaartuig tussen de sluisdeuren van Muiden had beleefd. Zijn vondst werd zoals bekend een tophit, waar door minder oorspronkelijke geesten al snel op werd ingehaakt met varianten als 'bijsluizen', 'meesluizen' en 'rondsluizen'.

Geneer u niet voor het brutale, ad hoc verzonnen vulwoord, maar pas op, vermijd dat iemand het gevoel krijgt iets essentieels te missen. Zeg dus zoiets als: 'Dat is een kwestie van goed doorversiferen, lijkt me geen punt.' Net als Simon Carmiggelt, die ooit het 'epibreren' uitvond, kunt u het onzinwoord natuurlijk ook als bluf of rookgordijn gebruiken. Zeg dan bijvoorbeeld: 'Sorry, dat kan niet, die zaak moet nog een keer geversifeerd worden.' Vraagt iemand wat het betekent, zeg dan (eventueel met geprikkelde blik op het horloge): 'Er is vast wel iemand die u dat na de vergadering even wil uitleggen.'

Pas op, overstekend woord!

Turbotaal, 1987

Waar zou het mee begonnen zijn? Met iemand die eens iets anders wilde dan 'aanvaring' en zei: 'Ik had vanochtend een frontale botsing met die knakker van de boekhouding'? Of lag de inspiratie in de letterlijke vertaling van het begrip 'traffic', dat in het bedrijfsleven steeds vaker wordt gebruikt ter aanduiding van de afdeling die zorgt dat iedereen op het juiste moment over het juiste materiaal beschikt? Of was het toch Jan Terlouw, die tijdens de formatie van het tweede kabinet-Van Agt tegen Den Uyl zei dat een premierschap wat hem betrof een 'gepasseerd station' was? Of is de saaie, voor de hand liggende verklaring simpelweg een geval van voortborduren op oude bestaande zegswijzen als 'in de wielen rijden' en 'een spaak in het wiel steken'?

Ik stel voor Jan Terlouw toch nog een plaatsje in de geschiedenisboeken te gunnen en bij deze te boekstaven als de uitvinder van de verkeerscross-over. Poseerde hij niet ooit voor de fotografen met zijn Harley-Davidson?

Wie hem ook uitvond, de verkeerscross-over is uitgegroeid tot een van de belangrijkste cross-overs van de jaren tachtig, en wie Hedenlands wil leren spreken, doet er goed aan hem grondig te bestuderen. Het procédé is eenvoudig: zoek voor wat u wilt zeggen een zegswijze uit de wereld van verkeer en transport met een min of meer overeenkomstige betekenis. Zeg, om een eenvoudig voorbeeld te geven, dus niet: 'Er zijn nog een aantal problemen op te lossen', zeg: 'Er zijn nog wel een aantal hobbels te nemen.'

De voordelen van de verkeerscross-over zijn velerlei: net als de meeste vormen van vergadertaal verleent hij een schijn van vaart en beweging aan een bezigheid die die eigenschappen nu juist nogal ontbeert. De zin 'Henk is door de bocht gegaan', of beter nog 'Henk is gierend door de bocht gegaan', klinkt natuurlijk aanzienlijk dynamischer dan 'Henk is van standpunt gewijzigd'. Een ander voordeel van de verkeerscross-over zit hem in het tweerichtingskarakter van het verkeer. Als Terlouw gezegd had: 'Daar is het nu te laat voor', had hij daar nauwelijks nog op terug kunnen komen. Te laat is te laat, de tijd draai je niet terug. De formulering 'gepasseerd station' daarentegen, biedt een uitweg. Goed, de trein was gepasseerd, maar voor dit speciale geval, en bij hoge uitzondering, is hij teruggereden naar het station.

De woorden 'stoppen' of 'tegenhouden' klinken zowel statisch als definitief. Iemand 'afremmen' of, beter nog, 'wat tegengas geven' klinkt sneller, dynamischer en is tegelijkertijd minder precies. Hoe hard er wordt afgeremd of hoe diep het tegengaspedaal ingedrukt wordt, zal nog moeten blijken.

Zeg 'op de rails zetten' in plaats van 'beginnen'. Geef 'het groene licht' in plaats van de opdracht om door te gaan, 'het rode licht' als u ergens een eind aan wilt maken. Zeg, in plaats van ergens gewoon de aandacht op te vestigen, dat u er 'een knipperbol bij zet'.

Gebruik het aan de wegenbouw ontleende 'traject' of 'tracé'. Aarzel niet, plak ze gewoon achter een woord dat in feite op zichzelf kan staan, dus 'het adviestracé' in plaats van 'de advisering', 'het salestraject' in plaats van 'de verkoop', 'het ontwerptraject' in plaats van 'het ontwerpen', enzovoort. Meer nog dan om de trajecten en tracés zelf, gaat het om het *afleggen* ervan. Gebruik om dit te benadrukken de term 'rit'. 'Het lijkt me moeilijk om daar halverwege de rit nog mee te beginnen.'

'Wie de rit niet uit wil zitten zal moeten springen, want stoppen doen we niet.'

Zeg niet 'overtreffen' of 'overtroeven' maar 'inhalen'. 'Bart werd door Jan-Willem rechts ingehaald.' In dat geval ligt het voor de hand dat Jan-Willem de baas wordt. Oftewel, dat hij 'de kar gaat trekken'.

De vraag is op welk spoor Jan-Willem gaat zitten. De term

'spoor' staat ruwweg voor 'aanpak'. Is er sprake van beleid gebaseerd op twee aanpakken, dan noemen we dat een 'tweesporenbeleid'. Ook 'drie sporen' kan nog. In het geval dat het precieze aantal sporen niet valt na te gaan, kan altijd een beroep worden gedaan op 'meersporenbeleid'. Volgt een beleid slechts één spoor, dan wekt het misschien een wat schamele indruk om dit als 'éénspoorsbeleid' aan te duiden. Hier toont de onbegrensde veelzijdigheid van de verkeers-cross-over zich in optima forma, want voor een dergelijk geval is er de term 'monorail-beleid'. Dit om te benadrukken dat een eenspoorsbeleid niet primitief is, maar juist heel geavanceerd. Vergezocht? Volslagen geschift? Misschien, ik citeer ook maar uit het *Politiek Woordenboek* van Marco Bunge (1985).

Voor 'benadering' wordt ook wel de term 'aanvliegroute' gebruikt, 'vluchtheuvel' en 'vluchtstrook' komen in de plaats van 'tijdelijke oplossing', en de planning of het tijdschema wordt het 'tijd*pad*'. (Merk op hoe iets dat bij uitstek lineair en voorspelbaar is, de tijd, wordt voorgesteld als iets dat juist kronkelig en onberekenbaar is, een pad. Het excuus voor vertragingen zit er al bij voorbaat in.)

In Den Haag kent men ook het verschijnsel van de 'probleemparkeerplaatsen'; meestal zijn dat adviescommissies die zich nog eens langdurig over een precair politiek probleem gaan buigen.

U merkt het, de wereld van verkeer en transport biedt talloze mogelijkheden en een geoefend spreker kan er prachtige resultaten mee bereiken. Om je Frans correct uit te spreken moet je doen alsof je zwaar overdrijft, zei mijn leraar Frans altijd, dan is het precies goed. Hetzelfde geldt voor Hedenlands en dus ook voor de verkeerscross-over: er zijn geen don'ts, slechts do's.

Tot slot een waarschuwing: bent u werkzaam in de wereld van verkeer en transport, wees dan voorzichtig met de verkeerscross-over. Verspreid over Nederland staat een aantal keurig afgebouwde viaducten waarop noch ter linker- noch ter rechterzijde een weg aansluit. Waarschijnlijk komt dit doordat ergens bij Verkeer en Waterstaat iemand op een dag voorstelde om 'het traject enigszins te verleggen en de afdeling bruggen en viaducten alvast het groene licht te geven'.

De insteek

Hedenlands, 1996

Een van de obstakels die een nieuw woord bij zijn inburgering moet overwinnen, is de gêne. Mensen hebben iets tegen het nieuwe woord en generen zich om het te gebruiken. Maar naarmate meer mensen het woord overnemen, voelt de weigeraar zich een beetje buiten de orde geplaatst, kiest eieren voor zijn geld en doet toch maar mee. Telkens als hij het woord *sweater* correct uitspreekt, zegt iemand dat het 'swieter' moet zijn, dus dat zegt hij voortaan ook maar, om van het gezeur af te zijn. Hij is zó vaak door slagers gecorrigeerd als hij *corned beef* zei, dat hij nu ook maar 'kornèdbief' zegt. Zo slijt de gênedrempel geleidelijk aan weg, tot dat lelijke nieuwe rotwoord op een bepaald moment door iedereen gebruikt wordt en niemand het meer een lelijk nieuw rotwoord vindt.

Een woord dat hier het afgelopen jaar flinke vorderingen bij heeft gemaakt, is 'insteek'. Al haast ongemerkt komt het voorbijgezeild in de conversatie, in persberichten, radiogesprekken en televisieteksten. 'Insteek' lijkt wel van elastiek, het kan van alles betekenen.

'De insteek van de CDA-fractie is om te zorgen dat de koopkracht van deze categorie weduwen niet verder afkalft.' Insteek = oogmerk, intentie.

'Ik geloof dat onze insteek onvoldoende aan bod is gekomen.' Insteek = belang.

'Is die insteek hier wel relevant, vraag ik me af.' Insteek = aspect.

'Achteraf was het vooral de insteek van de jeugdafdelingen die het overleg tot een succes maakte.' Insteek = bijdrage.

'Iemand nog iets met betrekking tot deze insteek?' Insteek = agendapunt.

'Insteek' is een soort Zwitsers legerzakmes.

Mensen die gaan kamperen hebben geen zin vier of vijf verschillende stuks bestek mee te sjouwen, dus nemen ze zo'n uitklapgevalletje mee dat al die verschillende functies kan vervullen. Dat wil zeggen: een beetje. Want met zo'n wondermes kun je dan misschien snijden, zagen, schroeven, vijlen én knippen, met het geëigende gereedschap gaan al die dingen toch beter. Zo is het met dit soort woorden ook: het lukt allemaal wel, maar het resultaat is niet echt dat-je-zegt-mooi.

Een professionele kok zal zo'n multi-purpose-instrument niet gauw in de keuken gebruiken en dat is waar de vergelijking mank gaat. Woorden als 'insteek' zijn juist het populairst bij beroepsmatige sprekers: bij managers, hulpverleners, ambtenaren en politici. Mensen die weten wat ze doen, en waarschijnlijk niet vaag zijn uit onhandigheid, maar met opzet.

Reclame-turbo

Neoturbo, 1993

'O Miranda, prima werk, die catalogus. Alleen die kleuren, dat moet echt anders.'

'Hoezo?'

'Die namen zijn niet goed.'

'O?'

'*Roodbruin*, staat er bij dat vestje, dat kan niet.'

'Hoezo?'

'Dit is het seizoen van de aardetinten, Miranda! Lees je de krant niet?'

'Aardetinten? Iets van *steenrood* dan misschien?'

'Nee, da's te gewoontjes. Eh, *brick*, maak dat er maar van.'

'Oké.'

'Of nee, *terracotta*, dat is het. En een vestje noemen we een *gilet*, trouwens.'

'Zjie-let. Oké, verder nog iets?'

'Hier. *Beige jas*, staat hier.'

'Dat is het toch?'

'Miranda, onthou één ding: *beige* bestaat bij ons niet. Líjken zijn beige. En *jas* kan ook niet.'

'Hoe bedoel je?'

'Dit is een *coat*.'

'O.'

'Hoewel, maak daar maar *coatje* van.'

'En deze klokmantels dan, *clocking coats*?'

'Klókmantels? Stáát dat daar?'

'Ja een korte, wijdvallende jas, dat is toch een klokmantel?'

'Ja. in het bejaardenhuis misschien. Bij ons heet dat een *swag-*

ger, Miranda! En maak van dat beige maar *zand*.'

'Natuurlijk, een aardetint. En voor dat geel, oker?'

'Nee, *sahara*, dat is nuër. En hier! Lijfje! Mijn god, het lijkt wel Zuid-Afrikááns. Dat heet een *body*, Miranda. En een mouwloos lijfje is een *teddy*.'

'Oké, genoteerd. Nog meer?'

'Wat staat hier? Donkerblauwe was-jas? *Marine wax-coat*, zul je bedoelen.'

'Ah, de legeronderdelen-tinten. Zal ik van dat grijsblauw dan maar *luchtmacht* maken? En dat groen, *landmacht*?'

'Hallo, we zijn geen dumpshop, ja? Dat grijsblauw wordt *RAF*-blauw.'

'Wat zijn dat, de terroristen-tinten?'

'*Ar-ee-ef*, de Engelse luchtmacht! En maak van dat groen maar *olijf*.'

'Ah juist, de stripfiguren-tinten.'

'Nee Miranda, behalve de aardetinten hebben we ook nog de voedsel- en specerijentinten. Hier, de *Viva* van vorige week: *Straks draag je kerrie, nootmuskaat, zalm en olijf*.'

'Nou, verzin jij dan maar eens iets lekkers in, 'ns kijken, bruinzwart, en, tja, wat zal ik zeggen, zachtpaars?'

'Eh... *nootmuskaat*, enneh... weet je wat, maak daar maar *taupe* en *mauve* van.'

'Wát?'

'Oude Franse kleurnamen, ook weer helemaal terug.'

'Goed... t-ooop en mmmm-oof. Verder nog iets?'

'Hier, *maillot*, dat heet een *legging*.'

'Maar een legging is toch zonder voet?'

'Ja, dus dan zet je: *legging met voet*.

'Goed. En dan gewoon verkrijgbaar in *zalm*, *champagne*, *olijf* en *sahara*?'

'Nee natuurlijk niet.'

'Waarom niet?'

'In een opsomming van voedseltinten kun je niet ineens zomaar een aardetint gaan stoppen.'

'O? Waarom niet?'

'Moet ik je dan álles uitleggen? Omdat het dan net is alsof je ineens een hap zand in je mond krijgt!'

'Hm, zo had ik het nog niet bekeken.'

Dat het leven zoals de reclame het ons voorspiegelt nauwelijks lijkt op het leven zoals het zich van dag tot dag aan ons openbaart, is geen geheim. Wie zich na het zien van een PTT-spotje met bonzend hart naar het postkantoor rept, staat een ontnuchterende ervaring te wachten. Menstrueren wórdt geen feest, wat voor revolutionair wonderweefsel je 's ochtends ook in je slipje schuift.

Echte mensen práten ook heel anders dan in de reclame.

'Wij hebben nu caramel aan de muren en cerise op de vloer.'

'Oggut, gooien die van jou ook zo met eten?'

Niet alleen de woordkeus is anders in de reclame, ook het soort dingen dat mensen zeggen. Mensen die op feestjes inderdaad 'Schat, dit moeten we ook eens nemen!' door de kamer roepen, worden de volgende keer vast niet uitgenodigd.

Een echtpaar schuift aan in een exclusief restaurant. Damast, kaarsen, kristal, zachte muziek. Terwijl ze het menu bekijken wil de ober in zwierig Frans nog iets toelichten, maar de man klapt de kaart al dicht en zegt: 'Heeft u iets met gehakt?'

Voor de kust van een paradijselijk tropisch eiland drijft een bootje. De zon schijnt, het water is azuurblauw, palmen wuiven, de steelguitar kweelt een loom deuntje. Een Europees-roze man duikt op uit het water en hijst zich aan boord van het bootje. Zijn vrouw, die een soort hawairok en een bloemenkrans draagt, geeft hem een handdoek. De man drukt het rulle weefsel tegen zijn gezicht, kijkt dankbaar lachend op naar de vrouw en... begint over de wasverzachter!

'Sodemieter op Henk, ik ben met vakantie,' zou een echte echtgenote zeggen, maar nee, terwijl even buiten ons gezichtsveld een stel lokale vissers de grootste Polynesische blauwstaartrog aller tijden aan land slepen, verwelkomd door de voor deze gelegenheid in oogverblindende offertooi gestoken dorpsdansers, terwijl de jongetjes van het dorp lenig als slingeraapjes in de palmbomen klimmen om de ene kokosnoot na de andere omlaag te werpen zodat er vanavond voor iedereen genoeg te drinken zal zijn, begint deze Hollandse huisvrouw, in die hawairok, met die bloemenkrans om haar nek, haar man uit te leggen hoe blij ze is met de nieuwe formule van Robijn. Hebben die mensen nooit *vrij*, vraag je je af.

'O Henk! Als je naar de slager gaat, neem dan nog even wat leverpastei mee!'

Man genaamd Henk, vrouw die iets vanaf de overloop roept, slager, leverpastei, tot zover geen bijzonderheden.

'Maar welke dan?' roept de man. 'Schut heeft zoveel soorten!'

Een beetje vreemd misschien, maar het zóú kunnen. 'Saksische leverpastei,' gaat de man verder, 'Normandische leverpastei, Gelderse leverpastei, Ardenner leverpastei...'

Dus. Man onder aan trap, jopper halfdicht geritst, boodschappentas ter hand, declameert uit het hoofd omvangrijk assortiment leverpastei. Dat moet de directeur van Schut-leverpastei zijn. Hoewel, die hoeft er niet voor naar de slager.

'... boerenleverpastei met echte stukjes lever, Limburgse leverpastei met rooksmaak, Schwarzwalder leverp...'

Wie ís deze man! Komt hij van een buitenaardse beschaving? Is die vrouw Mindy en hij een soort Mork?

'Eh, iets met room!?' roept ze vanaf de overloop. Heel gek, in sommige dingen is zij enorm kieskeurig, maar met leverpastei heeft ze dat helemaal niet. Zolang er maar room in zit vindt ze het verder wel best.

'Ah, jij bedoelt de Schut-leverpastei met room en champignonnetjes!' roept de ruimtetoerist. Pas op, waar hij vandaan komt weten ze wat leverworst is.

'Ja, die!'

'Oké!' roept Mork. 'En weet je wat, dan neem ik ook nog wat van die nieuwe Schut-leverpastei met fijne Provençaalse tuinkruiden mee!'

'Ja, doe maar!' roept Mindy hem, na. 'Schut is tóch heel voordelig!'

En toch, eerlijk is eerlijk, er zijn ook reclameschrijvers die er iets moois van maken. Ooit, het moet ergens in de jaren vijftig geweest zijn, heeft een Nederlandse fabrieksdirecteur, haren dik in de pommade, de fiere blik op verre einders, zijn reclameadviseurs heengezonden met de woorden: 'Dus, heren, aan u de taak om dit land kond te doen van het rijwiel met tweetakthulpmotor!'

'Hóé noemt u dat ding?'

'Het Rijwiel Met Tweetakt-Hulpmotor!'

Misschien wel op datzelfde moment schoof, elders in het land, een collega-directeur zijn Gispen-stoel achteruit, en zei: 'Heren, ik verwacht een dáverende campagne. Leve de Koolzuurhoudende, Alcoholvrije Dranken!'

'Vijfendertig letters,' telde de jongste bediende van het reclamebureau toen de directeur weg was. 'Neon kunnen we in elk geval vergeten.'

Zo ontstonden de woorden 'bromfiets' en 'frisdrank'. Het zijn de gouden momenten uit de vaderlandse reclamegeschiedenis. Als ik toch eens een nieuw woord kon verzinnen, denken copywriters als ze zoiets lezen, dan kom ik niet alleen in de annalen, maar ook in de *Van Dale*!

Ze gaan er eens goed voor zitten, en van wat er dan aan goedbedoelde pogingen tot vocabulaire grensverlegging plaatsvindt, is niet gering. Alleen in de folders van Blokker al.

We zien de Blokker-tekstschrijver aan zijn bureau zitten, de dia's van het nieuwe seizoensassortiment op de lichtbak. Wat hebben de inkopers nu weer van de jaarlijkse keukenbeurs in Toronto meegebracht? Het meest lijkt het nog op een kruising tussen een bord en een dienschaal. Waar zou het voor zijn? 'Om dingen in op te warmen,' heeft de chef Servies naast het plaatje gekrabbeld. Een paar minuten is het stil, maar dan springen de typevingers van de tekstschrijver tot leven: *voedselwarmhouder met ingesloten drievaksbord.*

Een setje voorraadbussen waarop ganzen staan afgebeeld. Keukenbussen met gans? Nee, *blikserie met gansdecor*!

Een terracotta schaaltje met de neus van een stekelvarken. 'Voor planten of waterkers,' heeft de inkoper erbij gezet. Kijk eens aan: de *tuinkersegel.* De tekstschrijver begint op gang te komen, een *decoratief schoofje*, een *fotolijst in broderiestijl*, een *kreuklint in fuchsia, bleu of champagne*, het ene briljantje na het andere delft hij op.

Fruitmand? Niets ervan, een *citruskorf* heet dat voortaan. Maar dan stuit hij toch weer even op een moeilijk geval: een soort houder voor het aabeetje (de afstandsbediening) van de televisie, die je over de leuning van een stoel kunt hangen. Ter versiering is er een eendekop op aangebracht. Allemachtig, hoe noem je zoiets? Een tv-*mate?* Nee, *mate* is te doe-het-zelf-achtig. Een *aabee-boy*? Nee, *boy* is voor mannendingen. Je hebt de *dressboy*, de *hangmappenrolboy*, maar een houder voor de haardroger noem je geen *föhnboy*. Misschien biedt de eend een ingang. De tekstschrijver glimlacht. *Tv-eend.* Waarom niet? Heeft de wc-eend ook wat aanspraak.

Hop, de taal is gansch het assortiment.

Bezield gooit hij de volgende dia op de lichtbak. Een plat rond voorwerp van plastic. 'Om de stelen van bloemen mee af te snijden,' staat erbij. *Een steelschaar*? Nee, dat roept misverstanden op. *Stengelclipper*? Dekt de lading, maar bekt niet lekker. Een *bloemsnoeier*? Klinkt goed, maar klopt niet echt. Dan heeft hij het. Een *stengelbengel*! Slaat nergens op, maar dat maakt niet uit. Het bekt. Sterker: het bekt als een gek!

Zo vallen er bij de Nederlandse consument elke dag wel een paar revolutionaire taalvernieuwingen door de bus. Na de *hapjespan* (binnenkort het *slokjesglas*) was daar ineens de *smikkelpan.* Niet te verwarren met de *roerbakpan* – *wok* was blijkbaar toch te moeilijk – en de *vleugelpan*, waar een soort vluchtstrook aan zit om gare dingen op te parkeren terwijl de rest doorbakt. Een bundel van drie doorzichtig plastic buizen waar je guldens, rijksdaalders en vijfguldenmunten in kunt verzamelen: een *spaarorgel.* Of voor wie dat te duur is: de *vijfguldenpijp.*

Er zijn dingen die licht geven, de *kikkerlamp* bijvoorbeeld, en dingen die geur verspreiden, ik noem de *potpourri*, maar ook dingen die allebei tegelijk doen. Het *geurlicht*, bijvoorbeeld.

De fietsjacks die je bij Agu Sport kunt kopen zijn kennelijk meer dan zomaar een anorak en heten dus *superak.* Ze verkopen er ook verstelbare snelbinders ofwel *stelbinders.* Een portemonnee voor op de fiets: *sportemonnee.* Een groter model: de *sportefeuille.* Een slot waarvan je de kabel kunt oprollen: het *oprolslot.* Sommige benamingen zijn niet direct duidelijk. Heeft de Stichting Slachtofferhulp al geprotesteerd tegen de schaamteloze manier waarop Agu Sport op de kleine criminaliteit inspeelt met die *makkelijk afneembare pak-af-tas?*

De creativiteit der copywriters bereikt in de *hightech* sector pas echt zijn hoogtepunt. Je hoeft maar een folder van een *hifi*-fabrikant te lezen om erachter te komen dat de tijden van *wow, flutter* en *jengel* ver achter ons liggen. Evenals het woord *hifi* trouwens. Bij het *audiosetje* van nu gaat het om *tuning jog,* om *1-bit shuffle delete,* om *parametrische sleep-timer* voorzien van *digitale pulscompensatie,* om een *hitmaster* met *melody assist,* liefst gecombineerd met een *14-bands spectrum analyser met jog shuttle en memory scan.*

Wie niet zoveel te besteden heeft kan altijd nog terecht in de 'Schadehoek'. Want daar geldt: 'Met een kras of deuk, wordt de prijs pas leuk.'

Bar-, loket- en toonbank-oubo

Oubotaal, 1999

Bij de slijterij waar ik als student mijn drank kocht, werd op een dag een nieuwe filiaalchef benoemd. Het probleem met deze man was dat hij té vriendelijk, té deskundig, té behulpzaam en té goedgehumeurd was.

Als je hem lege flessen overhandigde zei hij: 'Kijk eens aan, voor mijn verzameling.' Dat is de eerste keer al niet echt leuk, maar hij zei het *altijd*. Bij het intikken van de kassa sprak hij niet van 'verpakking', of 'lege flessen', hij zei: *emballaaazj*, met de nadruk op de laatste lettergreep. 'Drie-zestig inhoud, twee-twintig *embal-lááz*j...'

En altijd een praatje. Kwam er bijvoorbeeld een meisje een fles goedkope tequila kopen voor haar eindexamenfeestje, dan had hij wel een of ander verhaal over hoe hij in de jungle van Mexico ooit 'échte' tequila te drinken had gekregen, ter plekke gestookt in een oude boomstam, of zoiets, en dat spul, dat was zó sterk dat hij even later 'de bomen zag oversteken'. Mensen met een fles witte wijn ging hij altijd uitleggen welke soort vis je daarbij moest eten. En altijd was dat dan 'tong met een roomsausje met champignons'. En dan, alsof het nóg erger moest, maakte hij daar het Franse lekkerbekkengebaar bij, u weet wel, het smakkend kussen van de vingertoppen, gevolgd door een hemelse blik.

'Uhmmmmm...' zei hij dan, 'dat is góddelijk!'

Verschrikkelijk.

Iedereen kent het verhaal van de getrouwde man die op een avond met de woorden 'even een pakje shag halen' het huis verlaat en nooit meer terugkomt. Iedereen heeft zich ook wel eens afgevraagd hoe zoiets mogelijk is. Ik denk dat ik erachter ben.

Het gaat niet om die vrouw, de kinderen of dat huwelijk, het komt door Oubotaal. Die man ging naar de sigarenwinkel, de winkelier pakte wat er besteld werd, legde het op de toonbank en zei, voor de achthonderdvierenzestigste keer: 'Eén Drumstel voor meneer.'

Nú is het genoeg, dacht de klant, ik móét een andere sigarenboer hebben. Wat zeg ik? Een ander leven!

'Tabak en gemak, alles onder één dak!' riep de winkelier nog in een poging het goed te maken, maar het was te laat.

Winkeliers en hun klanten zijn tot elkaar veroordeeld. De winkelier had iemand misschien liever niet als klant gehad maar omzet is omzet, de klant had hem misschien ook liever niet als winkelier gehad, maar om de hoek is om de hoek. Resultaat: een frequent, beleefd, oppervlakkig contact. Waarbij de animo vooral van één kant komt, van de winkelier, die het zijn klanten naar de zin probeert te maken. Door ze een beetje te vermaken bijvoorbeeld. En daar gaat het vaak fout. Want laten we eerlijk zijn, wie jaar in jaar uit elke dag weer geestig en origineel kan zijn wordt geen winkelier, die wordt schrijver of cabaretier.

'Slager, heeft u varkenspootjes?'

'Gaan we katten?'

'Slager, heeft u een plastic zak?'

'Mevrouw, ik vraag u toch ook niet of u een kartonnen doos heeft?'

Of: 'Nee, maar wel een kunstgebit.'

Een winkelier bij ons in de buurt heeft zich toegelegd op de actuele mop. Je moet ervan houden, ze zijn ook zeker niet altijd even geslaagd, maar het voordeel van die aanpak is in elk geval een zeker verrassingselement. Alles beter dan een conversatie die je, nog voor hij begonnen is, al woord voor woord in je hoofd kunt opdreunen. Toch zijn er nogal wat winkeliers, kasteleins en loketbedienden die dit niet begrijpen, en almaar opnieuw uit dat ene kleine vaste repertoire van grappigheden putten.

De kapper die áltijd weer als hij uitgeknipt is 'zo, nu kan het zonnetje er weer bij' zegt. Een lezer schreef mij dat zijn kapper dat nu al *twintig jaar lang* doet. Als deze briefschrijver even vaak naar de kapper gaat als ik, een keer of zes per jaar, dan heeft hij dat nu *honderdtwintig keer* gehoord. Als die kapper het bij al z'n klanten doet, gemiddeld tien klanten per dag knipt en twintig jaar in het vak zit, dan heeft deze kapper dat nu *vijfduizend keer* gezegd. De zin 'zo, nu kan het zonnetje er weer bij' op normale snelheid vijfduizend keer uitspreken duurt ongeveer vierenhalf uur. Stelt u zich voor: er wordt om acht uur 's avonds aangebeld, een man in een kappersjas betreedt uw huis, gaat op een stoel zitten, begint 'zo, nu kan het zonnetje er weer bij' te zeggen en gaat daar tot halféén 's nachts mee door.

Aan de Elandsgracht in Amsterdam is een slagerij die bekendstaat om zijn leverworst. Iedere keer als iemand zo'n worst bestelt, nu alweer decennialang, zegt de slagersvrouw: 'Maar natuurlijk, een levensworstje.'

Of neem die groenteman waar ik ooit kwam.

'Zijn die sinaasappels zoet, groenteman?'

'Mevrouw, je hóórt ze niet.'

Hij zei ook nooit paprika, maar altijd 'pap-van-rika'.

Een collega komt al dertig jaar in Cadzand. Dertig jaar dezelfde camping, dertig jaar dezelfde kampwinkel, met al dertig jaar dezelfde eigenaar, die al dertig jaar de kassabon overhandigt met de woorden: 'En een bewijs van goed gedrag.'

Hij zou op z'n minst een beetje kunnen variëren, keuze genoeg.

'Mijn liefdesbrief aan u, mevrouw.' (liefst bij oudere dames)

'Zo, weer een stuk behang voor thuis.'

'Heeft u weer wat literatuur voor tijdens de donkere dagen.'

Of die snackbarhouder.

'Goedenavond snackbarhouder, één friet-met graag.'

'Hier meenemen of thuis weggooien?'

'Snackbarhouder, als u dat nog één keer zegt dan kom ik hier niet meer.'

'Maar ook niet minder!'

Kees van Kooten heeft zich alias Cor van der Laak al eens kwaad gemaakt over winkeliers die 'en-dat-is-zo-veel' zeggen als ze het wisselgeld uittellen – bij elke lettergreep een muntstuk. Zo is er meer afreken-oubo.

'Zo, dat is dan tweeduizend-vijfhonderd-en-vijfennegentig cent.'

Klant geeft honderdje en verontschuldigt zich. Winkelier: 'Nou, het is in elk geval genoeg!'

Klant geeft duizendje. Winkelier: 'Zo, díé ziet er echt uit. Zeker zelf gemaakt?' (Klant: 'Ja, hij is net droog.')

'U houdt nog geld over.'

'Met z'n tienen.' (dubbeltje terug)

'Krijgt u nog een groot kwartje van me.' (rijksdaalder)

'En een stuivertje (dubbeltje) voor de moeite.'

'En deze schijf maakt vijf.'

'En zo is-ie weer compleet.'

'Althans volgens Bartjens.'

'Hartelijk dank, mede namens vrouw en kinderen.'

Niet alle middenstanders die dit soort dingen zeggen denken dat ze geestig zijn, er zijn er die dit soort stoplappen net zo gruwelijk vinden, maar er een heimelijk genoegen in scheppen hun klanten ermee te tergen.

'Slager, weet u misschien hoe laat het is?'

'Jazeker mevrouw, dat weet ik.'

'Kunt u mij dan zeggen hoe laat het is?'

'Jazeker, dat kan ik.'

'Heeft u er even een plastic tasje bij?'

'Nou vooruit, eventjes dan.'

Het omgekeerde – klant spreekt winkelier aan in Oubotaal – komt tenslotte ook veel voor. En aangezien winkeliers per dag meer klanten tegenover zich krijgen dan klanten winkeliers, kan dat ook een gesel zijn. Een briefschrijfster werkt op een medisch laboratorium in een streekziekenhuis, waar ongeveer 350 keer per dag bloed geprikt wordt. Een stuk of vijfentwintig keer per dag hoort zij de opmerking: 'Zo, moeten jullie soms bloedworst maken vandaag?'

'Goedemiddag, kan ik u ergens mee van dienst zijn?'
'Nee, ik ben jaren geleden al afgezwaaid.'
'Welk merk verdient uw voorkeur?'
'Die van de aanbieding maar dan goedkoper.'
'Aan welke prijsklasse denkt u?'
'Twee voor de prijs van één.'
'Hoe wenst u te betalen?'
'Niet, als dat mogelijk is.'
'Dat is dan achtentwintig vijfentachtig.'
'Is dat je telefoonnummer?'
'Nee, de prijs, meneer.'
Klant geeft briefje van vijfentwintig.
'Laat de rest maar zitten.'
'Dat kan niet meneer.'
Klant geeft honderdje.
'Sorry, ik heb het niet groter.'
Klant laat gevraagde bedrag zien: 'Is het zo goed?'
Winkelier: 'Ja.'
Klant steekt geld terug in zak.
Winkelier: 'Heeft u er misschien een dubbeltje bij?'
Klant: 'Ja, en ik kan ook heel mooi zingen.'
Winkelier reikt bonnetje aan.
'Kan ik het aftrekken van de belasting dan?'
'Lijst hem maar in.'
'Hang maar boven je bed.'

In het café.

Bij het ophalen van flessen: 'Heb je weer statiegeld.'

Als een fles of glas nog niet helemaal leeg is: 'Ho, de btw zit er nog in!'

Bij het geven van een fooi: 'Voor de kinderwagen.'

'Voor het ballenfonds.'

'Koop er iets lekkers van.'

De vaste klant rekent af, zet z'n hoedje op en vraagt aan de barvrouw, jaar in jaar uit: 'En, heb ik me netjes gedragen?'

Aaaaargggh! denkt de barvrouw, maar ze incasseert haar fooi en zegt niets.

'Maar goed, laten we blij zijn dat dit soort opmerkingen in Nederland gemaakt kan worden; ik kan het iedereen afraden dit soort "gein" bij onze oosterburen uit te halen,' waarschuwde een briefschrijver. Misschien is dat meteen een handige tip voor al dat bar-, loket- en toonbankpersoneel dat er even genoeg van heeft: pak de trein naar Duitsland.

En dan maar hopen dat die man van het Railtender-karretje geen dienst heeft, die elk verzoek om koffie beantwoordt met: 'Maar natuurlijk, speciáál voor ú meegenomen!' Of zijn collega, die zijn komst altijd weer aankondigt met een luid: 'Koffie, thee, limonade, vieze boekjes!'

Makelspraak 2000

de Volkskrant, 6 en 13 januari 2000

Zeg nooit: ik zoek een huis.

Dat klinkt te nooddruftig, en van nooddruft zal in deze kwade wereld altijd misbruik gemaakt worden. Stel het niet als een behoefte, maar als een *interesse*.

'Wij zijn ons aan het oriënteren op de huizenmarkt.'

Of: 'Wij zijn een beetje met onroerend goed bezig.'

Je bent niet op zoek naar een pakketje Windows, je overweegt Microsoft over te nemen.

De term 'househunting' heeft een zeker snob-appeal, maar wees voorzichtig met het woord 'huizenjacht'. Dat 'jagen' is weer te koortsig.

Een van de meest gebruikte bijvoeglijk naamwoorden in huizenadvertenties is nog steeds 'karakteristiek'.

Kenmerkend, het wezen tot uitdrukking brengend, zegt Van Dale.

'Karakteristieke villa.'

'Karakteristiek herenhuis.'

'Kijk, daar staat een kenmerkend pand te koop dat zijn wezen tot uitdrukking brengt.'

Iets kan nooit zomaar 'kenmerkend' zijn, iets is kenmerkend *voor iets anders*, en tenzij het voor iedereen duidelijk is, zul je dat andere erbij moeten vermelden.

Een 'karakteristiek huis' kan ook karakteristiek zijn voor de deprimerende architectuur van de naoorlogse woningbouw, of voor het totale gebrek aan kwaliteit van de eerste Vinex-wijken.

Denk aan 'typisch', dat hetzelfde betekent.

'Te koop: typisch huis.'

Niet doen.

'Karakteristiek' is kenmerkend met een plusje, 'typisch' is kenmerkend met een minnetje.

'Met karakter' bedoelt de makelaar waarschijnlijk. Wat strikt genomen ook onzin is. Alles heeft een karakter, een wezen, al was het maar dat het geen karakter heeft, of wezenloos is. 'Met *veel* karakter', dat is wat er meestal mee bedoeld wordt. Uitgesproken, opmerkelijk, markant. Ik ben niet dol op die nieuwerwetse vol-constructies (risicovol, humorvol, klassevol, etc.), maar zou 'karaktervol' hier niet beter zijn?

Misschien bedoelt de makelaar ook gewoon 'mooi' of 'leuk' maar denkt hij, zoals zoveel mensen die ergens voor doorgeleerd hebben, dat dergelijke woorden te simpel en huiselijk zijn om in beroepsverband te gebruiken. Hun vocabulaire krijgt ook een das om als ze naar het werk gaan.

'Belendend aan de inpandige tuinkamer is een berging gerealiseerd welke als alleszins ruim zou kunnen worden gekarakteriseerd.'

Dat soort zinnen.

In veel makelaarsproza *zijn* dingen er niet gewoon, een kast, of een platje, nee ze zijn 'gerealiseerd'. Alsof er ik weet niet hoeveel plastic helmen aan te pas zijn gekomen.

De makelaar doet wat elke verkoper doet: hij máákt er iets van.

'Het ontwerp is van Van Kolfschoten,' sprak de makelaarster die ons rondleidde in een karakteristiek karakterloze semibungalow. 'Vooral bekend om zijn kelders.'

De kelder was inderdaad het meest geslaagde onderdeel van het huis.

Om iets dat niet waar is niet direct een leugen te hoeven noemen, noemen we het 'een halve waarheid'. Met huizen is het ongeveer net zo. Een bungalow is een huis zonder verdieping. Om te voorkomen dat een bungalow met verdieping weer gewoon een huis wordt, is de term 'semi-bungalow' bedacht.

Vraag: wat is een semi-semi-semi-semi-semi-semi-semi-bungalow?

Antwoord: een flat van zeven verdiepingen.

Om de stemming erin te houden vragen we af en toe een brochure aan van iets dat we alleen in onze dromen zouden kunnen kopen. Bij Bussum staat landhuis De Maerle te koop, ooit onderdeel van Frederik van Eedens woongemeenschap Walden. Slechte staat, vraagprijs 3,7 miljoen gulden. In die stratosfeer van de vastgoedmarkt geen zelfgefabriekte kopietjes in een HEMA-bindertje meer maar de duurste koperdiepdruk op zwaar, houtvrij papier.

Voor de taal geldt iets dergelijks.

Vroeger, toen het nog niet zo makkelijk was om foto's en afbeeldingen te vermenigvuldigen, werden huizen door makelaars minutieus en stelselmatig beschreven, met voor elk detail een specifieke term. Wie die taal beheerste zag het pand al lezend voor zich opdoemen. Voor de beschrijving van landhuis De Maerle moet de makelaar een ouderwetse vakman van stal gehaald hebben.

'De baksteen is gemetseld in kruisverband en staat op een trasraam. Links van de topgevel een terugspringend witgepleisterd gevelgedeelte met op de begane grond een meerruits deur, rechts van de deur een semi-octagonale uitbouw met plat dak (...) voorzien van diefijzers... de eerder genoemde segmentboogvormige erker (...) een grote spitsboogvormige gevelopening met loggia (...) een stolpraam met horizontale roeden en een uitspringende houten erker (hordijs) met overstekend lessenaarsdak, rode Hollandse dakpannen en gedragen door 4 uitkragende balken. De topgevel heeft windveren met een accolademotief en onder de top 2 kleine ruitvormige ramen.'

Achter op brochure staat een lijst van de bomen, struiken en broedvogels die vanouds in de omgeving voorkomen.

'*Tiens.*'

'Wat is er?'

'Roodborstje, zwartkopmees én Turkse tortel.'
'Wat? Echt waar? Bel de makelaar!'

De vorige keer dat wij een huis zochten, eind jaren tachtig, was de stemming vergelijkbaar met die van nu: stijgende prijzen, meer vraag dan aanbod. Een 'verkopersmarkt' zoals men dat noemt. Vrouwen die al halverwege de bezichtiging met hun man bellen en een bod doen. Mannen die halverwege de bezichtiging niet met hun vrouw bellen en een bod doen.

Toch is er een verschil in de toon van huizenadvertenties, vergeleken met toen. De werkelijk zwierige, Oud-Hollandse Makelspraak lijkt een beetje op z'n retour. Snaakse eufemismen als 'nostalgische staat' voor 'totaal uitgewoond' en 'biedt talloze mogelijkheden' voor 'moet volledig gerenoveerd' – je leest ze niet zo vaak meer. Ook de listige formuleringen om een afgelegen oord toch weer centraal te maken - 'Emmeloord, waar driekwart van Nederland in een straal van honderd kilometer omheen ligt' – worden schaars. Is 't het onderwijs? Iedereen weet tegenwoordig wel zo'n beetje waar Emmeloord ligt, dus dan heeft het misschien niet zo veel zin meer om te *the middle of nowhere* te presenteren als *the middle of everything.*

Of zou het de makelaarsopleiding zijn? Wordt daar met het oog op het imago van de beroepsgroep wellicht gehamerd op een neutrale, zakelijke woordkeus? Of de wet op de Verborgen Gebreken, die de mogelijkheden voor het ouderwetse gooi- en smijtwerk heeft ingeperkt. Bepaalde praktijken worden aan banden gelegd en het bijbehorende idioom verdwijnt.

Hoewel, volledig objectief is Makelspraak anno 2000 nu ook weer niet.

Laatst bezochten wij een huis waarvan de advertentie vermeldde dat de tuin 'verwaarloosd' was. Het laten slingeren van een stel oude auto's, een partij Stelcon-platen, een gedemonteerde romneyloods en een in drieën gezaagde hoogspanningsmast ís een vorm van tuinverwaarlozing, dat valt moeilijk te ontkennen, maar een belangeloze buitenstaander zou misschien toch een andere omschrijving hebben gekozen. 'Achter het huis is een schroothoop die ongeveer tot de eerste verdieping reikt,' bijvoorbeeld.

De omschrijving 'matig' voor het binnenonderhoud leek me ook iets te veel eer. 'Herhaal de voetbalveldslag van Beverwijk, maar dan binnenshuis' komt dichter in de buurt.

En toch, hier staat tegenover dat je tien jaar geleden zelden teksten tegenkwam waarin niet de geringste moeite wordt gedaan de zaken mooier voor te stellen dan ze zijn. Zoals deze, in het decembernummer van *Residence*, die eerder bedoeld lijkt om kijkers wég te houden dan om ze te lokken: 'Buitenplaats Eikenrode is niet meer wat zij geweest is. (...) In een aantal vertrekken heeft de huidige beheerder de strijd tegen houtrot en schimmel moeten opgeven.'

Met zo'n tekst zul je als makelaar niet gauw last krijgen, maar of hij nou veel áánloop genereert?

Sport

Vlees én vis

NRC Handelsblad, 3 januari 1994

De anderhalf uur lange uitzending van *Barend & Van Dorp*, afgelopen woensdag, moet tot de raadselachtigste, meest betoverende televisie behoren die ooit in Nederland gemaakt werd. Niet voor niets kwam het programma rechtstreeks tot ons uit de hoofdstad van Catalonië, waar Salvador Dalí woonde, waar ze huizen bouwen die op draken lijken, of waarvan de gevels golven, als in een droom. Waar ze vlees en vis samen in een pan stoppen.

Het is duidelijk dat Cruijff hier eindelijk het klimaat heeft gevonden dat zijn toch altijd wat onwennig boven de drassige grauwten van de Watergraafsmeer zwevende temperament altijd gezocht heeft. Hij is opgebloeid, als een verbleekte goudvis die weer kleur krijgt in open water. In Catalonië begrijpen ze Cruijff. Cruijff ís geen Nederlander. Cruijff is een Catalaan, dat was ineens duidelijk. Je zag hem op dreef komen, zijn rechtmatige plaats opeisen in de grote Catalaanse traditie: Gaudí, Dalí, Miró, Tusquets, Mariscal, Cruijff. Grillige, goedaardig gestoorde genieën, goochelaars van beeld en bal.

In de eerste minuten zag je het eigenlijk al, toen de maestro vanuit stilstand een hakje speelde: hij wilde met het onderwerp geld beginnen omdat dat het *minst* belangrijk was, maar toen dat punt was afgehandeld, en de wérkelijke redenen moesten komen, stelde hij dat de overige punten eigenlijk ondergeschikt waren. Niemand had hier zo gauw van terug, zodat Cruijff ongestoord vaart kon maken voor zijn volgende rush, die ook vol schijnbewegingen en tussen-de-beners was. Ik citeer:

'Dat is ook het punt dat je komt: Idealistisch wil ik het, Realistisch heb ik er niks mee te maken. Het Realistische is dat iedereen die mij een beetje na staat in het voetbal, die heeft op twee basisredenen eigenlijk voor 99 procent afgeraden om het te doen. En mensen die negatief in het Realistische adviseren, ís natuurlijk negatief. Kom je bij het andere gedeelte: Wat is Idealistisch? Het is dat je met spelers komt wie hun zakken gevuld zijn en die het dus van iets anders moeten hebben. Ik denk dat het dus wel mogelijk is een heel goed WK te maken, maar dan dus wel op totaal andere leest geschoeid. Als zijnde Idealistische manier. Ga je nou eens lekker wegdromen, doe ik vaak, dan komen daar hele andere dingen bij en dan komt het allerbelangrijkste gedeelte, denk ik, als je dus weer in dat Idealistische zit, dat je daar dus naar toe gaat niet om mee te doen, maar om wereldkampioen te worden.'

'Maar,' ondernam Frits Barend na tien minuten een poging tot interruptie.

'Nee, nee,' zei Johan vriendelijk, 'leer nou 'ns luisteren. Jullie zítten zo snel. Ik kom zo in het Tweede Gedeelte.'

Aangeslagen door zoveel overmacht zochten Frits en Henk even rust bij Marco van Basten, aan wie zij vroegen of Cruijff het slim gespeeld had.

'Slim, slim, wat is slim?' interrumpeerde Cruijff, vóór de geblesseerde spits iets had kunnen zeggen.

'Dat wou ik juist van Marco weten,' zei Van Dorp.

'Dan moet je de vraag stellen hoe hij gesteld moet worden.'

'Hoe dan?' vroeg Barend gedienstig.

'Heeft de KNVB fouten gemaakt, dáár gaat het om.'

'Wat krijgen we nu?' viel Van Dorp uit. 'Ik kan mijn eigen vragen wel stellen, hoor.'

Maar Cruijff hing alweer breedlachend achter in zijn stoel. 'Het is hier vandaag 1 april, Frits, waar maak je je druk om.'

Het was briljant van *Barend & Van Dorp* om Cruijff niet naar de studio in Hilversum te laten komen, maar met studio en al naar hem toe te gaan, zodat we hem *zo Catalaans mogelijk* voor de camera kregen. Een journalistieke ingeving van formaat, want een poging de zaak-Cruijff buiten de magische Catalaanse context tot klaarheid te brengen, zou stellig mislukt zijn. Dan was hooguit de schíjn ontstaan dat we Cruijff begrijpen, maar waren we verstoken gebleven van het wezenlijke inzicht dat woensdagavond vanuit de TV3-studio in Barcelona als een trillende golf bij ons binnendrong: namelijk dat Cruijff niet meer te begrijpen ís.

Cruijff is getranscendeerd. Opgestegen naar een hogere luchtlaag van de logica.

We zijn hem kwijt.

Kaas versus kabel

Hedenlands, 1996

'Mijn zaakwaarnemer Sigi Lens weet precies wat ik wel en niet wil,' zei Edgar Davids in het eerste nummer van de dit jaar gelanceerde multi-cultiglossy *RôOF*. 'Dus als er iets zou gebeuren, hoor ik het van hem als eerste. We zijn kabel.'

Kabel, verduidelijkte de interviewer tussen haakjes, 'is Davids' turbotaal voor: 'we kennen elkaar door en door, we zijn makkers'.

Dat was eind april. Zes weken later, tijdens het EK-voetbal, zou het begrip 'kabel' een hoofdrol gaan spelen in een zaak van groot nationaal belang. Volgens Davids werden de zwarte Oranjespelers door bondscoach Hiddink en aanvoerder Blind gediscrimineerd. Die twee draaiden de zaak vervolgens om door te beweren dat er een zwarte samenzwering was, een zogenaamde 'kabel', ook wel 'de zwarte kabel binnen Oranje' genoemd, waarvan de kern werd gevormd door Davids, Seedorf en Kluivert.

Door 'kabel' zelfstandig te gebruiken (zoals het *RôOF*-citaat aangeeft, is het zwart-Surinaamse gebruik bijvoeglijk) krijgt die logische en natuurlijke vertrouwensband tussen de zwarte spelers meteen iets van een verbond, een complot. 'De zwarte kabel', je ziet het voor je, een soort gordiaanse knoop van ebbenhout, waar die hopeloze bleekneus Hiddink maar geen vat op krijgt.

Het complot-vermoeden werd versterkt toen de kranten een foto afdrukten, genomen tijdens de dagelijkse gezamenlijke maaltijd van de selectie, waarbij alle zwarte spelers aan één tafel zaten. Later zou blijken dat er bij wijze van uitzondering apart gekookt was voor de zwarte spelers en dat het ook in het algemeen wel meeviel met de spanningen. Wat niet wegneemt dat er binnen een voetbalelftal kliekjes kunnen ontstaan en dat huidskleur daarbij een rol kan spelen.

De Surinaams-Nederlandse gemeenschap heeft een heel eigen taalgebruik en dat zal voor 'de kabel' ook wel gelden. 'Het is toch tranga dat Regilio Tuur zegt dat hij wereldkampioen wil worden en het ook gewoon wórdt. Ja, Tuur is coolie!' zegt Edgar Davids, die volgens de interviewer van *RôOF* trouwens 'heel flex' gekleed is. Ook het Ajax-ABC, in juni 1995 gepubliceerd in het blad *Sport International*, bevat de nodige kabeltaal. 'Fawaka' bijvoorbeeld, een bekende Surinaamse groet, maar ook de naam van het pleintje in Amsterdam-Oost waar Davids en andere latere profs als kind voetbalden. Heb je een hard, zuiver schot, dan ben je in het kabels een 'bosa'. Patrick Kluivert is het bijvoorbeeld, net als zijn vader trouwens, die in Suriname als spits van de Robin Hoods ook als bosa bekendstond. De schijnbeweging waarbij de bal eerst kort naar buiten en dan snel naar binnen wordt geschoven, heet een 'aca', Surinaams voor 'haak'. Links kijken en rechts de bal spelen heet een 'magic', naar de octrooihouder van deze schijnbeweging, basketballer Magic Johnson. Het specialisme van Edgar Davids, vroeger bijgenaamd Piuring (van 'piranha'), later Pitbull, is de 'panna', door de benen spelen, in het Nederlands 'poorten'. Wordt je tegenstander dan boos, zeg je 'No span!', kabeltaal voor: relax, maak je niet druk.

Dingen die op de verkeerde manier typisch Nederlands zijn, noemen kabelsprekers 'kaas'. Daar-geboren Surinamers als Davids, Seedorf en Reiziger vinden hier-geboren Surinamers als Gullit en Rijkaard eigenlijk al veel te kaas. De 'controverse' in het Oranje-elftal tijdens het EK 1996 was dus eigenlijk een kwestie van 'kaas versus kabel'.

Sport International vermeldt niet of de zwarte Ajax-taal misschien ook door witte Ajacieden wordt gebruikt, maar in dit soort gemengde groepen is dat bijna altijd het geval. Jaap de Groot, een witte voetbalverslaggever van *De Telegraaf*, is er in elk geval niet immuun voor. Als Nederland wint van Wales, schrijft hij dat Pierre van Hooijdonk tijdens die wedstrijd 'verschrikkelijk aan zijn pr werkte'. 'Verschrikkelijk' in de betekenis van geweldig, prachtig, dat is typisch kabel.

'Kijk bijvoorbeeld eens naar hoe mannen en vrouwen in Italië zich kleden,' zegt Edgar Davids in *RôOF*, 'dat is toch verschrikkelijk? De stijl en klasse druipt er gewoon van af.'

De taal van Van Gaal

Hedenlands, 1996

Van Gaal, Louis. Trainer van Ajax. Rijzig, blond, verbeten spreektrant, vaak gecombineerd met hoogrode konen. Stuwde het eerste van Ajax op tot beste voetbalelftal ter wereld. Speelde vroeger zelf, bij Sparta onder andere, waarbij hij vooral uitblonk in het tactisch optimaliseren van zijn beperkte technische mogelijkheden. Op dit moment een van de knapste voetbalstrategen ter wereld, veranderde Ajax in een 'wetenschappelijk instituut' (*Brandpunt*), waar hij de voetbalkunde bedrijft als ware het 'professorale algebra' (Hugo Camps).

Van Gaal cultiveert het elftal als collectief. Spelers moeten hun individuele ambities ondergeschikt maken aan hun taak en functie binnen het team. Teambuilding, daar gaat het om, door middel van discussie, overleg, teamkritiek en dialoog, ook tijdens de wedstrijd. Kortom: communicatie, volgens *Sport International* het 'sleutelwoord in de visie van Van Gaal'. 'We zijn hier voortdurend bezig elkaar te overtuigen,' zegt hij.

Wat van belang is gaat in Van Gaals *aantekenboekje*, een aanvankelijk vaak geridiculiseerd maar inmiddels door menig trainer overgenomen attribuut. In het kort komt Van Gaals opvatting erop neer dat spelers zelf niet alleen de *uitvoerders* maar – binnen een raamwerk – ook de *bedenkers* van de speltactiek zijn. In traditionele elftallen hebben individuele spelers buiten het veld veel vrijheid maar onderwerpen ze zich in het spel aan de instructies van de trainer, bij Ajax is het eerder andersom. Buiten het veld dwingt Van Gaal een *strakke discipline* af, maar tijdens de wedstrijd moeten zijn spelers juist veel *eigen verantwoordelijkheid nemen* en *meedenken*. Niet alleen op de bank moet worden nagedacht, ook op het veld. Spelers moeten de wedstrijd *lezen*, een opvatting die in het Amerikaanse basketball en football al langer wordt gehuldigd. Ook uitvoerige bestudering van de tegenstander hoort daarbij, en diens zwakke plekken, zodat de tactiek daarop kan worden toegesneden, terwijl spelers ook worden getraind in het *opvangen van elkaars zwakten*. De ideale Van Gaal-speler is *multifunctioneel*.

In het concept-Van Gaal zijn alle elf spelers als het ware via een onzichtbare draad verbonden met de bal. Die bepaalt niet alleen de posities van de direct betrokken spelers, maar ook van de anderen. Als bijvoorbeeld een rechtsbuiten de bal krijgt en naar voren gaat, dient ook de linksback naar het centrum op te schuiven: te *knijpen*. Als een aanvaller wordt aangespeeld en op stap gaat met de bal, dient zijn collega-aanvaller de ruimte dicht te lopen, oftewel *bij te sluiten*. Zo ontstaat de mogelijkheid om één man meer bij de bal te brengen dan de tegenstander, de zogenaamde man-meer-situatie. Typisch Van Gaaliaans is ook *inspelen*, het geven van een lengtepass aan een gedekte man in het centrum die de bal zo snel mogelijk *doorgeeft* of, beter nog, *kaatst*, naar de derde of opkomende man. Ook belangrijk: *doordekken*. In Van Gaal-voetbal dekt de rechtsback niet alleen de linksbuiten, maar ook, als hij opkomt, de linkshalf of zelfs de linksback. Hij *dekt dóór*. Een aanvaller die de bal verliest aan een verdediger moet het er niet bij laten zitten maar, om zo snel mogelijk weer in balbezit te komen, die verdediger achtervolgen en in de rug aanvallen. *Terugverdedigen*, heet dat in de taal van Van Gaal.

Ook nieuw, althans voor Nederland – in Latijns Amerika weten ze niet beter –, is de manier waarop Van Gaal zijn spelers niet met hun veldpositie aanduidt (rechtsback, linksbuiten), maar met hun nummer in de opstelling. Daarbij wordt geteld vanaf de keeper (no. 1) en dan over rechts zigzaggend naar voren. Reiziger speelde bijvoorbeeld meestal op 2 (rechtsback), Frank de Boer op 4 (centrale verdediger), Ronald de Boer op 6 (rechtshalf) en Kluivert op 9 (diepe spits).

Doordat de rugnummers niet altijd corresponderen met de veldnummers, reservespelers daar sowieso buiten vallen, Van

Gaal nog al eens van opstelling wisselt en er ook niet voor terugdeinst de zaak halverwege de wedstrijd volledig om te gooien, krijgt een modern avondje Ajax al gauw iets van *Who's on First?*, de klassieke baseballdialoog van Abbott en Costello.

Abbott: I say Who's on first, What's on second, I Don't Know's on third -
Costello: You know the fellows' names?
Abbott: Certainly!
Costello: Well then who's on first?
Abbott: Yes!
Costello: I mean the fellow's name!
Abbott: Who!
Costello: The guy on first!
Abbott: Who!
Costello: The first baseman!
Abbott: Who!
Costello: The guy playing first!
Abbott: Who is on first!
Costello: Now whaddya asking *me* for!?

etc.

Louis van Gaal heeft Nederland een *nieuw soort totaalvoetbal* gebracht, op de Ajax-tribune ook wel *megavoetbal* genoemd. Door het succes van Ajax heeft Van Gaal een enorm gezag opgebouwd. Als Louis zegt dat Grashoppers altijd achter de bal speelt, kun je dat in de voorbeschouwingen van Ajax-Grashoppers overal lezen en horen. En zelfs in de nabeschouwingen, als iedereen net met eigen ogen heeft kunnen zien dat Grashoppers helemaal niet achter de bal speelt.

Mini-playback WK

de Volkskrant, 23 juli 1998

Het is warm, ze is bloot. Ze staat achter de bal, zwaait haar rechterbeen veelbelovend naar achteren, goed gestrekt, schiet, mooi recht, als de slinger van een klok wiekt het been omlaag, maar in de laatste fractie tussen zwaai en schot gaat er toch iets mis. Lusteloos rolt de bal opzij.

Mijn dochter J. (5) wil voetballen.

'Kom pap! Ik ben Ronald de Boer, wie ben jij?'

'Eh...'

'Frank, jij bent Frank de Boer. Kom maar op, broertje!'

Frank en Ronald tegen elkaar, ze loopt vooruit op het komende seizoen. Even later verandert ze van gedachten. 'Jij bent Jo de Kruit.'

'Cruijff heet die man schat, Johan Cruijff.'

'Johan Cruijff,' corrigeert ze. 'Die was vroeger heel goed en die zegt nu hoe het moet.'

Ze gaat voor me staan, gebukt, als een keeper die op een penalty wacht.

'Schiet maar, ik ben de keeper.'

Even is het alsof al haar vier ledematen tegelijk op en neer gaan, als bij een trekpop aan een touwtje.

Een paar maanden geleden zag ze in het net van het doel op het voetbalveldje alleen nog een klimwant, maar sinds het WK weet ze wat de bedoeling is. En zij niet alleen, alle andere kinderen willen ook 'foeballe'. En zoals ze nadoen wat ze zagen, zeggen ze na wat ze hoorden.

Als je maar met z'n drieën of z'n vieren speelt, blijft het veld zo leeg, maar daar is een oplossing voor. 'Ik ben Overmars,' zegt

Mario, voet aan de bal. 'En nu Cocu. En nu Stam!'

Jan-Willem is exotischer geörienteerd, die is soms Dunga, soms Zidane, maar meestal Benny McCarthy. (Bijna alle nationaliteiten komen voor, behalve de Duitse.)

Overtreding in het strafschopgebied. 'Pingel!' roept Jan-Willem.

(In Gran Dorado, aan de rand van het zwembad, zit Evert ten Napel. Tevreden zakt hij onderuit. Kinderen begrijpen hem.)

'Ik ben de scheids,' zegt J. terwijl ze aan komt stormen en probeert me te passeren. Waar die term vandaan komt, weet ik toevallig. Dat zegt Karina altijd, van verderop, als de jongens gaan voetballen en zij mee wil doen. Spelen kan ze vergeten, gemengd voetballen doen jongetjes 'dus gewoon écht niet', maar een rol in de arbitraire sfeer is haar gegund. Al zijn de jongens behalve sterspeler natuurlijk óók nog allemaal scheids.

'Ik ben ook scheids!' riep J. meteen.

'Nee nee, er is altijd maar één scheids.'

J. wordt telkens onder de voet gelopen. Een functie buiten het veld is misschien beter voor haar.

'Weet je wat, J., dan ben jij de coach.'

'Wie is dat?'

'Die man op het bankje, weet je wel, die zegt hoe ze moeten spelen.'

Ze begrijpt het. Schreeuwend ijsbeert ze langs de lijn, ze bootst de stressy trainer-motoriek zó goed na dat je de regenjas en de sigaret er vanzelf bij ziet. Allemaal televisie.

'Meer naar links! Meer naar rechts!'

Er valt een doelpunt. 'Eén-één voor het elftal,' zegt de scheids.

'Hands!' roept Karina.

'Het wás geen hands,' roept Mario. 'Wel waar,' zegt Karina. 'Je zag het in de herhaling!'

Alleen Mario kijkt bevreemd op bij het woord 'herhaling', maar die is dan ook de enige die op echt voetbal zit.

Het is een soort sportieve mini-playbackshow.

'Oké pap,' zegt J. als ze er genoeg van heeft. 'We hebben gewonnen. Terug naar de studio.'

Media

Oprah op klompen

Neoturbo, 1993

De tijd dat je alleen tot de ether werd toegelaten als je ABN sprak alsof het gedrukt stond, ligt ver achter ons. In de jaren zestig kreeg je het 'straatinterview'. 'Gewone' mensen die min of meer spontaan mochten zeggen wat ze ergens van vonden en kort tussen de 'officiële' sprekers door gemonteerd werden. Ter illustratie, en voor de nodige *comic relief*. Maar dat er op dit moment geen beter gesorteerde uitstalkast van ons hedendaags Nederlands bestaat dan de Nationale Omroep, komt natuurlijk vooral door de talkshow. De televisiestudio van nu is een plaats waar wie dan ook waar dan ook wat dan ook over mag zeggen. En in welke bewoordingen dan ook. Het hoogtepunt van die heuglijke ontwikkeling werd onlangs bereikt toen het *NOS-Journaal* de woordvoerder van een daklozenorganisatie naar de studio haalde die in de eerste helft van het gesprekje zevenenveertig keer 'dus' zei en er in de tweede helft een hartgrondig 'godverdomme!' uit gooide. Eindelijk eens klare taal in het journaal.

Een zeker zo belangrijke bijdrage aan de opmars van de taal van de straat op radio en televisie werd geleverd door de phone-in. Ooit geïntroduceerd door Veronica-radio als uitlaatklep voor de stem des volks, wordt dit inspraakmedium nu ook al gebruikt bij programma's over delicate persoonlijke problemen, zoals *Lief & Leed*, RTL4's poging tot Oprah Winfrey.

'U bent in de uitzending, zegt u het maar.'

'Ja nou, ik vind gewoon dat die meneer, hoe heet-ie, dat-ie gewoon fan se frouw af moet gaan! Dat is toch geen doen so?'

'Het spijt me, maar daar ben ik het helemaal niet mee eens.'

'Hallo, wie bent u?'

'Ik ben Mia van Ekelen uit Dordrecht en volgens mijn valt er heus nog wel wat aan die relatie te redden hoor. Die mevrouw is zelf toch ook wel eens een keertje vreemd geweest? Nou dan denk ik: het staat één-één en samen doorgaan!'

'Nou, voor mij kon-ie oprotten. Volgens mijn passen se ook helemaal niet bij mekaar. Dat zie je toch zo? Ik begrijp ook niet waarom die frouw een kind van die man heb genomen. Dat sie je toch ankome?'

John de Mol mag dan denken dat de Nederlandse ether rijp is voor het rariteitenkabinet van persoonlijk leed à la Oprah, de cast moet er nog een beetje aan wennen. In de eerste uitzendingen van *Lief & Leed* begonnen mensen in het publiek zich met de probleemstelling te bemoeien en de gepresenteerde feiten ter discussie te stellen, in plaats van hun persoonlijke mening te geven, zoals de formule vereist.

'Ja, zij zeg nou wel dat hij haar na twee maanden heb verlaten, maar je hoort natuurlijk maar één kant van het verhaal!'

'Ja nee, dat zijn de feiten, die hebben wij uitgezocht,' zei de presentatrice, 'en nu moet u daarop *reageren*.'

'O ja.'

Bij de adaptatie van een buitenlandse succesformule kan van alles misgaan. In een van de eerste afleveringen speldde een man en drie vrouwen uit Middelburg de gastvrouw een verhaal op de mouw over hun bizarre vierhoeksverhouding, om tegen het eind van de live-uitzending te onthullen dat ze het allemaal verzonnen hadden. List & bedrog in *Lief & Leed*. Er was geen weddenschap in het spel, zoals je zou verwachten, nee, Maarten – 'Dekhengst' – de Bruin verklaarde dat zijn actie bedoeld was om 'aan de kaak te stellen hoe RTL4 met slechte trash-tv andermans leven exploiteert'. In sommige opzichten is de vernederlandsing van het Oprah-concept dus wel degelijk gelukt. (Persoonlijk begon ik iets te vermoeden toen de man op een gegeven moment zei: 'Ach, je doet het voor de kinderen.')

Hoe trioviaal en banaal die Amerikaanse probleemshows ook zijn, de snelheid en het spektakel waarmee de Zielige Gevallen over het scherm trekken werkt verslavend. Wie na een paar afleveringen van de *Oprah Winfrey Show Rondom Tien* aanzet krijgt het gevoel alsof hij naar een oecumenisch praatmiddagje in een plattelandspastorie zit te kijken. Als van Oprah nog slechts een rokend bandenspoor te zien is, staat Henk Mochel nog aan het koordje van zijn Sparta-met te trekken.

Ook qua taalgebruik worden er in *Rondom Tien* aanzienlijk meer doekjes om gewonden. Niet verwonderlijk. De missie van de NCRV is: pr voor God. Wat voor mensen ontmoeten we in *Rondom Tien*? Voorzichtige automobilisten die toch een kind doodrijden, oppassende bejaarden die desondanks door de bliksem werden getroffen, vrouwen die op hun twintigste pardoes in de overgang raken, mensen met een onbedwingbare neiging om anderen op het hoofd te slaan met een klein hamertje en daarbij, net als al die anderen, op veel onbegrip stuiten. Kortom: mensen die een droevig lot op hun schouders gelegd kregen. Voor godsdienstige mensen is zo'n beproeving vaak aanleiding om aan hun geloof te gaan twijfelen. Al dat bidden en naar de kerk gaan heeft dus ook niet geholpen, denken ze, en verbitterd keren ze Hem de rug toe. Door zo veel mogelijk compassie en begrip voor dit soort mensen te kweken, probeert *Rondom Tien* dit te voorkomen.

Zoals CNN-presentatoren een boete van de baas krijgen als ze Clinton 'our President' noemen, of bij de aankondiging van een niet-Amerikaans onderwerp het woord 'foreign' gebruiken (CNN is immers een wereldzender), zo mag de presentator van *Rondom Tien* nooit enige vorm van onbegrip tonen, hoe bizar het gedrag van de gasten ook is.

Laatst ging het over inbreken. In de studio waren drie beroepsinbrekers, enkele deskundigen en een aantal slachtoffers verzameld. Een van de redenen waarom Nederlandse praatprogramma's zoveel saaier zijn dan de Oprah-show, is dat er in dit land haast geen afwijking meer bestaat die niet in de greep van het professionele welzijnswezen verkeert. Je ziet iemand met pleinvrees, kleptomanie of moeilijke voeten, maar uit zijn mond komt het gehomogeniseerde spraakje van de -gogen en

-logen die hem 'begeleiden' in zijn 'probleemsituatie'. In de hoop dat het dievengilde nog niet geïnfecteerd was door dit taalvirus installeerde ik me voor het toestel.

Te laat. Zelfs de inbreker heeft zich het zalvende zachtesectortaaltje eigen gemaakt.

'Hoe gaat zoiets nou,' vroeg Henk Mochel aan inbreker Erik, 'je ziet een huis en je denkt...?'

'Nou,' onderbrak Erik hem, 'vanuit ons beroep spreek je van een object. Het is een objéct.'

Toen de 'benadering' van het 'object' was doorgenomen wilde Mochel weten hoe het voelt om als inbreker een kamer met slapende mensen te betreden. Inbreker Willem vertelde dat hij dat 'toch niet leuk' vond. 'Maar ja,' zei hij, 'je hebt dat koevoetje bij je en dat geeft je dan toch dat stukje zekerheid.'

Erik, die eerst uitlegde dat hij 'misschien een beetje een conservatieve inbreker was', vermeed het betreden van slaapkamers maar liever helemaal. 'Waarom?' wilde Mochel weten.

'Nou, je bent toch in andermans privacy bezig, en ik vind dat je dat als inbreker toch wel goed in het oog moet houden.'

Het kleinste inbraakje lijkt mij al een enorme inbreuk op iemands privacy, maar in *het vak* ligt dat kennelijk genuanceerder.

Nu het over inbreken ging, toch eerder een zonde dan een beproeving, althans voor de daders, had Mochel een probleem. Hij moest begrip tonen, maar anderzijds kon hij de beroepsmatige schending van het Achtste Gebod moeilijk gaan vergoelijken. Toen inbreker Willem uitlegde dat hij zo weinig mogelijk sporen probeert na te laten, met als gevolg dat de bewoners van zijn objecten soms elkáár van diefstal gaan beschuldigen, moest het publiek lachen.

'Ja, je kunt er aan de ene kant om lachen,' dempte Mochel, 'maar aan de andere kant is het natuurlijk toch een... een...'

Een schande, wilde hij hier waarschijnlijk zeggen, of een kwalijke zaak, maar dan kreeg hij een bekeuring van de eindredacteur. Wat te doen?

'... een hele ráre toestand, wat je doet,' maakte hij ervan.

Toen Mochel afscheid nam van de inbreker, die live vanuit zijn cel met de studio gepraat had, zei hij: 'En straks...!?'

Aan de half-gebiedende toon kon je horen dat hij een vermanend woord in gedachten had. 'Straks het rechte pad op hoor!' had hij willen zeggen, of: 'Nooit meer doen hoor!' Maar hij bedacht zich nog net op tijd, zodat dat 'straks', compleet met vraag- en uitroepteken, in de lucht bleef hangen.

Ook de aanwezige slachtoffers waren goed gedrild. Een oudere heer, bij wie al vaak was ingebroken, wist nog wel de nodige minachting te leggen in de manier waarop hij het telkens over 'de heren' had, maar boosheid en verwijten waren duidelijk niet de bedoeling.

De vrouw die na de confrontatie met de man die haar huis had leeggehaald concludeerde dat hij 'een groter probleem had' dan zij, werd beloond met een lange close-up en een instemmend knikje van Henk. Tot slot wenste zij de inbreker toe dat hij er nog eens mee 'uit de voeten zou komen'. Niet met de buit, bedoelde ze, maar met zijn 'probleem'.

Gelukkig hield niet iedereen zich aan de briefing.

'Wij hebben nu puntige spijkers op de schutting gemaakt,' vertelde de bewoonster van een veelbezocht object, 'en eigenlijk hoop ik dat als ze het nog eens proberen, dat ze dan...'

'Ja ja...' probeerde Mochel haar de pas af te snijden, maar de vrouw liet zich niet van de wijs brengen.

'Dat ze hun handen openhalen, aan die spijkers!' ging ze door.

'Nou eh, het is eh...' sputterde Mochel. Hij stond erbij als iemand die de tuinslang heeft laten vallen en hem weer te pakken probeert te krijgen.

'Ja een gruwelijke gedachte misschien,' rondde de vrouw voldaan af, 'maar ik hóóp het wel!'

Zo.

Bij Oprah Winfrey barst op zo'n moment een daverend applaus en een joelkoor los.

In de NCRV-studio viel slechts een bedremmelde stilte.

Journaalspraak

HP/De Tijd, 27 september 1996

'Goed. Zoals gezegd, 1996 is geen makkelijk jaar voor ons geweest. Er was de... laten we zeggen niet geheel rimpelloze opvolging van Joop als hoofdlezer van het achtuurjournaal, we kregen de nodige kritiek in de media, in de *VARA-gids* schreef iemand dat we theaterpremières verslaan alsof het NATO-oefeningen zijn, Jan Blokker beweerde dat Maria in Bosnië maar wat kakelde over kwesties waar ze zelfs op Clingendael geen raad mee weten, en toen kwam *HP/De Tijd* nog eens met een zeikerig stukje over ons zogenaamd krakkemikkige taalgebruik. Om even met dat laatste punt te beginnen: ook binnen het NOS-bestuur bestaat daarover enige zorg, dus het verzoek is om daar eens naar te kijken.'

'Jezus, waarom eigenlijk? Dis is tievie mén!'

'Ja Marga, dat weten we, maar er zijn mensen die van de overtuiging zijn toegedaan als ware ons taalgebruik kwalitatief slechter als dat van RTL4.'

'At een wonzin!'

'Wat zei je, Philip?'

'Lebachelijk!'

'Natuurlijk, maar goed, we kunnen hoog en laag zingen, ik stel voor dat we het er even over hebben. Wie?'

'Je zou d'r toch joed jillend jek van worre – dah gezeek?'

'Rustig maar, Saskia, ik heb al gezegd: van een correspondent kun je niet verwachten dat hij perfect Nederlands spreekt, dus jij hoeft je voorlopig geen zorgen te maken. Peter?'

'Nou, daddis dammaar goedook. Want je denk toch niet dat as ik bezig ben met een stuk over de Russiese ekenummie, of over de gogganisidde misdat, of de vekiesinge, of ik zit in 't hoofkwattier van de Sjesjeense rebelle voor een intevjoe met de pattijsikketaris ove de autenummie, dat ik dan tijd heb om een beetje op me taalgebruik te gaan sitte lette?'

'Dat zeg ik. Een correspondent zit er voor het nieuws en niet voor de mooiigheid, maar binnenland?'

'Ach, zat gedeur!'

'Spaar je stem voor vanavond, Philip. Harmen Twee, jij bent zo stil, zeg jij eens wat.'

'Ja god, ik bedoel, als je bij zo'n gezonken veerboot staat of laatst, bij die ontspoorde trein, je staat tóch onder een enorme spanning. En ja, dan verspreek je je weleens. Dan zeg je dat "het opruimen van de bergingsactie morgen daadwerkelijk gaat beginnen", of zoiets. Ja hoor eens, ik doe dit werk ook pas twintig jaar.'

'De Vaal is Tans het Golk! Thorbecke! Drrrrroit de seiiiigneur! Champs Elysées! Dubbel e, s, accent aigu op de éérste e!'

'Heel goed, Philip.'

'De kat trapt de krullen van de krab, de kat trapt de krullen van de krab, de kat trapt de krullen van de krab. Zie je wel, ik kan het best.'

'Job, zeg het eens.'

'Ik denk soms welles: dur zou ies bete garticuléérd kunne worde.'

'Door wie?'

'Nou door Gijs, befobbeld.'

'Hier, befobbeld – en dat zegt iets over míjn uitspraak.'

'Ja maar jij zegt bijvooh-beeld. Jij zegt: de ovee-jaahkaaht komt volgend jaah maaht.'

'Niet waah!'

'Waah – hoor je jezelf? – waah, zeg je.'

'En jij zegt geen pahtij van de ahbeid, maar pattij van de awwebeid.'

'En mag ík collega Wanders er dan even op wijzen dat Job pattij van de arrebeid zegt, en niet awwebeid? En dat het *allebei* fout is, omdat het gewoon parr-tij van de arr-beid moet zijn?'

'En garrrrrde! Plus ne va rien! Hony pense qui mal y soit!'

'Wat je zegt, Philip. Iemand anders? Haye?'

'Ja, maar de sterke arm van de Brusselse oligarchie heeft waarachtig wel voor heter vuren gestaan dan om zich door een brullende muis uit het veld te laten slaan, zelfs wanneer zij de leiding voert over het perfide Albion en de bijnaam De IJzeren Maagd draagt. Dit was Haye Thomas...'

'Laat maar, Haye, dat hoeft hier niet.'

'Zeg maar wacht nu eens even, we maken het journaal toch niet voor het Genootschap Onze Taal?'

'Onze Taal, wat is dat? Weet jij wat dat is, Onze Taal?'

'Die expeditiechef in Zutphen Noord, dáár hebben wij het tegen, en je denkt toch niet dat die er wakker van ligt als Pia zegt dat, ik noem maar wat, er tussen Bolkestein en de overige kamerfracties nog steeds een wereld van verschil gaapt?'

'Of dat Gijs Roedie Fuchs zegt, in plaats van gewoon Rudi?'

'Ik vind het juist wel goed dat we de dingen soms een beetje populair formuleren, dat geeft een stukje herkénning. Wat Henny laatst deed, toen met dat enorme ongeluk op de A27, dat ze zei dat het weer goed raak was geweest. Zo zegt die magazijnchef uit Rucphen Oost dat toch ook? Pauline?'

'Ja. Ik denk ook dat het troostend kan zijn voor de nabestaanden. Dat het in elk geval wel goed ráák was. Toch?'

'Zo is het. Je kunt wel op elke slak hout gaan leggen. Wat jij, Joop?'

'Inderdaad. En dan nu even van het slakkenhuisje met hout naar het weerhuisje van Erwin Krol, die het laatst overigens nog had over 'sneeuwbuien met een winters karakter', erg originele vondst. Erwin, wat staat ons te wachten dit weekend?'

'Gróotendeels dróóg, met een béétje régen, uit déze bewolking híér, die hier zo lángs de rand, of nou ja éígenlijk al een béétje óver die rand, lángzaamaan óp ons áfkomt. Uitstékend weer óm bij in het párk te spelen, zoals u hier ziet, de hónd uit te laten, zoals u hier ziet, of gewoon lekker te fíétsen, zoals déze mensen híér. Mááárrrrrrr: wél een regenjack mee.'

'Dank je, Erwin.'

'Kíjken we dan nog éven naar de gróte kaart, dan zíén we dat het zaterdag, kan iets eerder zijn, ook iets later, maar anders toch zéker zóndag, dat het dan weer uit is met de pret, als dít lagedrukgebied, dat híér zo nét lángs Ierland schampt, ons land gaat bereiken.'

'En de verwachting voor morgen?'

'Moehguh? Misbanken.'

'Goed. Dan wou ik dit onderdeel nu maar afsluiten. Laten we in de notulen zetten dat taalgebruik een veld van aandacht is, maar dat er toch mede ook een stukje vrees is dat een te strenge tekstredactie mogelijk ten koste zou kunnen gaan van het voxpopuligehalte en die herkenbaarheid naar die heftruckchauffeur uit Vleuten Zuid toe. Kan ik het zo samenvatten?'

'Goed gezegd Gerard. Pox vopuli! De Stom des Velks! Moeder snijt zeven scheve sneeën brood! Moeder snijt sneven scheve zeeën brood! Moeder schijt...'

'Goed zo, Philip, 't gaat al een stuk beter.'

Judy & Bernie

de Volkskrant, 7 december 2000

- Well, Judy, what a day!
- Yes Bernie, you can certainly say that again.
- Well, Judy, what a day.
- I apologize Bernie. I didn't mean that literally.
- And let me apologize to you then, for not immediately grasping your intention there.
- Don't mention it, Bernie.
- You know Judy, sometimes I think of how privileged we are to do this work. To be able to have a close-up view of events like these, which I guess you can say are... history in the making!
- How eloquently put Bernie. It ís a fascinating story, and it's getting more fascinating almost by the hour.
- Indeed it is Judy, indeed it is. If only you think of all the wonderful words we get to say. The lawyers are wrestling with this quandary of unprecedented complexity, wrangling in a quagmire, riddled with caveats, not to mention the butterfly ballot. If it wasn't journalism, you'd think it was poetry. Judy?
- And all those different types of chads! Hanging, dangling, dimpled, bulging, pregnant. It reminds me of that song 'My Favorite Things'. (*sings:*) *Hánging and dángling and búlging and prégnant...* sing along, Bernie!
- As indeed I might, Judy, as indeed I might. If I were a total lunatic. Now, let's bring in our legal analyst, Greta van Susteren, who is standing by outside the Tallahassee courthouse. Greta, after another day of highvoluting legal proceedings let me ask you: all that hair, is that real?

- Yes Bernie, that hair ís real, both in a biological and a legal sense. Bernie?
- Thank you Greta, you're doing a wonderful job explaining all these complicated matters for us, so please hang in there. Judy?
- Way to go, Greta! Kick 'em in the yaya's!
- I'll keep that in mind.
- Thank you for being with us, Greta van Susteren.
- Thank you for having me.
- Always a pleasure.
- Likewise. Thank you.
- You're more than welcome.
- We appreciate it.
- Thank you.
- Bernie?
- Thank you Judy. Now tell me Judy, since we're on the subject, your favorite word related to this unique and incredible story, what would that be?
- Well Bernie, that would have to be *to impugn.*
- Ah yes, to disagree, to argue against.
- Right. *This decision is likely to be im-pugned.* Oh, I love that word! Just saying it… makes me warm and squishy all over. And even more when *you* say it, Bernie.
- *Impugned.*
- Oh my God! Please stop it, before I go crazy.
- As indeed you might, Judy, as indeed you might.
- Remember with the Diana-story, when we had to say *poignant* all the time? All those *poignant* scenes and *poignant* moments?
- Yes, and I seem to recollect that word provoking a similar, somewhat rambunctious reaction on your part, Judy.
- You can say thát again, Bernie.
- I seem to recollect that…
- Oh stop it. Just say it.
- You mean…?
- Please?
- I don't know Judy, perhaps it's best if we move on and…

- Pléééase?
- O alright then. *Poignant.*
- Oooo! Lord, it's like warm honey, dripping down my back.
- Thank you Judy. Now let's bring in our Washington correspondent Candy Crowley, who is standing by outside the White House. Now, Candy, tell us, does your neck hurt?
- Yes indeed it does. Judy, Bernie.
- And why would that be, Candy?
- It's because I always stand sideways. Judy, Bernie.
- And please explain to us, Candy, why is that?
- If I stand straight, I don't fit on the screen. Judy, Bernie.
- And why would that be, Candy?
- It's because I'm too fat. Judie, Bernie.
- As indeed you are Candy, as indeed you are. Thank you Candy, Candy Crowley, our Washington-correspondent. Judy?
- Now Bernie, tell us what *your* favorite word would be, associated with this amazing episode.
- Well, I shall tell you Judy, as indeed I will. The word I've most enjoyed over the past few weeks, as this epic tale unfolded, is *imbroglio.*
- Oh yes! I mean, no, please don't.
- I found it in my wordprocessor, as a synonym for chaotic situation, and ever since I've used it with both gratitude and satisfaction. *Imbrooglioo.* Doesn't that sound just absolutely wonderful?
- Oooooo!
- *Immm-broo-glioo.*
- Bérnie, stop it!

Irriteron

Hedenlands, 1996

'Ergernissen en irritatie, daar gaan we het vannacht over hebben. Waaraan irriteert u zich het meest? Bel ons en geef uw irritatie-toptien. Waar irriteer jij je het meest aan, Moniek?'

Veronica Call TV.

Twee meisjes in een stripachtig oranje decor.

'Amme buurman, met se harde housemusiek, daar irreteer ik me helemaal wild aan!'

'Dankjewel Moniek. Zijn er dingen waar jíj je aan irriteert? Bellons!'

Irritatie.

Een goed onderwerp. Een heel goed onderwerp. Misschien wel het beste gespreksonderwerp dat ooit werd verzonnen.

Wie zou de irritatie eigenlijk hebben uitgevonden?

Het moet welhaast een Scandinaviër geweest zijn. Nergens ter wereld wordt zoveel irritatie aangetroffen als in Scandinavië, dat is bekend. Het is de zeldzame combinatie van extreem geïsoleerde woningen, sporen van lutheranisme en houten schoeisel. Het dieet bevat er weinig vitaminen en vanwege de vele bergen en meren heeft in heel Scandinavië nog nooit iemand een avondje storingvrij naar de radio kunnen luisteren. Ook zulke dingen spelen mee.

Ergens in Stockholm, op een verschrikkelijk onhandige plek, staat een bescheiden bronzen plastiek. Het stelt een man voor die korzelig opzij kijkt. Het is Gunnar B. Johansson (1648-1715), uitvinder van de irritatie.

Gunnar zou niet kunnen leven in deze tijd, zoveel irritatie is er. Als het al mogelijk was Gunnar naar het heden te halen, dan zou hij op het moment van aankomst uiteenspatten van irritatie, als een diepzeevis die naar de oppervlakte gebracht wordt.

De aanblik van deze twee Veronica-meisjes alleen zou waarschijnlijk al genoeg zijn, en anders toch zeker hun tekst. Dat ze 'irriteren' nota bene wederkerig gebruikten. *Zijn* werkwoord! Nou ja! Die wederkerigheid was nu precies wat hem altijd zo geërgerd had in dat slappe 'ergeren'. Je kon nooit tegen iemand zeggen: 'U ergert mij', zonder dat die ander terstond kon repliceren: 'U bedoelt: u ergert zich aan mij.' Wat het begin had moeten zijn van een verbaal steekspel was meteen gereduceerd tot een spelletje semantisch ganzenborden. Een laf, tandeloos werkwoord vond hij het maar, 'zich ergeren'.

Juist daarom besloot Gunnar B. Johansson in 1682 dat er een nieuw werkwoord voor dit sentiment moest komen. Maanden had hij eraan gewerkt. Vooral de klank was een probleem geweest. Eindeloos had hij geëxperimenteerd met u's en ij's en knerpende sisklanken, maar hij kwam er niet uit. Tot iemand op een ochtend vergat de stalen poort naar zijn binnenhof achter zich dicht te doen, en hij de pen van de grendel over de oude keien hoorde schuren. Irri irri irri, zo klonk het. Toen had hij het. Irriteren, zou zijn werkwoord heten! Irri-te-ren.

'U irriteert mij,' probeerde hij.

'Ik? Pfff! U bent pas irritant.'

Ja, dat was het. Een werkwoord als een zacht maar pijnlijk trapje tegen de schenen.

'Irriteren,' schalde Gunnar door het trappenhuis van zijn kantoor, 'irriteren!'

'Zeg, hou eens op met dat rotwoord!' riep iemand uit een raam.

'Het werkt,' grinnikte Gunnar, 'het werkt.'

En om te voorkomen dat het dit prachtige woord zo zou vergaan als 'ergeren', zou het een niet-wederkerend werkwoord zijn, besloot hij.

Gunnar had gelijk, zijn werkwoord werd een enorm succes, acht van de tien wereldtalen gebruiken het in een of andere vorm.

En nu, driehonderd jaar later, zeggen deze Veronica-bimbo's

voor de achtenveertigste keer 'zich irriteren aan'. Ze zéggen het niet alleen, ze zetten het in knipperend neon boven de deur, ze verheffen het tot titel van hun televisieprogramma.

'Wij irriteren ons! Waar irriteert u zich aan? Bel ons!'

Ik belde.

'Goedemiddag en welkom, dit is Veronica Call TV,' sprak een opgewekte jongemannenstem. Vee-ronica, zeggen ze bij die omroep altijd. De normale uitspraak van dat woord is 'virronica', maar iemand heeft die jongelui wijsgemaakt dat dat vulgair is, dat het 'véé-ronica' moet zijn.

'Je bent verbonden met het programma *Klachten-TV*, alles over Klagend Nederland.'

'Verbondon,' zei hij, en 'klachton'. 'Klagond Nederland.'

'Om verder te gaan: toets of draai na de pieptoon eerst een nul op je telefoontoestel.'

Ik deed het. Tuuut.

Piep.

'Je bent nu in het hoofdmenu. Hier kun je kiezon of je wilt reageron, meespelon, of informatie over ons faxnummer en dergelijke wilt beluisteren. Ongeacht welke keuze je maakt. Koll Tievie biedt daarna iedereen die belt de kans om een schittoronde prijs te winnon in het Dagspel.'

Ik kon een schittoronde prijs winnon.

'Je kunt echter ook rechtstreeks naar het Dagspel of het Afvalspel, luister daarom goed naar de aanwijzingon van de computer. Wil je je opgevon als kandidaat om mee te spelon in het nu loponde programma, kies dan 1. Heb je in ons programma een onderwerp gezien of gehoord waarover je wilt meepraton of waarop je wilt reageron, of wil je een mening gevon over de stelling in het programma, kies dan een 2...'

Tuut.

De Stem praatte gewoon door.

'... wil je naar de ruilbeurs van de Winkol van Sinkol, de Liefdesnest Deeting, of wil je als studiopubliek de opname van een bekend televisieprogramma bijwonon in de tv-studio te Aalsmeer, kies dan 3...'

Tuuut!

‘... wil je direct meedoen aan het Dagspel of het Afvalspel, kies dan 4...’

Tuuuuuut!

‘... voor algemene informatie, programma-informatie, het postadres en faxnummer van Veronica Koll Tievie, kies 5.’

Tuuuuuuuuuut.

‘Juist, je wilt dus meepraton of een mening gevon naar aanleiding van een stelling in het programma!’

Ja! Hoera! Eindelijk!

‘Maar je maakt ook nog kans op een schittoronde prijs als je daarna meedoet met het Dagspel. Luister daarom goed naar de aanwijzingen van de computer...’

Ja, maar ik wíl helemaal geen schittoronde prijs, ik wil in *Klachton TV*, om te reageron.

‘Wil je reageron op of meepraton over het onderwerp dat je hebt gezien op *Klachton-TV*, kies dan een 1. Wil je reageron op een stelling in het programma, kies dan een 2.’

Juist. Tuut.

‘Leuk dat je wilt reageron op een van de onderwerpon in ons programma! We willon je daarom graag proberon terug te bellon. Om je terug te kunnon bellon, hebbon wij je volledige telefoonnummer nodig. Let goed op. Na het invoeron maak je nog kans op een schittoronde prijs door mee te spelon met het Dagspel. Luister daarom goed naar de aanwijzingon van de computer. Toets of draai eerst na de pieptoon achter elkaar je volledige telefoonnummer, dus net- en abonneenummer.’

Ik gaf mijn nummer.

‘Je hebt ingetoetst... (computer herhaalde mijn nummer). Als dit correct is, toets 1, als je nog iets wil veranderon, toets 2.’

Tuuut.

‘Leuk dat je wil reageron op een van de onderwerpon in ons programma! Een ogenblik, we proberon je door te verbindon met de redactie...’

Twintig secondon stilte. Dan: tuu-tuu-tuut. In gesprek.

Vijf guldon had ik zojuist aan Veeronica gegevon. En ik had niet eens kunnen reageron. Laat staan een schittoronde prijs gewonnon.

Soapumentainment

de Volkskrant, 30 juli 1998

'Oké, even over de formule. Dat moet in het persbericht, maar hoe noemen we die?'

'De wat?'

'De formule.'

'Wat zegt-ie?'

'De formule, geloof ik.'

'Zeg, het is geen tandpasta! "Format" zeggen we tegenwoordig.'

'Wat is er ineens mis met "formule"?'

'Niks, maar dat zeggen we gewoon niet meer. In het Engels zeggen ze "format", en dat hebben we overgenomen.'

'Oké, jij je zin, het format.'

'De format! Het is dé format.'

'Wij zeggen altijd hét format.'

'Bij de KRO zeggen ze de en bij de NCRV het. Dat is terug te voeren op de verschillende bijbelvertalingen geloof ik. Net als op vakantie en met vakantie.'

'Goed, het-schuine-streep-de format. Wie?'

'Tja. Moeilijk. Het is entertainment, maar wel met een informatieve kant.'

'Oftewel: infotainment.'

'Ja, oké, maar dat is te algemeen, het moet specifieker.'

'"RTL4 gaat komend seizoen meer doen aan..." en dan dus een duidelijke kreet.'

'Is het emo?'

'Er zitten emo-elementen in, maar echt emo is het nu ook weer niet.'

'Bovendien, emo is passé.'

'Maar die emo-component, is dat drama of reality?'

'Meer een mix eigenlijk.'

'Juist, een soort emotainment, bedoel je eigenlijk.'

'Ja, maar dus wel reality-based.'

'Ah, jij bedoelt mockumentary! Zeg dat dan meteen.'

'Ja nee, mockumentary, maar dan meer soap-achtig. Dat bedoel ik eigenlijk.'

'Jij bedoelt eigenlijk gewoon docu-drama?'

'Ja, maar dan een ander woord.'

'Hoezo?'

'Docu-drama is te Ikon.'

'Hoho, even de zaken uit elkaar houden: docu-drama is drama gebaseerd op de werkelijkheid, terwijl wij het hier toch meer hebben over reality, al dan niet authentiek, gepresenteerd als drama, maar in een semi-documentaire vorm. Dat is het verschil.'

'Reality soap?'

'Ja verdomd. Dat is het.'

'Ja, dat ís het, maar ik wil geen reality. Rie-ëlle-tie, het heeft iets... iets...'

'Iets rieëllerigs.'

'Ja precies. Bij reality denk ik aan *Alarmcentrale Live*, aan opengezaagde autowrakken en kleuters bekneld in rioolbuizen, terwijl we met Vier nu juist wat hoger in de boom willen gaan zitten. Soap is al zo pulperig, en dan ook nog reality...'

'Beetje ranzy combi, heb je gelijk in.'

'Bloedschuim.'

'Pardon?'

'Soap is schuim, reality is bloed, reality soap is bloedschuim.'

'Hè bah.'

'Dat bedoel ik.'

'Soapumentaire, is dat wat?'

'Schitterend.'

'Ja prachtig. Maarrrr...'

'Maar wat?'

'Te moeilijk. Soap-u-men-tai-re, da's een hele mond vol hoor, voor die RTL4-kijker. Maar noteer het, voor als we op Vijf nog eens zoiets gaan doen. Soap-u-men-taire... echt een *HP/De Tijd*-woord.'

'*HP/De Tijd*, wat heeft dat ermee te maken?'

'Dat is de nieuwe positionering van Vijf. Qua sfeer, toon, doelgroep en formule...'

'Formule? Formule kon toch niet meer?'

'Ja nee, een prográmma heeft een format, en een tv-station heeft een formule.'

'Juist. En de formule van Vier was altijd een soort *Libelle*, terwijl die van Vijf meer *Nieuwe Revu* was. Maar we gaan dus upgraden, dus Vier schuift op richting *Der Stern*, en Vijf richting *HP/De Tijd*. Niet dat we die bladen gaan kopiëren, het idee is dat je ze ziet als ijkpunt. Dat je af en toe gewoon denkt: zou dit ook in dat blad kunnen? Nou, bij soapumentaire denk ik: typisch *HP/De Tijd*, ergo Vijf.'

'Juist. Maar we zochten een woord voor Vier.'

'Docutainment?'

'Hm.'

'Docusement?'

'Docusement!'

'Hmm. Ik weet het niet. Klinkt... te médisch.'

'Klopt. Ik hoor Ria Bremer: "Het docusement is nu uitgehard, de chirurg kan gaan zagen." Niet goed.'

'Wat dachten jullie van docu-soap?'

'Dokusoop, do-ku-soop... hmm, klinkt wel lekker.'

'Dan heb je enerzijds wel dat pulpmatige van soap, maar anderzijds toch ook dat kwalitatieve van docu. Nét die mix.'

'Docu-soap. Verdomd, dat is het.'

'Oké. Zet maar in dat persbericht: "RTL4 gaat het komend seizoen meer aan docu-soaps doen."'

Graag gedaan

de Volkskrant, 25 juni 1998

In Den Haag wordt op dit moment gesleuteld aan het regeerakkoord voor Paars II.

Ik heb een klein verzoek. Kan daar misschien een afspraak in dat kamerleden en bewindspersonen van deze coalitie geen 'graag gedaan' meer zeggen?

Geloof me heren, het zal enorm schelen. Trek een lijn. Stel een daad.

Voetballers beginnen het ook al te doen.

'Dankjewel Jimmy,' zegt Jack van Gelder.

'Graag gedaan,' zegt Jerrel Hasselbaink.

Wat is het toch met 'graag gedaan'. Waarom irriteert het zo?

'Graag gedaan.'

Het klinkt zoals nieuwe schoenen ruiken. De schoenendoos is open, het vloeipapier is naar buiten gevouwen en daar heb je het, die lucht. Niet per se onplezierig, eerder een beetje – wat is het – *overdreven.* Dit gaat eraf, denk je, dit is tijdelijk, en dat is maar goed ook.

Is dat het, die nieuwgeur?

Of toch ook de inhoud?

Ja hoezo 'graag', denk je, als er weer eens een wachtcommandant 'graag gedaan' zegt na het beantwoorden van een paar vragen. Wat kan mij het nou schelen of je het *graag* of *misschien net iets minder graag* gedaan hebt? ('Thanks for nothing' zeggen de Amerikanen. Of 'fuck you very much'.)

'Graag gedaan', dat zeg je tegen je bejaarde buurvrouw als ze je bedankt voor het naar de boom dragen van haar vuilniszak. Tegen een meisje dat niet zo goed kan hollen op haar enorme plateauzolen en de tram gemist had als jij niet je voet op de treeplank voor d'r had gehouden, en die dan hijgend in het voorbijgaan 'dank u' prevelt.

'Graag gedaan, meisje op onhandige plateauzolen.'

Britse Lagerhuisleden zeggen niet 'you're welcome' als ze klaar zijn in *Newsnight*, Chirac zegt niet 'avec plaisir' als Antenne 2 hem bedankt voor het onderhoud, Felipe Gonzales zegt niet 'de nada' op het 'gracias' van zijn ondervrager. Ze zeggen 'thank you', 'merci à vous', het 'gracias' wordt eenvoudig geretourneerd, of ze volstaan met een vriendelijk, beleefd knikje.

Maar wij houden niet van reserve. Wij willen het 'ongedwongen'. Wij willen nieuwslezers die niet alleen 'dankjewel' zeggen als de buitenlandcorrespondent klaar is, maar daarna ook nog 'da-hag'. Wij willen Maartje van Weegen, die bij zo'n afscheid een gezicht opzet alsof ze het liefst nog even de groeten aan de vrouw van de correspondent zou willen doen. Informeren hoe het met de bronchitis van de hond is. En of ze nog pindakaas, hagelslag of drop moeten sturen.

'Graag gedaan.'

Al de hele tijd hoor ik een stem in mijn hoofd die het zegt. 'Graag gedaan.' Het is de graag-gedaan-stem, maar van wie is hij ook alweer? Ach natuurlijk. Klaas Wilting.

Die niets grager doet dan voor de camera verschijnen, en dat er ook nog even bij zegt aan het einde, voor alle zekerheid.

Het is net alsof mensen de klassieke frase voor dit soort situaties niet meer kennen. Dat is: 'geen dank'. Hoffelijk, formeel en toch gracieus. Wim Kok voelt blijkbaar wel dat 'graag gedaan' niet oké is, dus die zegt het niet. Kok knikt, of hij zegt 'tot uw dienst', wat mooi nederig is en mij wel voor hem inneemt. Als taalgebruiker wint hij het hier van Bolkestein en Van Mierlo, die ook al te vaak 'graag gedaan' zeggen. Vandaar mijn oproep aan de formateurs. Heren, benut deze gelegenheid. Regel het!

Graag gedaan (2)

de Volkskrant, 16 juli 1998

'Wat is er verkeerd aan twee woorden vriendelijkheid in deze digitale zakelijke wereld?' vroeg Henk Warnar zich af op de Hedenlands-website.

Henk heeft gelijk, het heeft iets gezelligs, al dat 'groetjes', 'doei' en 'graag gedaan'. Het zijn de boerenbonte roesjes van de taal; hang er wat boven het snelbuffet en de bedrijfskantine krijgt iets van een Hollandse herberg. Ik heb liever de kaalte dan de kitsch, dat is het verschil.

Volgens e-mailer hvanlier zeg je 'alstublieft' als je de vragensteller een dienst hebt bewezen en 'graag gedaan' als je tijdens het gesprek in staat bent geweest 'iets van jezelf te promoten'.

'Politici en anderen die op publiciteit geilen, zeggen "graag gedaan" omdat ze genieten van de belangstelling die ze ondervinden en daar zijn ze dankbaar voor,' schrijft hij. 'Daarom horen we vaker "graag gedaan" dan "alstublieft".

Maar hoe zit het nu: zeggen we 'graag gedaan' op televisie omdat we het op het werk ook doen, of is het andersom?

De uitdrukking bestond natuurlijk al lang, maar het huidige brede gebruik, is dat begonnen op de televisie, of is televisie daar de weerspiegeling van?

Rob Delvigne wijst erop dat het 'nieuwe' graag gedaan niet zo Hedenlands is als ik misschien dacht. Willem Frederik Hermans stoorde zich er in 1975 al aan, zoals blijkt uit een passage in *Onder professoren*. Prof. Roef Dingelam krijgt de Nobelprijs voor het ontdekken van een stofje dat de was nog witter maakt en uit protest tegen deze kapitalistische corruptie van de zuivere wetenschap bezetten zijn studenten het laboratorium. De televisienieuwsdienst is ter plekke, interviewt enkele studenten en tot slot ook Dingelam, die net komt aangelopen met een doos taartjes om zijn bekroning te vieren en zich van den domme houdt.

'Dank u wel professor,' sluit de verslaggever af. 'Graag gedaan,' antwoordt Dingelam. 'Graag gedaan,' zegt zijn vrouw als ze de uitzending ziet. 'Sliep uit, graag gedaan. En je vindt het altijd zo belachelijk als andere mensen dat zeggen en nu doe je het zelf ook.'

Dingelam is woedend. Het hele boek door strooit hij met parafrases van de modieuze taalvergrijpen die hij om zich heen hoort, maar zoals je wel vaker ziet bij hoogbegaafde, lichtelijk contactgestoorde mensen, wordt zijn sarcasme niet door iedereen geregistreerd en zo ook niet door de nieuwsdienst.

'Graag gedaan, zeker weten,' zei Dingelam, maar 'zeker weten' is weggeknipt, waarmee zijn antwoord verminkt is tot het gehate Hedenlands waarop het een parodie was.

Dat Hermans zijn taalobservatie uitgerekend in een televisiecontext verpakt, is nog geen bewijs, maar wel een sterke aanwijzing dat hij het als een tv-verschijnsel zag.

Voor mevrouw Leeuwis uit Odijk staat dit volledig vast. Begin jaren negentig was zij te gast in een NCRV-televisie-uitzending. 'Ik kreeg veel instructie i.v.m. de inhoud van het programma,' schrijft ze, 'maar ook werd me herhaalde malen verteld hoe ik moest afsluiten. De interviewer zou me bedanken en dan wilde men van mij graag horen: "Graag gedaan." Ik heb het onthouden omdat die manier toen vrij nieuw was en omdat ik het als flink sturend ervoer.'

Het is ze gelukt, denkt zij nu als ze iemand op het scherm 'graag gedaan' hoort zeggen. 'Ze, dat zijn de interviewers zelf, die het kennelijk een passend antwoord vinden.'

Eerst terugfloepen, dan poepen

NRC Handelsblad, 6 juli 1992

Om zich teweer te stellen tegen het oprukkende televisiegeweld begonnen de Nederlandse tijdschriftuitgevers een paar jaar geleden een gezamenlijke reclamecampagne. De slogan luidde: 'Een Tijdschrift Neemt Je Mee Op Reis.'

Een van de wonderlijkste retourtjes die ik de afgelopen tijd bij de AKO aanschafte, was het blad *Ego 2000*. Transcendente Meditatie, Mindmachines en Braintechnology, Life Extension, Hypno-Audio-meditatie, Taoïsme, Bio Feedback, Osho, Cyberpunk en Interactieve Multi-Media, Hopi, Smart Drugs, Avatar, New Age, New Edge, New Ego – het universum waar dit 'magazijn voor transformatie & bewustwording' je mee naar toe neemt is werkelijk onbegrensd. 'De neurosonische soundtrack *The End* begint waar andere programma's ophouden,' schrijft de neurosonische sounttrack-recensent van *Ego 2000*, en voor het taalgebruik in dit blad geldt iets dergelijks. Je 'personal sexpertise' is op diverse manieren te verbeteren, met een computerprogramma of een cursus aan de 'multiversity', desgewenst aangevuld met een cursus 'danssage'. Want we moeten 'eerst onze eigen shit verteren, alvorens de liefde te naderen'. Brainmachines kunnen trouwens een prima hulpmiddel zijn om 'bij seks effectiever en intensiever aan de gang te gaan. Het lijkt op het eerste gezicht misschien vreemd om met iemand te vrijen terwijl je beiden een brainmachine-bril en hoofdtelefoon op hebt, maar houden we toch al niet vaak onze ogen dicht?'

Kortom, 'samen hersenspoelen'.

Voor de niet-ingevoerde lezer is het perspectief van waaruit *Ego 2000* zijn onderwerpen benadert soms even wennen. Bij een kop als 'Strijd tegen de kankerbestrijding' denk je eerst aan een vergissing, maar nee, het klopt, de kankerbestrijding moet wel degelijk bestreden worden.

Over het schrijven voor *Ego 2000* moet niet licht worden gedacht, er kan heel wat bij komen kijken. De verslaggever die op pad gestuurd is om de Maharishi Yogi te portretteren, 'zinkt met de meester weg in een bijna hallucinatieve staat. Wat hij zegt hoor je haast niet meer, zijn woorden gaan onder in de visuele ervaring, waarschijnlijk op een dieper niveau dan de feitelijke betekenis van wat hij zegt. Slechts met moeite kon ik me af en toe losmaken uit de hypnotische fascinatie en iets vragen.' Daar zul je op de wekelijkse persconferentie van de minister-president niet vaak last van hebben. De *Ego*-reporter is nog niet bekomen of het is tijd voor een interview met een geleerde die 'de koppeling tussen vorm, ritme en de betekenis van het universum' heeft gevonden. Geen wonder dat daar wederom 'iets vreemds' gebeurt. 'Er vormde zich in mij een soort resonantie,' noteert hij, 'er trilde een energie in mijn wervelkolom, waardoor ik voelde, nee wíst, dat dit meer was dan een illusie. Dit kon ik niet terzijde schuiven.'

Toch moest dat even, want de 'paranormale Hem-Sync-audiotapes' van Robert Monroe lagen op een bespreking te wachten. De recensent had band 1 nog niet opgezet of zijn lichaam 'stopte met snel ademen, mijn hartslagritme veranderde plotseling in een zeer laag tempo en op hetzelfde moment keek ik als het ware door een luik naar wat ik denk dat, volgens de esoterie, Het Morgenland moet zijn. Ik was in staat door het luik te stappen en er enige tijd te vertoeven, totdat ik voelde dat mijn lichaam mij riep. Ik floepte terug en ontdekte dat ik naar het toilet moest.'

Voor het syndroom van Clark Kent, die als reporter nooit kan schrijven over de avonturen die hij als Superman beleeft, hoeft een verslaggever van *Ego 2000* niet bang te zijn.

Dat in de brieven-adviesrubriek van *Ego 2000* heel andere problemen behandeld worden dan in gewone damesbladen, zal inmiddels geen verbazing meer wekken. In het nummer van deze maand heeft een briefschrijver bijvoorbeeld problemen met zijn 'psychedelische seksuele etiquette'. 'Ik ben een mannelijk persoon op aarde, niveau 7,' schrijft hij, 'en mijn partner wil als een godin behandeld worden. Maar alle anderen ook. Is er maar één godin of zijn er meerdere? En hoe kan ik ze allemaal eren?'

Op welk zijnsniveau je ook leeft, sommige dingen veranderen nooit. 'Doe je best,' adviseert de raadsman van *Ego 2000* de man op niveau 7. 'Volg je hart en aanvaard de consequenties.'

Een dode taal

de Volkskrant, 4 juni 1998

'Hier, de laatste *Webber*.'

'Not!'

'Yes. Ze gaan nokken.'

'Kut-eee, dat zuigt. Te weinig abo's?'

'Nee, te weinig advo's. Schijnen niet tussen de babes en de ranzige komix te willen staan.'

'Fuk-eee, dat boeit toch niet, dat is toch humor?'

'Wie zit er in Zuigen & Regeren deze maand?'

'Anouk.'

'En?'

'Ze zuigt omdat ze niet boeit en een eiig hoofd heeft, schrijft iemand. Of hier: ze zuigt omdat ze een blonde greppeldel is met een stem als schuurpapier van de Aldi.'

'Wat vind jij?'

'Anouk? Regeert.'

'Waarom?'

'Omdat ze muziek met ballen maakt en geen giechelmiep is. En omdat het best een geile babe is natuurlijk. Geen ultimate megababe misschien, maar wel een babe.'

'Vind ik ook. Om met Anouk aan een damtoernooi mee te doen, lijkt me geen straf.'

De vaste waarschuwing onder aan de cover van *Webber* luidt deze maand: 'Waarschuwing: dit is de allerlaatste waarschuwing.' Het juni 1998-nummer van *Webber* is de laatste die ooit zal verschijnen.

Webber projecteert een achterhaald jongensbeeld, meende

een bladenmaker onlangs in *de Volkskrant*. Er zijn te veel verschillende jongensculturen om in één blad te vangen, meende een ander. 'Omdat we met ons scherpe oordeel, onze hoogontwikkelde smaak en ons feilloze gevoel voor humor de fans van Aqua en de Backstreet Boys continu over het hoofd zagen,' meent de redactie in haar afscheidswoord.

Toch jammer.

Er zijn al zo weinig tijdschriften met een eigen toon. Die, als je ze leest, vanzelf een beeld oproepen van het redactielokaal en het soort mensen dat er werkt. Van een samenzwering waar je wel deel van uit wilt maken. *Quote* heeft het. *Nieuwe Revu* ook. Je hoort ze als het ware bezig. 'Jongens, even een kop voor dat stuk van Karin en Taco.'

'Waar gaat het over?'

'De Bermuda-driehoek en zo.'

'Wat dacht je van: "Het zijn niet alleen sokken die spoorloos verdwijnen"?'

Een blad is een dorp, de taal is de pomp.

Peter Smulders, directeur van het Genootschap Onze Taal, sprak onlangs in *Het Parool* misprijzende woorden over de manier waarop de *Haagse Post* twintig jaar geleden Engels idioom door zijn kolommen strooide, maar die periode was wel de bloeitijd van dat blad en zoals Smulders ook toegeeft, het anglo-turbo van *HP* maakte school. Dat is de overeenkomst tussen een tijdschrift en een taal: het zijn wereldbeelden. Verzin een taal en je hebt een wereldbeeld, verzin een wereldbeeld en je hebt een blad.

Neem de *Webber*-filmwaarderingsschaal: 4 sterren: echt wel, 3 sterren: wel echt, 2 sterren: niet echt, 1 ster: echt niet.

De schaal voor cd's: 5 sterren: op de herhalingstoets, 4 sterren: het betere werk, 3 sterren: oké, 2 sterren: twijfelachtig, 1 ster: leuke frisbee.

Uit een recensie: 'Ze noemen hun triphop multiculturele folk, maar verder zijn die gasten van Morcheeba wel in orde.'

De filmrubriek: 'In *The Edge* vliegen Anthony Hopkins en Alec Baldwin elkaar in de haren over één belangrijke vraag: wie krijgt Elle? Maar de meest succesvolle Elle McPherson-film is nog altijd *Your Personal Best Workout* uit 1995. Verveelt geen seconde.'

En: 'Elle is *cool*, sterker: Elle is kei-*cool*.'

Over de jongens in Nederlandse tv-soaps: 'Ze hebben allemaal van dat vette gordijntjes-haar.'

Webber's veilig-vrijen-tip: 'Ga nooit feesten zonder ballon, want bobbel in de broek, rede zoek.'

Waar het allemaal vandaan komt? Wie weet. Van de *Webber*-makers zelf, van de lezers, en iets daartussenin. Van de hardop voorgelezen brief die niet geplaatst werd, maar wel een vondst bevatte die bleef hangen. En op een zeker moment weer neerdwarrelde in een commentaar of een bijschrift. Sommige dingen lees je ook in andere jongerenbladen, andere weer niet. 'Zuigen' en 'regeren' (van 'sucking' (niet deugen) en 'ruling' (wel deugen)) is typisch Webberiaans. De 'babe' natuurlijk, voor 'stuk', en 'dammen', voor 'neuken'. Of over 'wheels' spreken in plaats van 'fiets' of 'brommer'. Toen ik zestien was spraken wij van 'relaxed' en 'a-relaxed', maar in het Webbers bestaan die woorden ook. Net als 'door het lint gaan', de oer-variant van uit-je-dak/bol, et cetera.

'Spaar het regenwoud. Eet meer specht.'

Daar zitten ze dan, de *Webber*-boys. Beeldschermen uit, sneakers op het bureau, sixpacks onder handbereik. Briljant maar onbegrepen. De werkelijkheid zuigt, maar ze regeert ook.

Treffers en winners

NRC Handelsblad, 18 november 1991

De bondigste definitie van het begrip reclame die ik ken is afkomstig van copywriter Hans van Walbeek. 'Reclame,' zei hij, 'is adequaat opvallen.'

Of de advertentie waarmee Unox afgelopen zaterdag in de dagbladen zijn nieuwe eenpersoonsrookworst lanceerde adequate reclame was zou je moeten onderzoeken, opvallend was-ie zeker. Ze stond tussen de contactadvertenties. Links boven aan de pagina zag je een ouderwetse, grote rookworst, rechts onderaan de nieuwe eenpersoonsworst, een soort kingsize knakworst. Het leek alsof ze óp de contactadvertenties lagen, met slagschaduw en al. Mensen geven geen geld uit aan een contactadvertentie om hem voor de helft onder een rookworst te zien verdwijnen, dus om dit mogelijk te maken had Unox ook alle advertentievakje om de worsten heen opgekocht en voor het effect gevuld met nep-annonces. Afgezien van een iets ander lettertje leken ze net echt. Tot je ze ging lezen.

De *NRC*-kennismakingsadvertentie is een genre op zich. Ze zijn aanzienlijk uitvoeriger dan die in *de Volkskrant* bijvoorbeeld, en hun toon is vrijwel altijd ernstig; nooit jolig of schertsend. Trefwoorden: 'serieus', 'oprecht', 'stijl', 'innerl. beschav.' en 'niveau'. Dat laatste liefst 'acad.', desnoods 'hbo'. Het soort relatie waar de *NRC*-adverteerde op uit is dient 'warm', 'vriendschappelijk' en 'saamhorig' te zijn en veel ruimte te bieden voor 'een goed gesprek'.

Over seks wordt niet gerept, hooguit over 'intimiteit'. 'Directe seks is voor mij niet relevant,' formuleert een alleenstaande man het, iets ten zuiden van de gezinsworst. 'Wel de afleidingen daarvan: erotiek, intimiteit, liefkozen, tederheid...' In één annonce viel afgelopen zaterdag de term 'vrijlustig', maar die was dan ook geplaatst door de vrienden van 'blonde weduwe Tess (50)', die vonden dat ze 'eraan toe' was om weer een 'ware Jacob' te 'dienen en verwennen dat de stukken eraf vliegen'. Van je vrienden moet je het maar hebben.

Voorliefdes voor 'kunst', 'klass. muziek', 'theater' en 'lit.' zijn in de *NRC*-Relatie-Treffer zó standaard dat ze vermoedelijk weinig meer garanderen dan dat de respondent niet bang hoeft te zijn voor opmerkingen in de trant van 'ken me zuster ook' en 'ballet, da's voor mietjes'.

Ook relatie-Treffers waarin de woorden 'reizen' en 'sportief' ontbreken zijn schaars. Tja, wie wil er nu een relatie met een onsportieve huismus? Het is als met dat verfmerk Levend Wit. Dat spul verkoopt zo goed omdat geen klant durft te zeggen: 'Nou nee, doet u mij maar dood wit.'

Wie de nep-Treffers van Unox las, heeft gemerkt dat daarin een heel andere toon werd aangeslagen. 'Beertje zoekt duinkonijntje om samen een holletje mee te graven,' begon er een. 'Hugo Boss-pak zoekt Chanel-pakje om samen Parijs te ontdekken', 'Skileraar zoekt mollige sneeuwpop', 'Ruwe bolster zoekt blanke pit'. De copywriter van Unox had zijn best zitten doen op het soort ludieke stijloefeningen dat je tussen de echte kennismaking-Treffers vrijwel nooit tegenkomt.

Nee, voor het echte metaforische stuntwerk moet je bij *Cosmopolitan* zijn. Vrouwelijke Kwik en Kweks die aan een Kwak toe zijn, kostelijke wijnen die ontkurkt willen worden, *high finance*-yuppen die een romantische langetermijnbelegging willen doen, gillende keukenmeiden, ruwe diamanten en koude voeten die een zevenklapper, een slijper dan wel een kruik zoeken, jonge vossen die hun haren kwijt willen en verlegen tijgertjes die nog niet op jacht durven – als het circus Jeroen Bosch trekken de *Cosmo*-singles voorbij.

Een ander gegeven dat frequent in de '*Cosmo*-Winners' opduikt, is reclame. Contactzoekers zijn er zelf in werkzaam of noemen het als de gedroomde werkkring van hun ideale partner, soms staat het ook vermeld als 'interesse', misschien om aan te geven dat men modern, hedonistisch en niet al te diepzinnig is. Waarschijnlijk is de copywriter van Unox ook abonnee. Wacht eens, dacht hij toen hij de opdracht kreeg, contactadvertenties. Even in de *Cosmo* kijken.

'Uitslaper zoekt wekkertje.'

'Juist,' sprak de tekstschrijver bij zichzelf, 'dat werk. Moet lukken.'

Rampvluchtstewardess

de Volkskrant, 24 februari 2000

'Een schrijver die zijn zin met alle geweld met een bepaling wil beginnen, maakt er soms verder een potje van,' mailt Paul Zandveld. 'Ik kom regelmatig zinnen tegen waarin de bepaling aan het begin een bepaalde situatie suggereert, als het ware een conclusie voorbereidt, waarna de zin zelf precies het tegenovergestelde concludeert.' Een zin beginnend met een bepaling – 'Fraai was ook het doelpunt van Babangida' – is typisch perstaal, schreef ik vorige week, ook wel journalees genaamd.

Paul geeft een voorbeeld uit het artikel 'De echte Jörg Haider moet nog opstaan', in *de Volkskrant* van 28 januari jl. Over de progressieve politieke krachten in Oostenrijk wordt daar geschreven: 'Geschrokken als zij waren door de groei van de FPÖ van Haider, slaagden ze er niet in een front te vormen tegen extreem rechts door vol goede voornemens een nieuwe coalitie te vormen.' Bij 'Geschrokken als zij waren...' denk je: ha, ze doen er wat aan, maar vervolgens blijkt dat ze dat juist niet deden, schrijft Paul. 'De schrijfster bedoelt "ondanks dat zij geschrokken waren..." et cetera, maar raakt verstrikt in het journalees,' meent Zandveld, en daar lijkt het inderdaad op.

Ook op teletekst zijn geregeld zulke zinnen te vinden, meldt mailer P. de Wolf uit Texel. Een bijzin over de politie blijkt dan bij nader inzien op de dader te slaan.

Niet alleen de binnenstebuiten gekeerde zin behoort tot het journalees, het kent meer gedaanten. Ad-hocsamenstellingen horen er ook bij. Vooral *De Telegraaf* gaat daar ver in. Een jongetje met kanker reist de wereld over om voorlichting te geven over zijn variant van de ziekte, en heet in het *Telegraaf*-stukje naar aanleiding van zijn bezoek aan Nederland meteen 'kankerambassadeur'. Telegraafs voor een stewardess die een vliegtuigcrash overleefde: 'rampvluchtstewardess'.

Een andere typische vorm van journalees: de krampachtig vermeden woordherhaling. Zodra Danny Blind eenmaal is geïdentificeerd als Danny Blind, dient die naam in de rest van het voetbalverslag koste wat kost vermeden te worden, zodat hij eerst wordt vervangen door 'de Ajax-captain', vervolgens door 'de als gewoonlijk halfgeschoren verdediger' en er uiteindelijk, als Blind wéér langskomt, maar wordt uitgeweken naar 'de Zeeuw'.

Ik denk als ik dat lees dat er intussen een wissel heeft plaatsgevonden, waarbij Blind is vervangen door een nieuweling genaamd De Zeeuw.

Of neem dagblad *Trouw* van 21 februari, het artikel 'We monitoren Wouters van dag tot dag'. (Het zal maar over je gezegd worden.) Na Blinds vertrek ontstonden geruchten en speculaties over de toestand bij Ajax, en, bericht reporter Buddenberg, 'directeur Frank Kales wilde die "onjuiste verhalen" gisteren de wereld uit helpen'. Nieuwe alinea: 'De basketbalman ontkende dat het voortijdig vertrek van Blind te maken had met vertroebelde verhoudingen.' Blijkbaar is er intussen een basketbalman aangeschoven, die zich met de zaak bemoeit. Verdwaald misschien in de Arena?

'Nee, dat ís die Kales,' zeggen de insiders dan, alsof je gek bent.

'Ajax wordt gerund door een basketbalman?'

'Ja!'

'Vandaar dat ze het zo slecht doen in de voetbalcompetitie.'

Het voegen van de taal naar de eisen van de journalistiek, dat is journalees, en die eisen worden weer bepaald door de markt. Verlangt het ene lezerspubliek vooral beknoptheid en attentiewaarde, het andere wil ook sensatie en dramatiek. Dan krijg je *Privé*-taal, waarin een verkoudheid een 'inzinking' heet en een afgelaste voorstelling een 'crisis'. Het omgekeerde bestaat ook. Dat is RVD-taal, waarin verkering wordt aangeduid als 'vriendschap' en de voorbereidingen tot een huwelijk als 'geen sprake van'.

Sluipend verleden

de Volkskrant, 2 maart 2000

Over journalees (naar het Engels, *journalese*) hadden we het. Over de-met-bepaling-beginnende-zin ('Imposant was ook de manier waarop Anouk *Het Broekje Van Jantje* in een eigentijds jasje stak'), over de krampachtig-vermeden-woordherhaling ('de uit de Watergraafsmeer afkomstige, altijd met shirtnummer 14 spelende goaltjesdief') en over de actuele-ad-hocsamenstelling ('songfestivalwinnares trouwt met legionellabacterieonderzoeker').

Het nieuws waarover kranten berichten, is niet zelden door diezelfde kranten gecreëerd. Journalisten erkennen dat niet graag, journalistiek hoort tenslotte over het 'echte' leven te gaan. En dus brengen ze een glazen wand aan tussen zichzelf en de wereld, en doen alsof ze met het beschrevene niets te maken hebben.

Vroeger had je van die voetbalspelen met ijzeren poppetjes, die je van onder het veld kon laten bewegen met een magneet aan een stokje. Zo werkt de moderne journalistiek ook vaak: de journalisten bewegen de stokjes en verslaan de wedstrijd alsof ze slechts toeschouwer zijn.

Neem het artikel 'Het verleden sluipt mee met Capriati', in *NRC Handelsblad* van 29 januari jl. Jennifer Capriati speelde onverwacht goed in de Australian Open, maakte haar zoveelste bijna-comeback, en sportredacteur Robert Misset nam haar carrière nog eens door. 'Een van de mooiste verhalen uit het vrouwentennis' noemt Lindsay Davenport Capriati's loopbaan. 'Al wordt bij haar telkens het eerste hoofdstuk opgeslagen over een traumatische jeugd,' vervolgt Misset.

Door die lijdende vorm blijft onduidelijk wie dat opslaan nu precies doet. Capriati zelf? Nee, zoals Misset zelf vermeldt, weigert zij nog vragen over haar verleden te beantwoorden. Vragen van? De pers natuurlijk. Betekent zijn formulering dan dat Misset afstand neemt van deze journalistieke praktijk? Zo lijkt het, maar in werkelijkheid staat Misset zelf ook op het punt dat oude hoofdstuk weer op te slaan.

Enkele citaten:

'Schokkend was de politiefoto waarop ze met een ring door de neus stond afgebeeld. Het kindsterretje van weleer, dat reeds op dertienjarige leeftijd de toptien bereikte, werd gearresteerd omdat ze uit balorigheid een goedkope ring had gestolen.'

'In die tijd experimenteerde Capriati ook met softdrugs, als een stil protest tegen het strakke regime waaronder ze al die tijd had geleden.'

U ziet, ook de andere onderdelen van het journalees beheerst Misset goed, de bepaling-voorop ('Schokkend was'), de vermeden woordherhaling ('het kindsterretje van weleer'), het zit er allemaal in.

Misset creëert afstand om de indruk te wekken dat hij zelf geen onderdeel is van het verschijnsel dat hij beschrijft. 'Er was moed voor nodig bij Capriati om het nog een keer te wagen,' schrijft hij, 'na diverse mislukte pogingen de sporen van het verleden uit te wissen.' Na diverse door mij en mijn collega's met dit soort artikelen gefrustreerde pogingen, bedoelt hij eigenlijk.

'Het is immers de tragiek van het voormalige wonderkind dat zij voor eeuwig is gebrandmerkt als het beste voorbeeld van een al vroeg ontspoord talent.' Aldus een journalist die dat brandmerk zelf heeft helpen aanbrengen en nu bezig is het stof er weer eens af te poetsen.

'Telkens als Capriati de tennisbaan betreedt, sluipt het verleden met haar mee,' vervolgt hij. 'Zodra Jennifer Capriati de tennisbaan betreedt sluipen wij naar onze pc om haar verleden op te rakelen,' staat daar eigenlijk. Die schim die met Jennifer Capriati de tennisbaan op sluipt, de kwelgeest die haar maar niet met rust wil laten, is niet haar 'verleden', het is de pers.

Om dit schimmenspel te laten werken – ik ben geen speler,

slechts toeschouwer – moet Misset termen als 'pers' en 'media' zo veel mogelijk vermijden, want die brengen de lezer maar op een idee. De lijdende vorm – 'telkens wordt het eerste hoofdstuk opgeslagen' – is één manier (daardoor verdwijnt het onderwerp) maar er zijn ook andere manieren. 'Vorig jaar, tijdens de US Open, smeekte zij na een afstraffing door Seles haar eindelijk met rust te laten,' schrijft Misset. Een vreemde zin. Bij 'smeken' hoort een meewerkend voorwerp – wie smeekte zij? – maar ja, dat was de sportpers, die moet erbuiten blijven.

Daar, in die spaties, waar dat onderwerp en dat meewerkend voorwerp hadden moeten staan, daar zitten de magneetjes onder het voetbalveld.

Quasi-quotes

de Volkskrant, 11 november 1999

Op het congres van het genootschap Onze Taal, afgelopen zaterdag in Rotterdam, stelde 'publicist J. Kuitenbrouwer' dat de Nederlandse journalistiek bedreigd wordt door 'citaatverloedering'. Is het echt zo erg?

Publicist J. Kuitenbrouwer: 'Jesses, gék word ik van al die telefoontjes. *Joop* Kuitenbrouwer heet ik, en u zoekt *Jan*. Ja, nee, ik publiceer ook. Ik recenseer blusmiddelen voor *Open Haard & Rookkanaal, voorheen De Vlam*. En af en toe een vonkscherm of een blaasbalg, maar dat is onder pseudoniem, want u weet hoe het gaat, als je dat koppie éven te hoog boven het maaiveld uitsteekt dan...'

Columnist Jan Kuitenbrouwer: 'Inderdaad, dat was ik. De Erosie van het Aanhalingsteken, daar had ik het over. Als ik in de inhoudsopgave van de krant lees: Max van der Stoel: "Mensenrechten vrouwen Derde Wereld wassen neus", dan denk ik: prááť die man zo? Zou het? "Hallo interviewer koffie suiker melk? Zitten stellen eerste vraag? Vrede veiligheid nog lange weg te gaan?" Zo praten mensen niet. Nou, zet het dan ook niet tussen aanhalingstekens. Aanhalingstekens zijn om aan te geven wat iemand gezegd heeft, niet waar het ongeveer op neerkwam.'

Sjoerd Haakman, vaste bezoeker van het Onze Taal Congres: 'De ironie van het geval is dat de krantenverslagen van het congres waarop Kuitenbrouwer die uitspraak deed, zijn gelijk onderstrepen. Neem het optreden van Kees van Kooten, diezelfde middag. In *de Volkskrant* van afgelopen maandag stond dat Van Kooten zijn betoog over de om zich heen grijpende verwarring van "als" en "dan" beëindigde met de uitroep: "Danjeblieft!' Klopt niets van. Het woord waar Van Kooten mee eindigde en waarmee hij alleen maar kón eindigen omdat zijn betoog er onafwendbaar op afstevende, was niet "danjeblieft" maar "alsk". Dat is precies de pointe! Zogenaamd geciteerd. En het was makkelijk te checken geweest, want het staat in Van Kootens *Modermismen* deel 3.'

Barbara van Kooten, bij afwezigheid van haar man Kees: 'Ja, dat viel ons ook op.'

Congresbezoeker Sjoerd Haakman: 'Met Kuitenbrouwers eigen toespraak gebeurde iets dergelijks. *De Volkskrant* schrijft dat hij zei dat de individualisering van het taalgebruik ertoe geleid heeft dat nu iedereen baas is over zijn "eigen kleine taalunie". Boven het stuk stond: "Iedereen baas over eigen kleine taalunie", waarbij dat "iedereen baas over", dat daarnet nog búíten aanhalingstekens stond, er nu ineens bij in zit. Terwijl wat Kuitenbrouwer in werkelijkheid zei iets anders was, namelijk: "Elke taalgebruiker is zijn eigen kleine taal-unietje geworden." Dus dat hele "baas over" is er door de verslaggever bij verzonnen, en het grapje, de mens als taalunie, is weg. Zonde.'

Columnist Jan Kuitenbrouwer: 'Ja, zo zei ik het en zo staat het ook in mijn tekst, die voor iedereen beschikbaar was. Dat *Volkskrant*-verslag bevat nog een interessante quasi-quote. Ik zei op dat congres dat het Groot Dictee der Nederlandse Taal, ik citeer, "een nogal nostalgisch karakter heeft. Meer het karakter van een requiem dan van een vitale viering. Die statige zaal, Philip Freriks met z'n halve brilletje, een jury samengesteld uit louter krasse knarren – ik denk eigenlijk dat we het Groot Dictee een beetje moeten zien als het klootschieten van de taal. Een schilderachtig vermaak voor jaarmarkten en braderieën, beoefend door hobbyisten in zelfgenaaide kostuums." Vervolgens staat in de krant, tussen aanhalingstekens, dat ik het Groot Dictee een "requiem voor krasse knarren" heb genoemd. Je kunt dat er wel van maken, kortheidshalve, mij best, maar haal dan even die aanhalingstekens weg!'

Han van Gessel, redacteur van *de Volkskrant* en mede-samensteller van het Groot Dictee der Nederlandse Taal, afgelopen dinsdag in *de Volkskrant*: 'Een requiem voor krasse knarren. Dat klinkt natuurlijk leuk, maar wat wil hij er eigenlijk mee zeggen? Met de normale betekenis van "requiem" kom ik er niet uit.'

Columnist Jan Kuitenbrouwer: 'Ziet u? Dat komt ervan. Een glasheldere alinea wordt omgezet in een warrige quasi-quote en ík krijg de schuld. Zo komen de praatjes in de wereld. En vervolgens pompt dat rond en rond en rond. Dat requiem voor krasse knarren, dat ga ik nog vaak tegenkomen, wat ik u brom.'

Til de Grave, hoofddocent interpunctie aan de Academie voor Journalistiek: 'Eh... drie puntjes, éígenlijk, accent aigu op de e en de i, moet je er als lezer van uit kunnen gaan dat wat tussen aanhalingstekens staat, komma, ook letterlijk zo werd gezegd, komma, hoewel, misschien toch liever liggend streepje – dat is het punt, punt.'

Publicist Joop Kuitenbrouwer: 'Ik heb het nog even nagelezen, maar wat mijn achterneef hier beweert, daar klopt echt niets van. Je kunt wel een requiem voor een knar houden, maar "kras" is hij dan niet meer, lijkt me. Je zegt toch ook niet: we hebben vandaag mijn kwieke oude tante begraven? Kijk, dat bedoel ik. Ik wil niet veel zeggen hoor, maar in *Open Haard & Rookkanaal, voorheen De Vlam* zult u dat soort blunders niet aantreffen!'

Verantwoording

Ruim de helft van de stukken in *Totaal Hedenlands* verscheen niet eerder in boekvorm. De meeste zijn afleveringen van de *Volkskrant*-rubriek Hedenlands, enkele verschenen in *HP/De Tijd*, *NRC Handelsblad* of *Het Parool*. De stukken zijn bijgewerkt, bepaalde verwijzingen naar de actualiteit zijn verwijderd, jammerlijke bekortingen werden ongedaan gemaakt en er is één redactioneel regime aangehouden. De overige stukken verschenen eerder in boekvorm. Soms vonden ook hier wijzigingen plaats, een enkele keer in verband met 'voortschrijdend inzicht', meestal op eindredactioneel niveau. Van stukken die zowel in een periodiek als in een boek verschenen, is ten behoeve van het tijdsbeeld de eerste publicatiedatum genoemd.